Tobias Daniel Wabbel

DER TEMPLER SCHATZ

Eine Spurensuche

Bassermann

ISBN 978-3-8094-4306-3

1. Auflage
© 2020 by Bassermann Verlag,
einem Unternehmen der Verlagsgruppe Random House GmbH,
Neumarkter Straße 28, 81673 München

© der Originalausgabe 2010 by Gütersloher Verlagshaus,
einem Unternehmen der Verlagsgruppe Random House GmbH,
Neumarkter Straße 28, 81673 München

Projektleitung dieser Ausgabe: Martha Sprenger
Umschlaggestaltung: Atelier Versen, Bad Aibling
Satz: Satz!zeichen, Landesbergen
Herstellung: Marleen Janzen
Druck und Bindung: GGP Media GmbH, Pößneck

Verlagsgruppe Random House FSC® N001967

Printed in Germany

023065470110

Natürlich, auch eine alte Handschrift.
Meiner Frau Anja gewidmet.

Und Émile S. Chmiel.
Dinge, die es zu entdecken gilt.

Über den Autor

Tobias Daniel Wabbel, Jahrgang 1973, ist Schriftsteller und studierter Journalist. 2006 arbeitete er in »Cosmic Connexion« mit dem Fernsehsender ARTE zusammen. 2007 erschien in der Sendung »A40« des WDR Fernsehen ein Portrait über seine Autorentätigkeit. 2010 erläuterte Wabbel in der Dokumentation »Gottes geheimnisvolle Krieger« des MDR Fernsehen seine Theorie über den Verbleib des Templerschatzes.

Der Autor ist Herausgeber von vier Anthologien mit populären Essays von weltbekannten Autoren, wie etwa Stephen Hawking, Douglas Preston oder Jostein Gaarder. Seine Themenschwerpunkte sind die Rätsel der Menschheitsgeschichte und naturwissenschaftlich-philosophische Grenzfragen.

Inhalt

Prolog

JUNGFRAU UND DRACHE

»Hêr, seht ir vor iu ligen den grâl?«

Parzival, 810, 9
— Wolfram von Eschenbach

Die Truppen des französischen Königs Philipp IV. stürmen im Morgengrauen das Hauptquartier des Templerordens. Der Überraschungsangriff auf die kleine befestigte Stadt innerhalb von Paris, die als *Temple* bezeichnet wird, gelingt erschreckend reibungslos. Der Widerstand der Tempelritter ist sehr schnell gebrochen. Zur gleichen Zeit führen die Milizen von Philipp IV. weitere Verhaftungsaktionen im ganzen Land durch.

Zunächst scheint sich der Großmeister der Tempelritter, Jakob von Molay, der ausweglosen Lage nicht bewusst zu sein. Er wähnt sich und seine Brüder durch den Segen von Papst Klemens V., dem sie als einzige Instanz unterstehen, in trügerischer Sicherheit. Jakob von Molay ist Patenonkel einer der Töchter des französischen Königs, der dem Großmeister der Templer erst im Jahre 1303 seinen Schutz garantiert hatte, weil sie – mit Unterbrechung – sein Vermögen verwalteten. Wie konnte der König also so skrupellos handeln? Philipp IV., genannt der *Schöne*, ignoriert einfach einen wütenden Brief des Papstes.

Als die Milizen von König Philipp IV. in den *Temple* eindringen, um die Kammern zu plündern, in denen das Gold der Templer lagert, werden sie enttäuscht. Nur ein winziger Bruchteil des unermesslichen Reichtums ist noch vorhanden. Offenbar hatten die Templer vorher das Gold entfernt, wohlwissend, dass die Verzweiflung des Königs ihn dazu verleiten würde, gewaltsam seine leere Staatsschatulle wieder mit frischem Gold aufzufüllen.

Jakob von Molay weiß nun, dass es dem König um das Geld geht, das die Templer seit ihrer Gründung im Jahr 1129 durch großzügige Schenkungen erhielten, aber auch für europäische Adlige und Könige verwalteten und durch Kredite und Darlehen in ganz Europa zu exorbitanten Summen anhäuften – die Templer sind die Erfinder des bargeldlosen Zahlungsverkehrs. 1307 ist Philipp IV. in akuter Geldnot. Doch die Templer sind reich – das jedenfalls glaubt Philipp der Schöne. Der König hat also keine andere Wahl, als gegen die Templer vorzugehen. Philipp IV. braucht das Geld der Templer. Er selbst hatte in der Vergangenheit vergeblich versucht, ein Ordensbruder der Tempelritter zu werden, um so an die Reichtümer des Ordens zu gelangen. Jakob von Molay hatte Philipps Pläne bislang durchschaut. Doch mit einem solchen perfekt organisierten Schlag wie der Verhaftungswelle vom 13. Oktober 1307 hatte er nicht gerechnet. Bevor Jakob von Molay protestieren kann, werden ihm und 546 weiteren Templern in ganz Frankreich Ketten angelegt. Nach der Gefangennahme der Templer in Frankreich gibt Papst Klemens V. dem Druck des Königs und dessen listigen Kanzler Wilhelm von Nogaret nach. Er veröffentlicht am 22. November 1307 seine Bulle *Pastoralis praeeminentiae*. Niemand dürfe sich über die Kirche erheben, auch nicht die Templer. Kein Wort des Papstes über die Unschuld des Mönchsritterordens. Stattdessen befiehlt Klemens V. nun auch die Verhaftung der Templer in ganz Europa und die Enteignung ihrer Besitztümer. Ein überraschender Sinneswandel. Bald darauf werden Templer in England, Irland, Wales, Italien, Deutschland und Spanien verhaftet und der Ketzerei angeklagt.

Der Verhaftungswelle waren entscheidende politische Ereignisse vorausgegangen. Jakob von Molay hatte Philipp IV. im Jahre 1306 im *Temple* Unterschlupf gewährt, als das hungernde Volk den König durch die Straßen von Paris jagte, nachdem er die Währung abgewertet hatte. Philipp der Schöne muss bei dieser Gelegenheit die Schätze der Templer gesehen haben. Am 8. April 1307 schlug Jakob von Molay trotzig ein Angebot von Papst Klemens V. aus, die Tempelritter mit dem Orden der Johanniter zu vereinigen. Hinter diesem Vorschlag verbarg sich eine hinterlistige Strategie Philipps des Schönen, der die politische Schwäche von Papst Klemens V. ausnutzte. Die Ritter vom Hospital des heiligen Johannes zu Jerusalem – kurz Johanniter – unterlagen dem direkten Befehl des Königs, der Tempelorden nicht. Von Molay wusste, dass eine Vereinigung der Templer mit den Johannitern das Ende aller Privilegien bedeutete. Dazu zählte etwa die Befreiung von allen Steuern, das Recht, eigene Kirchen zu bauen, oder der unbedingte Gehorsam einzig gegenüber dem Papst. Jakob von Molay wusste, dass die Templer im Falle einer Zusage ihre Identität verlieren und zum Spielball des Königs werden würden.[1] Also lehnte er das Angebot von Papst Klemens V. ab. Der König schäumte vor Wut, als er von Molays Antwort las, dass ein vereinigter Orden so stark und mächtig sei, dass er seine Rechte gegen jeden, auch den König, verteidigen könne. Eine geschickte Manipulation des Königs.

Als diese List Philipps scheiterte, blieb ihm nur noch ein einziges Mittel, um den Templerorden gewaltsam zu vernichten: die im Mittelalter sehr beliebte Anschuldigung der Ketzerei. Zuvor hatte Philipp IV. mit den Mitteln der Verleumdung und Denunziation gearbeitet, um Papst Bonifatius VIII. zu entmachten, der 1302 forderte, dass die Kirche über jeder weltlichen – und daher auch königlichen – Macht stünde. Philipp IV. ließ Bonifatius kurzerhand verhaften, der einige Wochen darauf schockiert und gebrochen starb.

Philipps Pläne zur Vernichtung der Templer waren bereits so weit gediehen, dass Papst Klemens V. am 24. August 1307 dem Drängen des Königs nachgab, die Vergehen der Templer durch den Großinquisitor Wilhelm Imbert untersuchen zu lassen. Bereits am 14. September 1307 erging der geheime Befehl des durch Kriege hoch verschuldeten Philipp IV. an die Seneschalle und Milizen des Königs im ganzen Land, am 13. Oktober alle Templer im Land zu verhaften.[2]

Die Anklage besteht aus sieben Hauptpunkten und enthält 127 Unterparagrafen. Die schlimmsten Anschuldigungen lauten: Verleugnung Jesu Christi, der heiligen Jungfrau und der Heiligen durch Spucken oder Urinieren auf das Kreuz; Anbetung eines Götzenbildes; die Ablehnung der Sakramente – und nicht zuletzt homosexuelle Handlungen während des Aufnahmerituals. Man bezichtigt die Templer mithin der schlimmsten Ketzereien, derer man sich im Mittelalter schuldig machen kann. Jakob von Molay ist sich nun schmerzlich bewusst, dass er den König unterschätzt hat.

Der Prozess gegen die Tempelritter zieht sich bis 1312 hin. Die Verhörmethoden sind, gelinde gesagt, fantasievoll: Die Beschuldigten werden an Händen gefesselt, mit Seilen hochgezogen und dann wieder fallen gelassen, sodass die Knochen brechen und Sehnen reißen. Aber auch glühende Eisen, zerquetschte Finger und Füße, herausgerissene Zähne und Haare, Verbrennen der Füße durch glühende Kohlen und Feuer sind im virtuosen Folterrepertoire enthalten. Unter diesen Qualen gestehen die Templer alles. Oftmals genügt die Androhung der Folter, um einzelne Templer gesprächig zu machen oder die bloße Anwesenheit bei der Folterung eines anderen

Templers, um jeden Widerstand zu brechen. Was immer sie auch aussagten, die Angeklagten waren bereits verurteilt, bevor sie sich überhaupt verteidigen konnten.[3]

Doch auch Klemens V. und einige seiner Kardinäle befragen in Poitiers zweiundsiebzig Templer höchstpersönlich – darunter den Großmeister Jakob von Molay. Papst Klemens V. beschließt nach diesen Verhören, den Orden aufzulösen – womöglich, um unangenehmen Enthüllungen über die Kirche zuvorzukommen. Auf einem Konzil im burgundischen Vienne besiegelt er mit den Bullen *Vox excelso* und *Vox clamatis* am 22. März 1312 das Ende des Templerordens. Am 2. Mai 1312 übereignet Klemens V. den Johannitern die Besitztümer der Templer mit seiner Bulle *Ad providendam*.

Knapp zwei Jahre darauf wird Jakob von Molay am 18. März 1314 zusammen mit dem Provinzmeister der Normandie, Gottfried von Charney, auf dem Scheiterhaufen in Paris verbrannt – nachdem sie ihre Geständnisse von Poitiers widerriefen. Eine Legende berichtet, dass Jakob von Molay durch die mörderischen Flammen heraus den Tod von König Philipp IV. und Papst Klemens V. binnen Jahresfrist prophezeit habe.

Am 20. April 1314 stirbt Papst Klemens V. qualvoll. Historiker vermuten ein Dahinsiechen an einer Form der Ruhr. Am 29. November 1314 verunglückt Philipp IV. tödlich bei einem Jagdunfall. Zufall? Wir werden es nie erfahren. Im Jahre 2001 entdeckte die italienische Historikerin Barbara Frale in den Dokumenten des Vatikanischen Geheimarchivs ein verschollenes Dokument, das seitdem als so genanntes Chinon-Pergament für Aufsehen sorgt. Darin teilt Papst Klemens V. mit, dass er die Templer für unschuldig hält.[4]

Gab es überhaupt einen Schatz? In einer Aussage vor der päpstlichen Untersuchungskommission sagte der Templer Johann von Châlon im Jahr 1308 als 46. Zeuge Folgendes aus: Der Schatz des Großvisitators von Frankreich, Hugo von Pairaud, sei in der Nacht vor der Verhaftungswelle durch Hugo von Châlon und Gerhard von Villers auf drei Karren und mit fünfzig Pferden aus dem *Temple* zum Templerhafen von La Rochelle gebracht worden. Anschließend seien achtzehn Schiffe mit unbekanntem Ziel ausgelaufen. Im Übrigen verfüge er über Wissen darüber, dass hochrangige Templerbrüder von der bevorstehenden Verhaftung Kenntnis gehabt hätten.[5]

Es ist jedoch sehr unwahrscheinlich, dass Hugo von Châlon und Gerhard von Villers mit ihren Pferdekarren die Straßensperren bis zur Küste umfahren konnten, die Philipp IV. zuvor in der Nacht hatte postieren lassen. Auslaufende Schiffe wären aufgefallen und mit Sicherheit geentert worden. Gewiss ist nur, dass Hugo von Châlon einer von dreißig Templern war, die von der Verhaftungswelle wussten und die Flucht ergreifen konnten. Fünfzehn von den dreißig Geflohenen wurden verhaftet und der Inquisition vorgeführt. Zwölf Flüchtlinge wurden in einer Liste aufgeführt, von denen zwei, Hugo von Châlon und Gerhard von Villers, das Weite suchen konnten.[6] Somit ist gewiss, dass zumindest der Schatz aus dem *Temple* durch Hugo von Châlon und Gerhard von Villers fortgeschafft wurde und mit unbekanntem Ziel verschwand.

Doch wo blieb der Schatz? Dass Hugo von Pairaud von der geplanten Verhaftung wusste, legt nahe, dass er von der Anweisung, die Philipp IV. zur Verhaftung der Templer verfasste, bereits vorher Kenntnis hatte. Hugo von Pairaud erschien am 1. Oktober vor dem Papst, meldete Protest an und verkündete, dass er sein Leben sowie die Leben seiner Mitbrüder retten wolle.[7] Doch wenn also Hugo von Pairaud seinen Großmeister von der geplanten Verhaftung durch die Milizen vor dem 13. Oktober 1307 informierte, warum ließ sich dann Jakob von Molay ohne Gegenwehr gefangen nehmen? Jakob von Molay ist niemals gefoltert worden.[8] Warum gestand er dann die Anschuldigungen der Verleumdung Jesu Christi, die gegen den Orden hervorgebracht wurden? Warum gestand der Templer Petrus Brocart des Pariser *Temple* vor dem Papst in Poitiers ohne Folter, dass er auf das Kreuz gespien und Jesu Christi abgeschworen habe? Diese Berichte finden wir allenthalben in den Prozessakten. Die Templer verleugneten Jesus Christus und gaben diesen Frevel unverhohlen zu. Von 138 befragten Templern beharrten nur vier auf ihrer Unschuld.[9] Warum?

Die südfranzösischen Akten des Templerprozesses erwähnen Aussagen über ein von den Templern angebetetes Idol, das manche von ihnen als *Baphomet* oder *Bahumet*[10] bezeichneten. Es sei golden,

12

mit zwei Köpfen, sogar vier Füßen, wie der Großvisitator der Templer, Hugo von Pairaud, während des Prozesses aussagte.[11]

Jakob von Molay wurde wenige Monate vor seinem Tod in der normannischen Burg von Gisors inhaftiert. Er hinterließ in den Wänden des Gefangenenturms eingeritzte Graffiti. Darunter ist eine Zeichnung des Heiligen Georgs zu Pferd, der den Drachen tötet – rechts daneben befindet sich die Heilige Jungfrau. Noch heute sind diese rätselhaften Bilder zu bewundern. Ist Bahumet identisch mit dem Templerschatz und harrt er heute noch seiner Entdeckung?

Um die Frage zu beantworten, wo der Templerschatz verborgen sein könnte, ist es unerlässlich, die im Mittelalter hinterlassenen Zeichen zu Rate zu ziehen. Die maßgeblichen Primärquellen – die Registraturbücher der Templer – in denen alle Schulden, Reichtümer, Reliquien sowie Boden- und Gebäudebesitztümer aufgelistet waren, sind verschollen oder wurden absichtlich vernichtet. So müssen wir uns erstens an die ikonografischen Zeichen halten, die an Kirchen und gotischen Kathedralen sichtbar sind und seit vielen Jahrhunderten Wind und Wetter trotzen. Zweitens müssen wir mittelalterliche Manuskripte studieren, die Aufschluss darüber geben, was der Schatz der Templer gewesen sein könnte. Sobald wir herausgefunden haben, was die Zeichen bedeuten, können wir eine Arbeitshypothese aufstellen. Bahumet, Jungfrau und Drache sind dabei nur drei entscheidende Hinweise.

Dies ist eine Spurensuche, die einzig zum Zweck hat, orthodoxe historische Erkenntnisse zu hinterfragen. Nicht mehr – aber auch nicht weniger.

Machen wir uns auf den Weg.

I. DIE ARMEE GOTTES

»Der wirt sprach mir ist wol bekant,
ez wont manc werlîchiu hant
ze Munsalvæsche bîme grâl.
durch âventiur die alle mâl
rîtent manege reise:
die selben templeise,
swâ si kumbr od prîs bejagent,
für ir sünde si daz tragent.«

Parzival, 468, 23–30
— Wolfram von Eschenbach

1. Die Gründung des Templerordens

Meine Suche nach dem Schatz der Tempelritter beginnt in der französischen Champagne. Wer die Nationalstraße 19 nimmt, die von Troyes nordöstlich Richtung Provins führt, passiert nach etwa zehn Kilometern die Ortschaft Payns, eine verschlafene Gemeinde, die auf der linken Uferseite der Seine inmitten von schier endlosen, kalkig-weißen Äckern liegt. Als ich die Ortseinfahrt hinter mir lasse, erblicke ich auf der linken Straßenseite einen hellgelb gestrichenen Wasserturm, auf dem werbewirksam ein überdimensionaler Tempelritter gemalt ist.

Nach zwei Minuten biege ich in die Voie Riot 10 ein. Das *Musée Hugue de Payns* ist in einem bescheidenen Reihenhaus mit angrenzendem Schotterparkplatz untergebracht. Lange waren die Öffnungszeiten des Museums auf wenige Sonntage im Jahr beschränkt. Jetzt, nach aufkommender Hysterie um verschollene Templerschätze, ist es beinahe täglich geöffnet und wird von zwei jungen Damen ehrenamtlich im Auftrag von Dr. Thierry LeRoy geleitet, dem Gründer der *Fondation Hugue de Payns*. Neben Merchandising-Artikeln wie T-Shirts, Tassen, Stiften und Aufklebern mit roten Templerkreuzen können Interessierte auch diverse Lektüren zum Thema erwerben. Schautafeln und Vitrinen mit mittelalterlichen Münzen, Tonscherben oder abgebrochenen Speerspitzen dokumentieren die dramatische Geschichte des Templerordens, der hier mit dem Ritter Hugo von Payns seine Anfänge hatte.

Die mannshohe, schildbewehrte Puppe eines bewaffneten Tempelritters starrt mich mit leblosen Augen an. Leider kann diese Attrappe von Hugo von Payns nicht sprechen und mir die Geheimnisse über die Entstehung des Templerordens verraten.[12] Einige Aspekte werden jedoch nach eingehender Recherche immer klarer …

Hugo wird um 1070 in Payns geboren, ist Herr von Montigny-Lagesse und besitzt ausgedehnte Ländereien im burgundischen Tonnerre. Er wird früh zum Ritter geschlagen. Wahrscheinlich dient er während des ersten Kreuzzugs zwischen 1095 und 1099 im Heer des Grafen von Blois und der Champagne und kehrt um 1100 nach Frankreich zurück. Ob Hugo von Payns Geschwister hatte, ist nicht

Bild 1: Es begann in Payns bei Troyes in der Champagne.

gesichert. Einige Historiker und Autoren geben einen gewissen Ste-phan an, einige andere einen Acheus, angeblich aus erster Ehe seines Vaters.[13] Hugos Frau Elisabeth de Chappes schenkt ihm einen Sohn, Theobald, der Abt des Klosters St. Colombe unweit von Sens wird[14] – und bei den Mönchen des Klosters dafür in Ungnade fällt, weil er den Klosterschatz verpfändet, um seine Teilnahme am zweiten Kreuzzug zu finanzieren.[15] Die Urkunden der Abtei Molesme im Burgund legen nahe, dass Hugos Familie verwandt war mit den Montbards, der auch Abt Bernard von Clairvaux entstammte.[16]

Hugo verfügt über beste Kontakte zum Zisterzienserorden und zum Grafen Hugo I. von Champagne (ca. 1074–ca.1125), dessen Ländereien größer sind als die des französischen Königs. Er wird zum Vasall des Grafen. Eine enge freundschaftliche Beziehung oder gar Verwandtschaft zur Adelsfamilie der Champagne wird von den meisten Historikern angenommen, denn Hugo von Payns ist im Jahr 1100 urkundlich mehrere Male im Zusammenhang mit ihnen er-wähnt, unter anderem mit den Grafen von Bar und Ramerupt.[17] Er ist also ein bedeutender Adliger, der in den höchsten Kreisen ver-kehrt und über einen nicht geringen politischen Einfluss verfügt.

Die Jahre 1100 bis 1103 liegen im Leben des Hugo von Payns wieder im Dunkeln. Anno 1104 ist dokumentiert, dass er zusammen mit dem Grafen von Champagne nach Jerusalem zu einer Pilger-reise aufbricht. Ob die Initiative nun von Hugo von Payns oder dem Grafen Hugo I. von Champagne ausgeht, ist nicht bekannt. Vermutlich ist jedoch der tiefgläubige Graf Hugo I. von Champagne, ein bedeutender Förderer des Zisterzienserordens und Freund des Abtes Bernhard von Clairvaux, der alleinige Impulsgeber.

Danach wird es erstmals mysteriös. Unmittelbar nach ihrer Rückkehr in Frankreich im Jahre 1108 sucht Graf Hugo I. von Champagne den Zisterzienserabt Stephan Harding auf. Harding ist nach dem Gründer Robert von Molesme und dem zweiten Abt Alberich von 1109 bis 1134 der dritte Vorsteher des Zisterzienserklosters Cîteaux. Hier entsteht in den Jahren 1109 bis 1134 ein Schreibsaal, in dem Harding häufig anzutreffen ist. Harding ist berühmt für seine Überarbeitung der fehlerhaft übersetzten und seit der Spätantike verwendeten lateinischen Bibel – der so genannten *Vulgata* –, um sie anhand von werkgetreuen Übersetzungen aus dem Hebräischen zu korrigieren.[18] Harding selbst gibt in seinen Aufzeichnungen an, dass er mit den Rabbinern des Burgund in französischer Sprache über die problematischen alttestamentlichen Bibelstellen debattierte und diese dann im Lateinischen abänderte. Er beschreibt den Vorgang folgendermaßen:

»Wir waren erstaunt über die Diskrepanzen in unseren Büchern. Da sie alle von einem einzigen Übersetzer stammten, konsultierten wir bestimmte jüdische Schriftgelehrte. Wir befragten sie vorsichtig auf Französisch nach all diesen Bibelstellen und Zeilen, die wir in den Büchern gefunden hatten, die wir gerade übertrugen und bislang immer in unsere eigenen Bücher übernommen hatten und in vielen anderen lateinischen Bibeln nicht finden konnten. Die Juden entfalteten vor unseren Augen ihre vielen Schriftrollen und erklärten uns, was da auf Hebräisch und Aramäisch stand. Die Rabbis fanden keine Spur der Textstellen und -zeilen, die uns so viel Kopfzerbrechen bereiteten. Wir vertrauten auf die Wahrhaftigkeit der hebräischen und aramäischen Versionen und in die vielen lateinischen Bücher und tilgten die unnötigen Zusätze.«[19]

Der maßgebliche Biograf des heiligen Bernhard von Clairvaux, Elphège Vacandard, schreibt über Stephan Harding:»Für das Alte Testament, von dem man in Ermangelung des Originals einen überlieferten hebräischen oder chaldäischen Text wiederfinden konnte, trug er keine Bedenken, die jüdischen Rabbiner der Nachbarschaft um Rath zu fragen.«[20]

Das Resultat waren die berühmte Harding-Bibel und ein Kontakt zwischen Harding und den jüdischen Rabbis, die ihn über unbekannte, nicht kanonisierte Bibelpassagen und den Talmud aufklärten. Somit wurde Harding in taldmudische Geheimnisse eingeweiht, die kein christlicher Kleriker vor ihm erfuhr. Zisterzienser und jüdische Bibel- und Talmudexperten der Region arbeiteten demnach zusammen.[21] Zu einer Zeit, in der Juden häufig Opfer von Übergriffen und Diskriminierungen wurden, ist dies bemerkenswert.

Nachdem Graf Hugo I. von Champagne seinen Freund Abt Stephan Harding aufsucht, veranlasst dieser genauere Studien des Alten Testaments mit Hilfe jüdischer Talmud-Experten der Tora-Schule von Troyes.[22] Möglicherweise war der größte Bibel- und Talmudgelehrte seiner Zeit, Rabbi Salomo bar Isaac, genannt Raschi, an diesen Studien beteiligt. Raschi war der führende jüdische Experte auf dem Gebiet der Torah, der fünf Bücher Mose.[23] Hinzu kommt die Tatsache, dass sich Raschi in Troyes in unmittelbarer Nachbarschaft zum Kloster Cîteaux befand und sehr gute Beziehungen zu Christen und insbesondere zum Grafen von Champagne unter anderem wegen seines Weinanbaus unterhielt, mit dem er seine Bibelstudien finanzierte.[24]

Warum Hugo von Payns und Graf Hugo I. von Champagne zusammen mit Stephan Harding und jüdischen Rabbinern hebräische Texte zu den fünf Büchern Mose und des Talmud – des jüdischen Kommentars des Alten Testaments – untersuchten, ist zunächst unklar. Die Texte scheinen jedoch offensichtlich interessant genug zu sein, um eine weitere Reise nach Jerusalem zu rechtfertigen. Diese Tatsache erlaubt eine zwingende Schlussfolgerung, auf die wir noch zurückkommen werden.

Doch zurück zu Hugo von Payns. 1113 kann er urkundlich in Payns als Grundherr nachgewiesen werden.[25] 1114 brechen er und Hugo I. von Champagne erneut nach Jerusalem auf. Jetzt bleibt Hugo von Payns dort. Sein Freund, der mächtige und reiche Graf

Bild 2: Die Synagoge von Rabbi Raschi existiert noch heute.

hingegen, kehrt nach Frankreich zurück. Etwa sechs Jahre danach ereignet sich etwas Erstaunliches.

1120 kommt es in Jerusalem zu einer geheimnisvollen Zusammenkunft. Die Hintergründe sind bis heute nebulös.[26] Hugo von Payns und sein Stellvertreter, der Ritter Gottfried von St. Omer, sprechen am Hofe von König Balduin II. und Garmond von Picquigny, dem Patriarchen von Jerusalem, vor. Später gesellen sich die Ritter Andreas von Montbard, Payen von Montdidier, Archambaud von St. Amand, Gottfried Bisol sowie drei weitere Zeitgenossen zu ihnen, von denen man nicht weiß, ob sie Ritter oder Mönche waren: Roral, Gundemar und Gottfried.[27]

Andreas von Montbard ist der Onkel des heiligen Bernhard von Clairvaux, dem geistigen Vater des Ordens, auf den wir noch ausführlich zu sprechen kommen werden. Andreas ist verwandt mit dem Grafen von Burgund, seine Schwester ist die Frau von Tescelin le Roux, dem Vater des heiligen Bernhard von Clairvaux. Gottfried von St. Omer, Payen von Montdidier und Archambaud von St. Amand sind Ritter mittleren Adels aus der Picardie, der Kornkammer im Nordosten Frankreichs, auf deren Boden die schönsten gotischen Kathedralen entstehen werden. Von Gottfried Bisol,

Roral und Gottfried ist nur bekannt, dass sie 1128 am Konzil von Troyes teilnehmen werden. Über Gundemar hüllen sich die Geschichtsschreiber in Schweigen.

König Balduin II. debattiert über den Vorschlag mit dem Patriarchen von Jerusalem und gewährt ihnen anschließend einen Teil seines Palastes in der ehemaligen Al-Aqsa-Moschee.[28] Auch dies ist sehr bemerkenswert. Ein König räumt nicht ohne Weiteres sein Quartier für einen versprengten Trupp von Rittern. Doch der König überlässt den neun Rittern ausgerechnet die Al-Aqsa-Moschee, die auf dem Areal des ehemaligen Salomonischen Tempels errichtet wurde – und nicht irgendein anderes Gebäude in der heiligen Stadt. Mit Sicherheit bitten Hugo von Payns und Gottfried von St. Omer um dieses Quartier – nicht umgekehrt. Von nun an werden die acht Pilger als *Arme Bruderschaft Christi vom Salomonischen Tempel zu Jerusalem*[29], kurz Templer, in die Geschichtsbücher eingehen. Die Chronik des Wilhelm von Tyrus berichtet weiter, dass Hugo und seine Männer fortan Keuschheit, Armut und Gehorsam gelobt hätten, gemäß der Ordensregel der Benediktiner und Augustiner.

Bild 3: Nachbildung Hugos von Payns

Im Jahre 1120 stößt der einflussreiche und wohlhabende Graf Fulko V. von Anjou, der künftige König von Jerusalem und Nachfolger Balduins II., zu den Templern. Er unterstützt sie finanziell, denn der offiziellen Geschichtsschreibung zufolge leben die Templer von Spenden und Almosen. Fulko V. bleibt bis 1121 ein inoffizielles Mitglied des Ordens und unterstützt ihn mehrmals mit dreißig angevinischen Silberstücken.[30] Hugo und seine Freunde dürften wohl kaum gehungert haben. Es ist auch unwahrscheinlich, dass sie in Armut lebten, denn ihre adlige Abstammung wirkte ihrem Vorhaben entgegen, wie enthaltsame Mönche zu darben. Selbst wenn sie es gewollt hätten, freiwillig ergaben sie sich nicht diesem asketischen Schicksal. Die engen Beziehungen Graf Hugos I. von Champagne zu Balduin II. legen den Schluss nahe, dass die Finanzierung durch den König von Jerusalem und die Barone stattfand.[31]

1125 geschieht etwas noch Mysteriöseres: Nun schließt sich den acht Bewohnern des Tempelberges auch Graf Hugo I. von Champagne an.[32] Zuvor überträgt er seinen Besitz an seinen Neffen Theobald II., trennt sich von seiner Frau und verleugnet sein Kind. Der Graf wirft seiner hochschwangeren Frau Elizabeth von Varais plötzlich an den Kopf, dass er eigentlich unfruchtbar sei – demzufolge könne er auch kein Kind von ihr haben. Das Kind sei vielmehr das Resultat eines Seitensprungs von Elizabeth.[33] Eine krasse Anschuldigung.

Überhaupt ist der Graf ein merkwürdiger Zeitgenosse. Um 1074 als dritter Sohn des Theobald I. geboren, ist er der erste, der den Titel »Graf von Champagne« trägt. Er nimmt nicht am ersten Kreuzzug teil, lässt sich in Troyes nieder und treibt regen Handel mit jüdischen Kaufleuten. Seine Beziehung zu den Juden der Region ist also ausgezeichnet. Als Graf von Champagne unterhält er Verbindungen zu Rabbi Raschi und dessen Talmud-Schule. 1104 wird Graf Hugo das Opfer eines Attentats, das er jedoch überlebt. Die Hintergründe sind unklar. Belegt ist ebenso, dass er den Templern ein riesiges Grundstück schenkt. Noch heute sind ein Wald und ein See nach den Templern benannt: der Forêt de Temple sowie der Lac du Temple, südöstlich von Troyes. Graf Hugo I. von Champagne ist zu seiner Zeit einer der mächtigsten Männer Frankreichs. Umso erstaunlicher und unerklärlicher ist sein Schritt, sich einem Ritterorden anzuschließen. Ein Brief an Graf Hugo I. von Champagne aus dem Jahre 1125 dokumentiert die Gedanken des heiligen Bernhard von Clairvaux über den Eintritt des Grafen in den Templerorden:

> »Wenn Du um Gottes Willen vom Grafen zum Ritter und von einem Reichen zu einem Armen geworden bist, so beglückwünschen wir Dich natürlich dazu, wie es recht ist, und geben Gott in Dir die Ehre. […] Dass uns aber in dieser Weise Deine teure Gegenwart durch einen Ratschluss Gottes, den ich nicht

kenne, entzogen wurde, sodass wir Dich nicht einmal von Zeit zu Zeit sehen können, wo wir doch möglichst nie ohne Dich sein wollten, das können wir, zugegeben, nicht gleichmütig ertragen. Wieso? Können wir etwa die frühere Liebe vergessen und all die Wohltaten, die Du unserem Hause so großzügig erwiesen hast?«[34]

Wir lesen hier große Verwunderung, aber auch Bedauern aus Bernhards Worten heraus. Der Zisterzienserabt Bernhard von Clairvaux, der in jener Epoche des 12. Jahrhunderts mächtiger werden wird als der Papst, äußert sein Trübsal darüber, dass Graf Hugo I. von Champagne nicht dem Zisterzienserorden beitritt, sondern nach Jerusalem eilt, um sich auf dem Tempelberg niederzulassen. Wir hören hier heraus, dass der Graf vorher intensive Beziehungen zu Bernhard und dem Zisterzienserorden unterhält – sehr wahrscheinlich ist er ein häufiger Besucher des Klosters Cîteaux. Bernhard spielt in seinem Brief auch auf die großzügige Schenkung des Grundstücks im Wald von Bar-sur-Aube durch den Grafen von Champagne an, auf dem er im Jahre 1115 seine Abtei errichten ließ: das weltberühmte Kloster Clairvaux. Bernhard ist dank der Schenkungen und der großen Freundschaft des Grafen Hugo I. von Champagne von nun an ein glühender Anhänger des Templerordens.

Doch was treiben eigentlich Hugo von Payns und seine Freunde in Jerusalem? Nachdem sich also Graf Hugo I. von Champagne den Templern anschließt, beteiligen sich weder er noch Hugo von Payns und seine sieben Gefolgsleute an Kämpfen, obwohl es zu dieser Zeit genug Anlässe gibt, um an kriegerischen Auseinandersetzungen teilzunehmen. 1119 greifen Armeen der Seldschuken aus dem heutigen Syrien und Heere der Fatimiden aus Ägypten das Königreich Jerusalem an. Balduin II. gelingt es, beide Armeen zurückzudrängen – die Templer um Hugo von Payns kämpfen jedoch nicht mit. 1123 wird Balduin II. von Seldschuken gefangen genommen und erst 1124 wieder frei gelassen – die Templer eilen auch hier nicht zu Hilfe. Im gleichen Jahr noch belagert Balduin II. die syrische Stadt Aleppo – doch erneut ohne jegliche Templerunterstützung. 1125 schlägt er die Armee der Seldschuken in der Schlacht von Azaz – ohne die Teilnahme der Templer. Tatsächlich scheint es so, als ob die Templer an Kämpfen nicht im Geringsten interessiert sind, sondern andere Ziele verfolgen.

Aber nicht nur kriegerische Auseinandersetzungen bedrohen das Königreich. Jerusalem ist im Jahr 1125 nach der Eroberung durch die Kreuzritter (1095–1099) mit seinen biblischen Stätten ein beliebtes Ziel für christliche Gläubige aus ganz Europa. Insbesondere die Grabeskirche. Doch viele Pilger werden durch den Mangel an Milizen regelmäßig überfallen, ausgeraubt, entführt oder gar getötet. So beschreibt der Kreuzzugschronist Wilhelm von Tyrus die Aufgabe der Tempelritter um Hugo von Payns mit der Bewachung der Pilgerwege. Seitdem ist diese Erklärung für die Gründung des Templerordens unhinterfragt von den meisten Historikern übernommen worden.[35]

Mehrere Fakten sprechen eindeutig gegen diese Erklärung. Zunächst einmal wurde Wilhelm von Tyrus erst 1130 geboren. Daher war für ihn keine direkte Berichterstattung von der Gründung des Templerordens möglich. Seine *Chronik der Kreuzfahrerstaaten* verfasste Wilhelm von Tyrus erst 1170. Wilhelm griff dafür auf erhaltene und ihm zugängliche Dokumente und Zeugenaussagen von anderen Chronisten und Überlebenden zurück – Jahrzehnte nachdem sich der Templerorden in Jerusalem gegründet hatte.

So ist es zwar denkbar, dass Hugo von Payns und seine Gefolgsleute an eine Sicherung der Pilgerwege zwischen Jaffa und Jerusalem als *mögliche zukünftige* Aufgabe dachten. Ganz gewiss jedoch waren sie nicht in der Lage, mit neun und zeitweilig zehn Männern gegen Zehntausende von gewaltbereiten Wegelagerern zu kämpfen, die vor Mord nicht zurückschreckten. Dieser Gedanke ist geradezu absurd. Ganz im Gegenteil gesteht der englische Historiker Malcolm Barber von der Universität Reading, dass die Templer zunächst im Sinne einer Laienbruderschaft handelten, sich weltlich kleideten und eher zurückgezogen in den Gemäuern der Al-Aqsa-Moschee lebten. Sie kämpften nicht. Dabei scheint es so zu sein, dass die Gemeinschaft der Templer vor der offiziellen Gründung schon bestand. Der deutsche Biograf des Bernhard von Clairvaux, August Neander, schreibt über die Gründung des Templerordens im Jahre 1120: »Schon zehn Jahre bestand die Verbindung und noch hatten sie keine bestimmte Regel, ihr Ruf hatte sich noch nicht weit verbreitet und ihre Zahl sich nicht vermehrt.«[36] Die Verbindung von Hugo von Payns zu seinen acht Mitstreitern bestand also viel länger, nämlich mindestens zehn Jahre – von Hugos Bekanntschaft zum Grafen von Champagne ganz zu schweigen.

1137 berichtet ein gewisser Wilhelm, Burgkastellan von St. Omer, in einem Dokument, dass der »Patriarch Garmond und die Barone« den Templern geraten hätten, Jerusalem zu verteidigen.[37] Hieraus geht hervor, dass König Balduin II., der Patriarch und die Barone des Königs die Templer um die Sicherung der Pilgerwege baten – Jahre, nachdem sie sich auf dem Tempelberg niedergelassen hatten. Es war also eindeutig nicht die ursprüngliche Idee Hugo von Payns und seiner Männer. Diese Aufgabe wurde erst an sie *herangetragen*, als sie bereits lange auf dem Tempelberg residierten.

Ein weiteres Argument gegen die Theorie der Pilgerwegesicherung ist die logistisch wie strategisch unsinnige Vorgehensweise Hugos von Payns und Gottfrieds von St. Omer: Sie wären gut beraten gewesen, *vorher* die finanziellen Mittel von Grafen und Fürsten in Frankreich für die Gründung eines Ritterordens zu sichern – nicht erst, wenn sie in Jerusalem ankommen, dort acht Jahre lang von milden Spenden leben und mitansehen müssen, wie Gebäude auf dem Tempelberg durch mangelnde Gelder immer weiter verfallen. Die Mission der Templer um Hugo von Payns war also eine andere, als sie nach Jerusalem gingen. Ihre ursprüngliche Absicht war es nicht, die Pilgerwege zu sichern – diese Erklärung tauchte erst anschließend auf. Daran gibt es nunmehr keinen Zweifel.

Geradezu seltsam ist die Tatsache, dass König Balduin II. ihnen einen Teil seines Palastes in der ehemaligen Al-Aqsa-Moschee ohne Umschweife räumte und zur Verfügung stellte. Anscheinend war es für Hugo von Payns sehr hilfreich, dass er mit König Balduin II. eine enge Beziehung pflegte. Umso merkwürdiger ist es, dass Hugo von Payns und Gottfried von St. Omer ihren Plan nicht vorher mit Adeligen absprachen, um die Finanzierung zu sichern – ein weiterer Beleg dafür, dass die Idee der Pilgerwegesicherung nicht von Hugo von Payns und seinen Templerbrüdern stammt.

Ebenfalls geradezu seltsam ist die Tatsache, dass Graf Hugo I. von Champagne zu drei Pilgerreisen nach Jerusalem aufbrach. Sein Verhalten zeugte von großer Eile und Besessenheit. Er schien ein konstantes Ziel und eine äußerst wichtige Mission vor Augen zu haben, denn die großen Gefahren, die solche Reisen für Leib und Leben mit sich brachten, schreckten ihn offensichtlich nicht ab. Was immer in Jerusalem vor sich ging, war weitaus bedeutender als die Sicherung der Pilgerwege. Doch wenn die Mission der Templer eine andere war, was unternahmen die Templer um Hugo von Payns in diesen acht Jahren auf dem Jerusalemer Tempelberg? Was war so wichtig, dass Graf Hugo I. von Champagne und Hugo von Payns 1108 sofort Stephan Harding aufsuchten, um biblische Studien zu betreiben? Und was war so wichtig, dass Graf Hugo I. von Champagne 1125 seine Familie regelrecht verstieß und auf seinen gewaltigen Besitz in Frankreich verzichtete – nur um auf dem Tempelberg zurückgezogen zu leben und Kämpfe zu scheuen?

Sie gruben. Der Kreuzzugschronist Fulcher von Chartres berichtet, dass die Templer in den 1120er-Jahren einen großen Bereich des westlichen Tempelbezirks umgestalteten und die so genannten *Ställe Salomos* unterhalb der Al-Aqsa-Moschee freilegten, die den Aussagen des Pilgers Theoderich zufolge etwa 10.000 Pferde mit Stallknechten aufnehmen konnten. Die Dimensionen der Gewölbe seien so groß, dass ein einziger Schuss mit einem Langbogen kaum von einem Ende zum anderen des Bauwerks reiche, weder in der Länge noch in der Breite. Außerdem seien in und westlich an der Al-Aqsa-Moschee Umgestaltungen der Gebäude durchgeführt worden, so Theoderich.[38]

Der israelische Archäologe Meir Ben-Dov erforschte in den 1980er-Jahren unterhalb des Tempelberges einen Tunnel, dessen Alter er auf das 12. Jahrhundert zurückdatieren konnte. Dieser Tunnel war zuvor durch Archäologen des *Palestine Exploration Fund* in den 1860er-Jahren unter der Leitung des Archäologen Charles Warren entdeckt worden. Der Gang befindet sich dreißig Meter von der Südmauer des Tempelberges unterhalb der Ställe Salomos entfernt – und somit direkt unter dem ehemaligen Hauptquartier der Templer. Der Schacht wurde offensichtlich angelegt, um in die weiter unten liegenden Gänge und Höhlen des Tempelberges von Jerusalem eindringen zu können. Auf einer Karte aus dem zwölften Jahrhundert – als *Cambria-Manuskript* bekannt – ist eine Nebentür eingetragen mit der Bezeichnung *Poterna*. Meir Ben-Dov benennt diesen Schacht als Geheimtunnel, weil er *unterhalb* der Ställe Salomos verläuft. Er schreibt ihn zweifelsfrei den Templern zu.[39]

Um 1120 zieht König Balduin II. aus der Al-Aqsa-Moschee in den neuen Königspalast am Jaffa-Tor im Westen Jerusalems. Die Templer haben nun freie Hand. Um 1128 sind die Al-Aqsa-Moschee und das gesamte Areal zum Hauptquartier der Templer umgebaut. Hugo von Payns und seine Freunde sind fleißig. Sehr wahrscheinlich sind noch mehr Männer bei der Umstrukturierung des Tempelberges behilflich. Historisch verbürgt ist diese Vermutung zwar nicht. Doch ebenso wenig wie neun Männer die Pilgerwege sichern konnten, war es unmöglich, derartig große bautechnische Aktivitäten ohne die Hilfe zusätzlicher Arbeitskräfte zu bewerkstelligen.

Die Frage muss daher lauten: Warum versammelten sich neun Männer, einige von ihnen adelig und sehr mächtig, auf den Grundmauern des ehemaligen Salomonischen Tempels, um unter dem Deckmantel eines neu gegründeten Ritterordens jahrelang zurückgezogen zu leben und unterhalb des Tempelberges zu graben und das Areal zu erforschen? Wonach suchten sie?

2. Das Konzil von Troyes

Besondere Brisanz bekommt diese Frage, wenn wir darüber nachdenken, was Hugo von Payns ab dem Jahr 1115 in Jerusalem unternahm, bevor sich der Orden im Jahr 1120 offiziell gründete. Der Kreuzzugschronist Albert von Aachen berichtet, dass Hugo von Payns und einige seiner Mitstreiter angeblich vor der Gründung des Ordens unter dem Schutz des Priors der Grabeskirche von Jerusalem leben. Hugo von Payns und Gottfried von St. Omer hätten somit in Jerusalem ungestört Nachforschungen anstellen können. Erst 1119 kommt es zu einem Vorfall, bei dem einige hundert Pilger unweit von Jerusalem durch Wegelagerer und marodierende Banden überfallen und ermordet werden – ein Ereignis, dass nach Albert von Aachen den Ausschlag für die Gründung des Templerordens zum Schutz der Pilgerwege gab.[40] Dies ist jedoch eine Mutmaßung Alberts von Aachen. Denn wie wir gesehen haben, beteiligen sich Hugo und seine Männer zwischen 1115 und 1128 an keinerlei Kämpfen, sondern leben zurückgezogen wie eine Laienbruderschaft, die sich auf emsige Grabungsaktivitäten konzentrierte. Ein Brief des heiligen Bernhard von Clairvaux an den Patriarchen von Jerusalem aus dem Jahr 1130 veranschaulicht, dass der Patriarch anscheinend wenig Geduld mit den Templern hat, weil sie ihrer *zukünftigen* Aufgabe, die Pilgerwege zu sichern, noch nicht nachkommen, sondern stattdessen Grabungen anstellen:

> »Ich bitte Euch: Richtet Eure Augen auf die Ritter des Templerordens und öffnet den so tapferen Streitern der Kirche das Herz Eurer großen Liebe. Das wird Gott gefällig und den Menschen willkommen sein, wenn Ihr Eure Gunst denen zuwendet, die ihr Leben für die Brüder eingesetzt haben.«[41]

Bernhard fleht den erzürnten Patriarchen geradezu an, denn die Templer haben ihr Leben anscheinend zu selten für die Pilgerbrüder eingesetzt. Als König Balduin II. die Bemühungen des Abtes von Clairvaux spürt, schlägt er Hugo von Payns und seinen acht Templern vor, einen Ritterorden zu gründen, der auf einem Konzil eine Verfassung erhält und durch den Papst in Rom abgesegnet wird.

Der Patriarch ist überstimmt. Hugo zeigt sich notgedrungen einverstanden. König Balduin II. schickt Andreas von Montbard und Bruder Gundemar mit einem Sendschreiben nach Frankreich, um Bernhard von Clairvaux darum zu bitten, für die neue Ritterschaft der Templer eine Verfassung zu schreiben.[42]

Zuvor entsendet König Balduin II. Hugo von Payns um 1127 nach Frankreich, um von dort aus eine Rekrutierungsreise durch Europa zu unternehmen. Sie machen einen Abstecher nach Rom, um sich mit Papst Honorius II. zu beraten, der seinerseits seinen Segen gibt und Hugo von Payns und seine Begleiter an den päpstlichen Legaten Matthäus von Albano und Bernhard von Clairvaux verweist.[43]

Die Rekrutierungsreise Hugos dient dazu, einflussreiche Adelige für den Templerorden zu gewinnen, um die Finanzierung des Aufenthaltes in Jerusalem zu sichern und die Aufnahme von neuen Brüdern in den Orden zu beschleunigen. Hugos Reise führt ihn dabei zurück nach Frankreich, nach England und Schottland. In Schottland trifft er auf König David I., der dem Templerorden Ländereien bei Ballantrodoch, dem heutigen Temple, unweit von Edinburgh, schenkt. Hugo kehrt mit Dutzenden von Freiwilligen zurück, die bereit sind, sich dem Orden anzuschließen.

Nach seiner Rückkehr wird für den 13. Januar 1129 ein Konzil in Troyes einberufen, um eine Ordensregel zu bestätigen, die Hugo von Payns bereits mit der Hilfe seines Freundes Bernhard von Clairvaux verfasst hat. Dies ist zu diesem Zeitpunkt ein äußerst bemerkenswertes Vorgehen für einen Ritterorden. Denn bereits 1109 hatten sich in Jerusalem die Ritter vom Hospital des heiligen Johannes zu Jerusalem – die Johanniter – gegründet, die sich zur Krankenpflege und medizinischen Betreuung der Pilger verpflichteten. Das Hospital des Ordens hatte Papst Paschalis II. im Jahr 1113 als unabhängige und notwendige Institution anerkannt – jedoch *ohne* ein Konzil einzuberufen.

Diese Tatsache zeigt, welche Bedeutung der Klerus dem Templerorden beimisst, denn Hugo von Payns und seine acht Gefolgsleute könnten sich einfach den Johannitern anschließen. Doch haben sie offensichtlich eingesehen, dass es viel größere Vorzüge hat, einen eigenen Orden zu gründen. Die große Aufmerksamkeit, die sie durch die französischen Bischöfe, König Balduin II., aber auch Papst Honorius II. erhalten, bestätigt ihre herausragende Stellung. Möglicherweise auch ihre Entdeckung, die sie unter dem Tempelberg von Jerusalem machten. Vieles spricht dafür, dass sie fanden, wonach sie unter dem Tempelberg gruben. Es ist aber nicht überliefert, ob die Tempelritter um Hugo von Payns während des Konzils ein Wort über ihre Suche verloren und ob sie auch fündig geworden sind. Der mögliche Fund eines Schatzes in Jerusalem würde aller Wahrscheinlichkeit auf dem Konzil von Troyes nicht debattiert worden sein, um eine noch andauernde Suche nicht zu gefährden und Neider nicht auf den Plan zu rufen.[44]

Eine alleinige Absegnung der Templerregel hätte aber den Aufwand des Konzils nicht gerechtfertigt. So bescheinigt die Liste der Anwesenden die herausragende Bedeutung dieser außerordentlichen Bischofsversammlung. Sie beginnt mit Hugo von Payns und

Gottfried von St. Omer, den Rittern Gottfried, Roral, Gottfried Bisol, Payen von Montdidier und Archambaud von St. Amand. Tatsächlich sind sieben Gründungstempler in Troyes anwesend. Da Bernhard im Vorfeld des Konzils häufig mit dem Patriarchen und dem König von Jerusalem kommuniziert, ist es nicht sehr verwunderlich, dass er nun auch mit Abt Stephan Harding von Cîteaux an der Versammlung teilnimmt.[45] Darüber hinaus sind die Zisterzienseräbte aus Trois-Fontaines und Pontigny zum Konzil eingeladen, das unter dem Vorsitz des päpstlichen Legaten Matthäus von Albano stattfindet. Die hochrangigsten Würdenträger des ganzen Landes strömen in die Stadt. Die Erzbischöfe von Reims und Sens, die Bischöfe von Chartres, Soissons, Paris, Troyes, Orléans, Auxerre, Meaux, Châlons, Laon, Beauvais. Es sind die Bischöfe der Städte, aus deren Böden wenige Jahrzehnte später die berühmten gotischen Kathedralen Frankreichs emporwachsen werden. Auch der Finanzverwalter der Champagne, Andreas von Baudement, nimmt an der Synode teil, ebenso wie der Graf von Nevers und Theobald II., der Neffe von Graf Hugo I. von Champagne, der bereits vor dem Tod seines Onkels im Jahre 1126 der Erbe des Vermögens und der Ländereien wurde.

Worüber debattieren die Teilnehmer des Konzils? Wir werden enttäuscht. Außer der Gründung des Templerordens sind seltsamerweise keine weiteren Themen überliefert. Fest steht jedoch, dass die zunächst aus 72 Artikeln bestehenden, in Latein verfassten Regeln des Templerordens auf dem Konzil von Troyes von den anwesenden Bischöfen und insbesondere vom päpstlichen Legaten, Matthäus von Albano, abgesegnet werden.

Hugo von Payns persönlich trägt die Statuten vor, die sich an der strengen Ordensregel der Zisterzienser orientieren. Hier entstehen Vorschriften für das tägliche Leben in der Bruderschaft. Hier finden wir Anweisungen über die Aufnahme von möglichen neuen Brüdern. Wir erfahren, dass Kinder nicht in den Orden aufgenommen werden dürfen, wohl aber weltliche Ritter, die zuvor aus der Kirche ausgeschlossen wurden; dass nur die Ritter Christi aufgrund der großen Hitze im Heiligen Land dort ein weißes Leinenhemd tragen dürfen; dass zu üppiges Haar und zu lange Kleider verboten sind, denn ein Bruder müsse vor Gott innerlich wie äußerlich rein sein.

Wir finden hier Anweisungen, dass die Brüder gemeinsam im Refektorium essen und mittags und abends während der Mahlzeiten den Worten der Bibel lauschen sollen; dass zwei Brüder aus einem Napf essen müssen, wenn nicht genug Geschirr vorhanden sei; dass jeder Bruder stets eine gleich große Portion Wein in seinem Becher habe. Abgesehen von Festtagen wie Weihnachten oder Allerheiligen dürfe Fleisch nur dreimal wöchentlich gegessen werden, denn es verweichliche den Körper. Die übrigen Wochentage Montag, Mittwoch und Sonnabend seien dem Genuss von Hülsenfrüchten und Gemüsesuppe vorbehalten. Freitag werde aus Ehrerbietung vor dem Herrn Jesus Christus gefastet, abgesehen von den kranken und schwachen Brüdern. Vor der Komplet – dem Nachtgebet – solle stets eine Erfrischung eingenommen werden, der Meister entscheide, woraus sie bestünde. Umgang mit Frauen sei verboten, weil einige Brüder dann vom rechten Wege zum Paradies abgelenkt werden – Kinder zeugen sei noch verwerflicher. Jeder Bruder könne über drei Pferde und einen Knappen verfügen, der nicht geschlagen werden dürfe, wenn er freiwillig und unentgeltlich den Dienst ausübe. Prunkhafte Zügel, Lanzenüberzüge, Falkenjagd, Futtersäcke aus Leinwand oder Wolle seien ebenso verboten, wie sich seiner Fehler zu rühmen oder böse Gerüchte und Verleumdung unter den Brüdern zu verbreiten. Und so weiter und so fort. Der Verhaltenskodex der Templerregeln ist lang und streng, die beratende spirituelle Handschrift von Bernhard von Clairvaux und den Zisterziensern unübersehbar.[46]

Doch erstaunlich locker sind die Statuten bezüglich des Besitzes von Landgütern und Leuten, Bauern und Feldern und der Erhebung von Zinsen. Der einzelne Tempelritter musste das Armutsgelöbnis ablegen, doch der Orden durfte Geschenke und Wohltätigkeiten annehmen und besitzen. Dieser Artikel war der zündende Aspekt für den unermesslichen Reichtum des Ordens.

Der auf dem Konzil anwesende Schreiber Johann Michael vermerkt, dass die Bischöfe und Äbte andächtig Hugos Worten lauschen.

Die später ergänzten französischen Templerregeln bestehen sogar aus 686 Paragrafen, weil die Entwicklung des Ordens ständig neue Regeln erfordert.

Durch die Templerverfassung entsteht der Nimbus des kämpfenden Mönchs, aber auch eine militärische Hierarchie. Hugo von Payns wird zum ersten Großmeister der Templer, dem sämtliche Angehörigen des Ordens unterstehen – Knappen, Kapläne, Mönchsritter. Sein Stellvertreter wird der so genannte Seneschall, der den Großmeister in allen militärischen Aspekten berät. Die Aufgabe des Großpräzeptors ist es, die Einhaltung der Ordensregel durch die Templerbrüder zu überwachen und die Finanzen zu verwalten. Landbesitze der Templer werden in Komtureien unterteilt. Sollte der Großmeister einmal abkömmlich sein oder während eines Kampfes in Gefangenschaft genommen werden, wird er bis zu seiner Rückkehr durch den Großkumtur vertreten. Im Kampf trägt der Marshall die Verantwortung für die Schlachtanordnung und Kampftaktik und bestimmt den Bannerträger. Während der Schlacht sind die Templer in Schwadrone unterteilt, jedes von ihnen wird von einem Konstabler geleitet.

Das Konzil von Troyes begründet auch das äußere Erscheinungsbild des Ordens in der Öffentlichkeit jener Zeit. Die Templer müssen ihre bisherige Laienkleidung nun durch weiße Mäntel eintauschen, die sie fortan über ihrer Ritterbekleidung tragen. Das alles können Hugo von Payns und Bernhard von Clairvaux unmöglich an einem einzigen Tag aus dem Stegreif erdacht haben. Vielmehr liegt die Vermutung nahe, dass sie die Templerregeln und die militärische Hierarchie lange vor dem Konzil entwickelten. Auf dem Konzil von Troyes wird der Orden durchstrukturiert und für den Kampf im Heiligen Land vorbereitet. Wir finden beinahe jede kleinste Verhaltensvorschrift für die Templerbrüder.

Doch das Wichtigste finden wir nicht: Die Sicherung der Pilgerwege als mögliches Leitmotiv des Templerordens wird mit *keinem einzigen* Wort erwähnt.

3. Der heilige Bernhard von Clairvaux

Ohne den Einfluss des Bernhard von Clairvaux wäre der Templerorden nicht entstanden. Bernhard wird wahrscheinlich im Jahre 1090 als drittes von sieben Kindern des Ritters Tescelin le Roux und seiner Frau Aleth von Montbard auf der Burg Fontaine-lès-Dijon geboren.[47] Bernhards Vater ist ein Feudalherr, der sehr treu den Herzogen von Burgund dient. Seine Mutter Aleth ist, wie ihr Bruder – der Templergründer Andreas von Montbard –, sogar mit den Grafen von Burgund verwandt. Aleth ist tief religiös, ihr eigentlicher Wille ist es, ihre sieben Kinder einem Kloster zu übergeben. Sie selbst wäre gerne in ein Kloster eingetreten, um Nonne zu werden und Gott zu dienen, hätte nicht Tescelin le Roux ihr Herz erobert. Sie stillt den kleinen Bernhard selbst, anstatt ihn einer Amme anzuvertrauen – dies ist zu jener Zeit keineswegs die gängige Praxis, denn es ist ein Zeichen für Armut. Doch die Familie ist alles andere als arm.

Aleth konfrontiert ihre Kinder häufig mit ihren persönlichen religiösen Anschauungen und liest ihnen aus der Bibel vor. Dabei kommt Bernhard sehr früh mit der lateinischen Sprache in Kontakt. Warum er als Kind nicht bereits einem Benediktinerkloster anvertraut wird, ist nicht bekannt. Wahrscheinlich ist zu diesem Zeitpunkt der weltliche Einfluss des Vaters zu groß.

Ab dem Jahr 1098 besucht Bernhard die Klosterschule Saint-Vorles in Châtillon-sur-Seine. Hier werden ihm Lesen, Schreiben, Rhetorik, Grammatik und Dialektik vermittelt. Lateinisch lernt er am schnellsten durch das Auswendiglernen von Bibelpsalmen, die er mit seinen Mitschülern zusammen singt. Der zukünftige Abt von Clairvaux wird mit höherer Mathematik verschont – heute würde mancher Schüler mit dem schüchternen, blassen, rotblonden und schmächtigen Kind tauschen wollen. Trotz mangelnder naturwissenschaftlicher Ausbildung entwickelt sich Bernhard zu einem Musterschüler, der, einmal des Lateinischen mächtig, besessen in der Bibel liest und glühender Katholik ist. Nach dem Tod seiner Mutter Aleth – Bernhard ist ungefähr siebzehn Jahre alt – blüht er auf und findet Freunde unter gleichaltrigen adeligen Jugendlichen, die sich zu Cliquen formieren, die Bernhard dank seiner charismatischen Ausstrahlung und seinem rhetorischen Talent sehr bald anführt.

1109 wird es im Leben des Bernhard von Clairvaux erstmals merkwürdig: Ein Zeitgenosse, Hermann von Laon, berichtet, dass Bernhard *unter die Geistlichen* gegangen sei – Jahre vor seinem Entschluss, Mönch zu werden. Bernhard überlegt ernsthaft, nach Köln zu gehen, um dort an der Domschule zu studieren. Dass Hermann von Laon ihn vor seinem eigentlichen Mönchsleben als Geistlichen (Clericus) bezeichnet, deutet darauf hin, dass Bernhard das Studium von biblischen, aber auch naturwissenschaftlich-philosophischen Texten betreibt.[48]

Ganz irdisch hingegen sind Bernhards Gefühle gegenüber dem weiblichen Geschlecht. Trotz eines Verführungsversuchs durch eine junge Dame sind keine tiefer gehenden Frauenbekanntschaften überliefert. Im Gegenteil: Bernhard unternimmt alles, um nicht in Versuchung zu geraten, denn die Auslebung sexueller Bedürfnisse bedeutet für ihn eine höllische Sünde. Bernhard zieht die Konsequenzen aus der ständigen Bedrohung der fleischlichen Lust und der Gefahr der Verdammnis seiner Seele – und tritt in ein Kloster ein.

Im Jahre 1112 bittet Bernhard zusammen mit dreißig weiteren verwandten und befreundeten Laien des burgundischen Adels um Einlass im Kloster Cîteaux, darunter sind auch vier seiner Brüder.

Das am 21. März 1098 vom Benediktinermönch Robert von Molesme (1028–1111) gegründete Kloster Cîteaux liegt inmitten eines feuchten, schilfbewachsenen Tales, umgeben von tiefem Wald.[49] Der Name Cîteaux leitet sich wahrscheinlich vom altfranzösischen Wort *Cistel* für Rohrschilf ab. Robert war von zwanzig Mönchen und dem Herzog von Burgund, Odo I., begleitet worden. Wir bemerken hier die Nähe des Klerus zu den Adeligen der Region, denn schon der Vater Bernhards, Tescelin le Roux, hatte Odo I. gedient. Robert von Molesme hatte mitansehen müssen, wie die Ordensregel des heiligen Benedikt von Nursia (480–547) zusehends durch die ausschweifende Lebensweise und Nachlässigkeit der Äbte und Mönche des Benediktinerordens verkam. Die Benediktinerregel bestand aus einem Prolog sowie 73 Kapiteln und gründete vor allem auf den Prinzipien Armut, Gebet, Arbeit, Keuschheit, Demut und Gehorsam. Von Keuschheit war innerhalb der Gemäuer der Benediktinerabteien immer weniger zu sehen, und auch das Gelübde der Armut wurde zusehends durch Prasserei im Kloster Cluny gebrochen, das sich in relativer Nachbarschaft zu Cîteaux befand und dessen Kirchenanlage dank großzügiger finanzieller Geschenke von Adeligen die gewaltigen Dimensionen des Doms von Alt-St. Peter in Rom übertraf.[50]

So liegt es nahe, dass Bernhard dem Kloster Cîteaux beitritt und sich nicht den Benediktinern in Cluny anvertraut. Als Bernhard an das Tor von Cîteaux klopft, wird die Abtei von Stephan Harding geleitet. Harding war seinerseits ursprünglich dem Benediktinerorden unter Robert von Moslesme beigetreten und missbilligte ebenso den Bruch der benediktinischen Regeln. Nach Robert von Molesme und Alberich (1050–1109) ist der um 1059 im englischen Merriott, Dorsetshire, geborene Harding zu diesem Zeitpunkt der dritte Abt von Cîteaux. Harding hatte seine Kindheit in Schottland zugebracht und im irischen Lismore, in Paris und in Rom Theologie studiert. Er war dann auf einer Reise von Rom im Kloster Molesme geblieben, um sich Abt Robert von Molesme anzuschließen und das Kloster Cîteaux aufzubauen.

Harding beabsichtigt, durch eine Reform die alten strengen Tugenden des heiligen Benedikt wiederherzustellen. Für viele Bewerber, die an die Tore des Klosters von Cîteaux klopfen, ist die Strenge des Zisterzienserordens abschreckend. Die Mönche in ihren weißen Kutten arbeiten mehr, als sie beten, und Enthaltsamkeit ist an der Tagesordnung. Stephan Harding wird in einer zeitgenössischen Chronik als glühender Liebhaber des Ordenslebens, der Armut und der Regeldisziplin skizziert. Er verfolge und predige die Regeln der Benediktiner so streng wie die Israeliten das mosaische Gesetz.[51] Ihre asketische Strenge orientierte sich an den Wüstenvätern.[52] Harding formulierte im Jahr 1113 die *Charta Charitatis* und gab dem Zisterzienserorden eine Verfassung. Er trug somit maßgeblich zum Erfolg des Ordens bei. Harding wird auch das *Exordium parvum* zugeschrieben, eine Chronik über die Geschichte der Zisterzienser.

In Abt Stephan Harding findet der wissbegierige und hochbegabte Bernhard von Clairvaux seinen Meister. Gewiss wohnt er auch den Besuchen von Graf Hugo I. von Champagne bei, als dieser zusammen mit Abt Stephan Harding biblische Studien betreibt. Bernhard ist also durch Graf Hugo I. von Champagne sowie seinen Onkel Andreas von Montbard von Anfang an in die Geheimnisse des Templerordens eingeweiht.

Bernhards Noviziat ist erfüllt von mindestens sechs Stunden Gottesdienst täglich, Arbeit auf den Feldern und im Kloster sowie dem Studium der Bibel. Seine Mahlzeiten sind streng rationiert, der

Verzicht auf Wein und Fleisch für ihn eine Selbstverständlichkeit, weil Wein seiner Ansicht nach zur Geilheit verführe. Das Leben im Kloster Cîteaux ist nichts für Zartbesaitete, doch Bernhard kasteit sich mehr als alle anderen Mönche in Cîteaux, in dem er die Benediktinerregeln exzessiv auslebt. Die Folge ist ein lebenslanges Magenleiden und Brechreiz während der Einnahme der Mahlzeiten. Sein Körper ist stark geschwächt, sodass Bernhard nur leichte Arbeiten verrichten kann. Die Kehrseite von Bernhards Askese aus Hunger, Durst, Schlafentzug und Verletzung des eigenen Körpers ist eine Hyperaktivität, die ihm die physische Kraft verleiht, seitenlange Briefe, Predigten und Bibelkommentare bis tief in die Nacht hinein zu schreiben.[53]

Das Noviziat endet 1114 mit der Ablegung der Profess – dem Gelübde, fortan nur noch in Armut, Gehorsam und Keuschheit zu leben. Er erhält das graue Mönchsgewand mit Kapuze. Sein Haar wird am Wirbelansatz zu einer Tonsur geschoren, als Zeichen der Demut vor der heiligen Jungfrau Maria.

Das Klosterleben scheint im Laufe der Jahre immer attraktiver zu werden unter der Bevölkerung, denn um 1115 kann das Kloster Cîteaux dem Andrang von neuen Bewerbern für das Mönchsleben nicht mehr standhalten. Die Folge ist die Gründung von Tochterklöstern, so genannten Filiationen: 1113 wird das Kloster La-Ferté

Bild 4: Die Abtei von Clairvaux dient heute teilweise als Gefängnis.

gegründet, 1114 Pontigny, 1115 folgen Morimond und Clairvaux. Diese vier Abteien werden als Primarabteien bezeichnet, von denen wiederum die Gründung von Tochterklöstern ausgehen wird. Schon im Jahre 1118 folgt Trois-Fontaine, 1119 Fontenay und 1121 das Kloster Foigny bei Laon. Die waldige Gegend des Burgund ist erfüllt von hektischer zisterziensischer Bauaktivität. Alle diese Klöster sind seit der Gründung von Cîteaux der heiligen Jungfrau Maria geweiht.

Abt Stephan Harding überlässt Bernhard die Gründung seines eigenen Klosters, das auf dem ehemaligen Grundbesitz des Grafen Hugo I. von Champagne errichtet wird. Graf Hugo I. von Champagne befindet sich 1115 auf seiner zweiten Pilgerfahrt nach Jerusalem, um dort Hugo von Payns zu treffen. Der Graf lässt den Landbesitz den Zisterziensern durch seinen Vizegrafen, Gosbert von La Ferté, urkundlich übereignen. Dieser Gosbert ist ein Vetter Bernhards. Das Kloster Clairvaux wird in der bewaldeten Wildnis des Absinthtals, 116 Kilometer von Cîteaux entfernt, in der nördlichen Diözese Langres errichtet. Unter den Mönchen sind die vier Brüder Bernhards von Clairvaux, deren Onkel und zwei von Bernhards Vettern.[54] Clairvaux ist ein eingeschworenes Familienunternehmen.

Bernhard gibt dem Tal, in dem die Pflanze des Wermuts wächst, einen neuen Namen: helles Tal – Clairvaux, denn die Axt muss vorher an große Mengen Waldes angelegt werden. Bernhard macht dem Kloster ein finanzielles Geschenk im Sinne des 2. Buch Mose (Exodus) 23,15: Gott verordnet den Israeliten, nach dem Auszug aus Ägypten an den drei Jahresfesten Opfer darzubringen. Dies geschieht unmittelbar vor dem Bund mit Gott, als Mose auf dem Sinai Gott begegnet und zwei Steintafeln mit den Zehn Geboten erhält. Erneut fällt hier die besondere Nähe der Zisterzienser zum Judentum auf.[55] Stephan Harding und Bernhard von Clairvaux scheinen hiervon besonders beeindruckt zu sein.

Kurz darauf holt Bernhard beim Bischof von Châlons-sur-Marne, Wilhelm von Champeaux, den Segen für die Gründung des Klosters ein. Die Begegnung mit Champeaux soll Bernhards Leben dramatisch verändern, denn Zeit seines Lebens wird er im Haus des Bischofs ein- und ausgehen und sich seines väterlichen Schutzes sicher sein können. Eine tiefe Freundschaft entwickelt sich zu dem Mann, der an der Domschule der Kathedrale von Notre-Dame in Paris Philosophie unterrichtet hatte. Bemerkenswert ist hier, dass Bernhard erst fünfundzwanzig Jahre alt ist, obwohl das zulässige Alter für das Amt eines Abtes bei dreißig Jahren liegt. Es spricht für den herausragenden Intellekt Bernhards, dass sich der Bischof von Châlons-sur-Marne mit einem jungen Mann umgibt, um philosophische und theologische Streitgespräche zu führen.

Nach dem Segen des Bischofs von Châlons-sur-Marne mehren sich die finanziellen Zuwendungen an das Kloster Clairvaux, die es Bernhard nun ermöglichen, die ursprünglichen bautechnischen Mängel auszugleichen. Die bittere Kälte im Herbst und Winter weicht und ermöglicht den Mönchen ein gesundheitsschonenderes Dasein. Von seinen Reisen nach Châlons-sur-Marne bringt Bernhard immer weitere Novizen mit, die bereit sind, sich dem harten, asketischen Klosterleben zu stellen. Der Ruf des Klosters unter der Führung des herausragenden Bernhard von Clairvaux hallt durch die Täler des Burgund – und darüber hinaus.

Bernhard arbeitet ununterbrochen. Heute belegen 545 Briefe, 300 Predigten und zahlreiche überlieferte Abhandlungen, wie einflussreich Bernhard zu seinen Lebzeiten war. Der schmale, blasse Abt von Clairvaux weist in seinen Briefen selbst Päpste und Könige in ihre Schranken – und erlebt unfassbarerweise ihren Gehorsam. Nicht der Papst in Rom wird zuerst in klerikalen Fragen konsultiert, sondern zuerst Bernhard.

Im Jahre 1124 verfasst Bernhard von Clairvaux eine denkwürdige Schrift, die sich in epischer Breite mit der heiligen Jungfrau Maria befasst: *De laudibus Virginis Matris*. Eine Lobrede auf die Mutter Gottes. Der Legende nach spritzten aus den Brüsten Marias drei Tropfen Milch auf den Mund Bernhards, der fortan von der Liebe zur heiligen Jungfrau besessen war. Das Lob der jungfräulichen Mutter umfasst vier Predigten – so genannte *Homilien* – und zeugt von seiner Beeinflussung durch die Zisterzienseräbte Robert von Molesme, Alberich und Stephan Harding. Robert von Molesme weihte sein Kloster und auch Cîteaux der Jungfrau Maria. Während Robert von Molesme, Alberich und Harding die heilige Jungfrau Maria nur verehrten, war Bernhard geradezu besessen von ihr. Sein schwärmerisches Werk *De laudibus Virginis Matris* ist der Höhepunkt der Marienverehrung und auch ein Beleg für seinen Einfluss auf den Templerorden, denn jedes neue Ordensmitglied der Mönchsritter musste den Treueeid auf die heilige Jungfrau Maria ableisten.

Am 13. Januar 1129 schließlich, Bernhard ist achtunddreißig Jahre alt und durch seine Askese von Krankheit gezeichnet, erscheint er zusammen mit dem Abt von Cîteaux, Stephan Harding, sowie dem Bischof von Châlons-sur-Marne, Wilhelm von Champeaux, auf dem Konzil von Troyes. Bernhard leitet die Versammlung ein und lauscht dort zusammen mit anderen Zisterzienseräbten und Bischöfen den Worten Hugos von Payns, der die Verfassung des Templerordens vorträgt.

4. Die Lobrede auf die neue Ritterschaft

Bereits vor dem Konzil von Troyes bittet Hugo von Payns seinen Freund Bernhard von Clairvaux, eine Propagandaschrift für den Templerorden zu verfassen. Nach anfänglichem Zögern sagt Bernhard zu und schreibt sein berühmtes Plädoyer für die Templer *Liber ad milites templi – De laude novae militiae*. In diesem Lob der neuen Ritterschaft schreibt Bernhard:

>»Einmal und wohl auch ein zweites und drittes Mal, wenn ich mich nicht täusche, liebster Hugo, hast Du mich gebeten, Dir und Deinen Waffenbrüdern eine Predigt der Ermunterung zu schreiben und gegen die feindliche Macht der Tyrannen meinen Griffel zu schwingen, da es mir nicht erlaubt ist, dies mit der Lanze zu tun.«[56]

Fast hören wir Bedauern darüber heraus, dass Bernhard selbst nicht zum Schwert greifen darf, denn sein mönchisches Dasein verbietet es. Hier sehen wir, dass es Hugos von Payns Absicht ist, eine klerikale Legitimation für den Templerorden zu erwirken, sein Freund Bernhard von Clairvaux ist hier die oberste Instanz – noch vor dem Papst. Wer den Segen der Kirche auf seiner Seite hat, ist über alle Zweifel erhaben. Der Wortlaut von Bernhards Lobrede ist geprägt von gewitzter Raffinesse und biblischen Anspielungen.

Zunächst einmal geht Bernhard mit den weltlichen Rittern hart ins Gericht. Er schilt sie eitle Narren, die ihre Pferde mit seidenen Decken und ihre Panzer mit Überhängen und Tüchern verzieren, die ihre Speere, Schilde und Sättel bemalen und Zügel und Sporen mit Gold, Silber und Edelsteinen schmücken. Bernhard verurteilt den überflüssigen Firlefanz, der mit dem Rittertum einhergeht und seines Erachtens nach von der wahren Mission eines Ritters ablenkt: für Gott zu kämpfen. Nicht ohne Humor ist Bernhards zynische Schlussfolgerung, wenn er schreibt: »Mit so großer Pracht eilt ihr in beschämender Raserei und schamlosem Stumpfsinn in den Tod.« Und fragt, ob all der Prunk hoch zu Rosse auf militärische Ehren zurückzuführen sei oder auf verweichlichte Eitelkeit.

Nein, schreibt Bernhard, der Dolch des Feindes schrecke nicht vor dem Gold des weltlichen Ritters zurück. Vielmehr werden die Edelsteine nicht verschont und die Seide durchbohrt von der Lanze des Feindes. Der Leser erkennt, dass Bernhard nicht traurig ist um diese Männer in aufgeblasenen Ritterrüstungen, die auf Turnieren oder im Kampf tödlich getroffen zu Boden poltern. Nachdem Bernhard mit dem tolldreisten Haudegentum der *Aventüre* abrechnet, das später so prachtvoll in den höfischen Romanen des Hochmittelalters von Christian von Troyes und Wolfram von Eschenbach beschrieben wird, wendet er sich seiner eigenen Schöpfung zu: dem Mönchsrittertum.

Sodann verklärt er die neue Ritterschaft der Templer zu edlen Kämpfern, die im Auftrag Gottes als verlängerter Arm Jesu Christi gegen die Armeen der Finsternis zu Felde ziehen. Der Templer umgebe seinen Leib mit dem Panzer aus Eisen, seine Seele aber mit dem des Glaubens, schwärmt Bernhard. Durch beiderlei Waffen geschützt, fürchte der Mönchsritter weder den Teufel noch den Menschen. Der Templer, dieser Streiter der neuen Ritterschaft Christi, setze sich treu und freudig für Christus ein und sei eigentlich lieber bei ihm im Himmel als hier auf Erden. Das sei doch viel besser. Soll heißen, der Tod des Templers im Kampf ist nicht nur einkalkuliert, sondern Voraussetzung für den Ruhm der Sache. Diese Sichtweise unterscheidet sich nur wenig von der fanatisierten ismaelitischen

Mördersekte der Assassinen, die sich in Persien und Syrien formierte und im Auftrag ihres Gründers Hassan-i Sabbah und später des »Alten vom Berge«, Raschid ad-Din Sinan, zu Selbstmordattentaten ausschwärmte. Bernhard fordert in seiner Lobrede nichts weiter als die bedingungslose Selbstaufgabe für Gott – bis zum Tod. Man spürt, dass er sich dabei noch nicht wohlfühlt, denn in seinen Adern fließt mehr klerikales als ritterliches Blut. Nicht umsonst hat er zusammen mit Hugo von Payns an der Templerregel gefeilt und dem Orden elegant den Stempel des Zisterzienserordens aufgedrückt. Gehorsam ist eine der großen Tugenden der Zisterzienser. »In der Tat aber ist der Tod im Kampf umso kostbarer, je ruhmvoller er ist«, glaubt Bernhard. Leicht gesagt für einen Zisterzienserabt seiner Berühmtheit, denn er muss ja nicht kämpfen. Der Zisterzienserorden hat nun sein eigenes Heer – und er kann sich einer gehörigen Portion Fanatismus seiner Mönchssoldaten sicher sein.

Bernhard versteigt sich zu ekstatischen Verklärungen. Den Kampf, und nicht die Pracht, den Sieg, und nicht den Ruhm hätten die Templer im Sinn. Sie zögen es vor, ihren Feinden das furchterfüllte Zähneklappern zu lehren, als bewundert zu werden. Aber die Templer seien bedacht, nicht ungestüm, seien nicht voreilig und überstürzt und mit aller Vorsicht positionierten sie sich in der Schlachtreihe. Nach all dieser Verklärtheit ist es beinahe ein Wunder, dass Bernhard unumwunden die eigentliche Mission der Templer skizziert und dann zur Sache kommt.

Und jetzt wird es wieder äußerst mysteriös. Bernhard schreibt: »Denn die wahren Israeliten schreiten ruhig in den Kampf.« Bernhard von Clairvaux, dessen Zisterzienserorden ohnehin bereits Sympathien für das Judentum zeigt – wir erinnern uns an Stephan Hardings Kooperation mit jüdischen Talmudexperten –, vergleicht die Templer mit den Israeliten, die durch den Sinai irrten und deren Anführer, Mose, auf dem Berg Horeb des Sinai von Gott die Zehn Gebote Gottes empfing.

Doch Bernhard geht noch weiter. Er sagt, dass die Templer die *wahren Israeliten* seien. Die Templer kämpfen für den Herrn der Heerscharen – Zeba'oth –, eine israelitische Bezeichnung für JHWH im Alten Testament, die von einer Epoche der jüdischen Geschichte zeugte, als Gott nur mit Synonymen bedacht wurde, aber nicht namentlich genannt werden durfte. Die eigentliche Mission der Templer wird noch deutlicher, wenn sich Bernhard in seiner Propagandaschrift über die »ungläubigen« Moslems in Jerusalem ereifert: »Sie arbeiten daran, die in Jerusalem niedergelegten unschätzbaren Reichtümer des christlichen Volkes zu rauben, das Heiligtum zu schänden und den heiligen Tempel Gottes in Besitz zu nehmen.«

Bild 5: Der Patriarch Abraham als Templer

Der Salomonische Tempel spielt für Bernhard eine besonders wichtige Rolle. Bernhard führt anschließend alle Stätten des Heiligen Landes auf, die, wie er glaubt, von besonderer Bedeutung sind. Doch an erster Stelle steht der Tempel Salomos – und nicht etwa die Grabeskirche, die auf dem Fundament von Golgatha steht, wo einst Jesus Christus begraben wurde, und die zur Zeit Bernhards das wichtigste Pilgerziel ist. Nach dem Tempel Salomos folgen der Geburtsort Christi, Bethlehem. Dann Nazareth, die Stadt der Eltern Jesu. Es folgt der Ort, an dem Jesus seine Bergpredigt hielt, der Ölberg. Bernhard nennt dann den Fluss Jordan, in dem Jesus von Johannes getauft wurde. Die Kreuzigungsstätte Golgatha. Die Grabeskirche. Das Dorf Betfage, in dem zwei Jünger Jesu einen Esel entliehen, mit dem der Heiland nach Jerusalem ritt. Ferner finden wir Bethanien, den Geburtsort der Geschwister Maria Magdalena, Martha von Bethanien und Lazarus, den Jesus von den Toten auferweckte.

Doch trotz all dieser bibelgeschichtlich wichtigen Orte ist die wichtigste Stätte im Heiligen Land für Bernhard von Clairvaux und die arme Bruderschaft Christi demnach der Tempel Salomos. Bernhard handelt das »Grab Christi« mit den erstaunlich unspektakulären Worte ab: »Unter den heiligen und erstrebenswertesten Stätten nimmt das Grab gewissermaßen den ersten Platz ein, und ich weiß nicht, ob nicht mehr Andacht empfunden wird, dort wo Christus tot dalag, als wo er auf der Erde erschien [...].«[57] Wenn Bernhard schreibt, dass das Grab Christi *gewissermaßen* – also eigentlich *nicht wirklich* – den ersten Platz unter den heiligen Orten in Israel einnimmt, erscheint die Grabeskirche erst an elfter Stelle in seiner Lobrede auf die Templer. In anderen Worten: Bernhard fühlt sich genötigt, über die Grabeskirche ein paar wohlwollende Worte zu schreiben – seine wahre Liebe gilt jedoch dem Salomonischen Tempel, den er an erster Stelle anführt. Bernhard bevorzugt das Alte vor dem Neuen Testament. Ein weiterer Beleg für Bernhards Affinität zu den Israeliten. Er schließt: »Siehst du nicht, wie das neue Rittertum so oft durch das Alte Testament bezeugt wird?«

Nicht sehr bescheiden fügt Bernhard hinzu, dass der Tempel Salomos durch die Anwesenheit der Templer nun selbst das größte Heiligtum geworden sei. Nicht das Gold an den Wänden mache den Tempel Salomos nun wertvoll, sondern die mannigfaltigen Tugenden und die heiligen Taten der Mönchsritter. Wie kann eine Tat heilig sein, wenn nicht auf eine bestimmte Art und Weise die Suche nach einem heiligen Relikt gemeint ist? Der Kampf gegen marodierende Wegelagerer, die Pilger ausrauben und ermorden, kann gewiss nicht als ein heiliger Akt betrachtet werden, denn die Templer um Hugo von Payns widmeten sich dieser Aufgabe nicht im Geringsten. Stattdessen kann Bernhard nur die Grabungsaktivitäten unterhalb des Tempelberges und den erfolgreichen Abschluss ihrer Suche gemeint haben. Es war eine Suche, in die er durch Stephan Harding, Graf Hugo I. von Champagne und Hugo von Payns eingeweiht worden war.

So ist die Aufgabe der Templer also klar umrissen: die Schätze der Heiligen Stadt zu sichern – und auch zu suchen –, bevor sie durch die »Ungläubigen« geraubt werden. Dem Heerführer Gottfried von Bouillon war es gelungen, nach der Eroberung Jerusalems 1099 einen Teil des Kreuzes Christi in Jerusalem für die Christenheit zu sichern.[58] In seiner Lobrede erwähnt Bernhard von Clairvaux die Sicherung der Pilgerwege *mit keinem einzigen Wort*. Stattdessen wird nun die eigentliche Mission der Templer offenbar: Bernhard ruft zur Jagd nach Reliquien im Heiligen Land und insbesondere in

Jerusalem auf. Doch nach welcher heiligen Reliquie haben Hugo von Payns und seine Männer mithin in Jerusalem gesucht, sodass Bernhard von Clairvaux in seiner Lobrede behauptet, dass die Templer die wahren Israeliten seien?

Bernhards Lobrede ebnet den Weg für den unaufhaltsamen Siegeszug des Templerordens. Adelige in ganz Europa erklären sich bereit, den Templern bedeutende Summen und Ländereien zu schenken. Aber auch der Klerus zeigt sich bemerkenswert geschmeidig gegenüber dem forschen Vorgehen der Mönchsritter.

Am 29. März 1139 gewährt Papst Innozenz II. den Templern in der Bulle *Omne datum optimum* die Befreiung von der bischöflichen Weisungsgewalt. Der Templerorden gehorcht nur noch dem Papst – und sonst niemandem. Fortan wird auch der Großmeister nur noch von den Ordensbrüdern gewählt und gleichzeitig die Macht des Großmeisters über die Brüder verstärkt. Innozenz II. gestattet den Templern, ihre eigenen Priester zu ernennen. Ein wichtiger Schritt, der die Geheimhaltung ordensinterner Belange gewährleistet. Die Beichte wird somit von einem Priester der Templer abgenommen und nicht von einem fremden Kleriker. Noch wichtiger ist die Befreiung vom Zehnten. Die Templer müssen keine Steuern entrichten. Dies ist ein weiteres Fundament für den unfassbaren Reichtum der Mönchsritter, der ihnen am 13. Oktober 1307 zum Verhängnis werden wird. Weitere Privilegien folgen nun Schlag auf Schlag: Am 9. Februar 1143 erweitert Innozenz II. die Vorrechte der Templer mit seiner Bulle *Milites templi*. Kapläne des Templerordens dürfen nun einmal im Jahr die Messe lesen.

Am 7. April 1145 gestattet Papst Eugen III., ein ehemaliger Zisterzienserabt und Schüler des Bernhard von Clairvaux, den Templern mit der Bulle *Militia dei*, eigene Kirchen zu bauen und Friedhöfe zu besitzen. Auf dieses Privileg und Papst Eugen III. werden wir noch ausführlich zu sprechen kommen. Papst Eugen III. ordnet noch etwas anderes an: Fortan sollen die Ordensbrüder auf ihren weißen Mänteln auf der linken Schulter über dem Herzen ein rotes Tatzenkreuz tragen – das charismatische Erkennungssymbol des Mönchsritterordens. Weiß steht für die Unschuld, Rot für das Blut Christi. Von nun an sind die Templer eine nicht mehr zu kontrollierende

Macht, die über erheblichen politischen Einfluss bei Papst und Königen verfügt – und das in ganz Europa.

Hugo von Payns kehrt 1129 in Begleitung des Grafen Fulko V. von Anjou nach Jerusalem zurück. Sie führen ein kleines Heer aus gewöhnlichen Rittern an, denn noch sind nicht genug Templerbrüder in den Orden aufgenommen worden, um sich an einer Schlacht zu beteiligen. Im gleichen Jahr kämpfen die Templer unter der Führung Hugos von Payns gegen die Seldschuken, als sie Damaskus belagern. Dabei erleidet Hugo herbe Verluste, die Stadt fällt an die Syrer zu-

Bild 6: Ein Templergrabstein in der Abtei Fontenay

rück. Der Kampf ist vergeblich und Hugo von Payns stirbt am 24. Mai 1136 in einer Schlacht gegen die Sarazenen.

Zurück in die Gegenwart, zurück nach Troyes. Eine der beiden Damen des *Musée Hugues de Payns* gibt mir bereitwillig Auskunft auf meine Fragen.

In der Ausstellung haben einige Zeitungsartikel meine Aufmerksamkeit erregt. Im September 1998 überflog Dr. Thierry LeRoy mit einem Flugzeug die Felder um Troyes. Dabei entdeckte er auf Fotografien die Konturen von Ruinenresten in der Erde. Nachdem Archäologen das Areal freilegten, stellte sich heraus, dass es sich offensichtlich um die erste Templerkommandantur handelte, die Hugo von Payns dem Templerorden geschenkt hatte. Den Rekonstruktionen zufolge umfasste die Kommandantur zweihundert Hektar Land. Die Gebäude – eine Art Bauernhof – nahmen drei Hektar in Anspruch, darunter befand sich auch eine rechteckige, 20,6 Meter lange und 9 Meter breite Zisterzienserkapelle aus Kreidekalkstein, die von einem Friedhof umgeben war. Die Ausgrabungen der Kapelle waren sehr behutsam, aber nur oberflächlich. Reste von Glas und Blei ließen darauf schließen, dass die Kapelle mit Bleiglasfenstern ausgestattet war. Freskofragmente schmückten die Ruinenwände und bunt glasierte Terracottafliesen ermöglichten den Eindruck von einer typischen zisterziensischen Kapelle jener Epoche. In der Erde fanden die Archäologen mehrere hundert Silbermünzen – einen kleinen, bescheidenen Schatz.

Ich verlasse das Museum und fahre auf die N29 Richtung Troyes, um mir die Ausgrabung aus der Nähe anzusehen, und biege dann nach etwa einem Kilometer scharf rechts ab, auf die D442, die nach Pavillon-Sainte-Julie führt. Nach etwa zweihundert Metern halte ich an. Staub wirbelt in der Luft, und die spärliche Vegetation wirft harte Schatten in der Mittagssonne. Weit und breit ist kein Auto zu sehen. Ich steige aus meinem Wagen und suche mit einem Fernglas die Felder ab.

Enttäuschung durchfährt mich, als ich plötzlich begreife: Die Ausgrabungsstelle wurde eingeebnet. Offensichtlich fand sich kein Geldgeber, der die Ausgrabungen finanzieren wollte – und der Bauer, dem das Feld gehört, schien keine Geduld mit den Archäologen gehabt zu haben.

Ich setze mich in den Wagen, ziehe mein Notizbuch hervor und notiere die bisherigen Erkenntnisse:

- Graf Hugo I. von Champagne, einer der mächtigsten Männer Frankreichs, unternimmt 1105 eine Pilgerreise nach Jerusalem. Es ist wohl eher eine Forschungsreise. Als er zurückkehrt, nimmt er Kontakt auf mit dem Zisterzienserabt Stephan Harding, der daraufhin mit den Juden der Champagne und des Burgund hebräische Bibeltexte des Alten Testaments und des Talmuds studiert.
- Neun adelige Ritter versammeln sich auf dem Tempelberg in Jerusalem, unter ihnen Hugo von Payns, Hugo I. von Champagne sowie Andreas von Montbard, der Onkel des heiligen Bernhard von Clairvaux. Ein Großteil von ihnen ist mit den Adelshäusern der Champagne, der Picardie und des Burgunds verwandt.

- Die neun Templergründer nehmen an keinerlei Kämpfen teil.
- Erst der Patriarch von Jerusalem schlägt vor, dass Hugo von Payns und seine acht Gefolgsleute die Pilgerwege sichern sollen. Es war also nicht die Mission der Templer, als sie nach Jerusalem kamen.
- Archäologische Forschungen unter dem Tempelberg belegen, dass Hugo von Payns und seine Männer Grabungen angestellt und offensichtlich etwas Bestimmtes gesucht haben.
- 1125 stößt Hugo I. von Champagne zu den Templern – nach drei Pilgerreisen ins Heilige Land. Er hat zuvor Frau und Kind verstoßen und seinen gewaltigen Besitz an seinen Neffen Theobald II. übertragen, um sich dem Templerorden anzuschließen und ironischerweise seinem früheren Vasallen Hugo von Payns den Treueeid zu schwören.
- Bernhard von Clairvaux und Abt Stephan Harding von Cîteaux stehen dem Judentum nahe.
- Bernhard von Clairvaux wirbt 1129 in seiner Lobrede *De laude novae militiae* für den Templerorden und ruft zur Sicherung der Schätze und Heiligtümer des Heiligen Landes auf, bevor sie den »Ungläubigen« in die Hände fallen.
- Bernhard ruft somit zur Jagd nach Reliquien auf und bezeichnet die Templer als »die wahren Israeliten«, die den Tempel Salomos durch ihre Taten erst heilig machen.

Immer wieder frage ich mich: Was haben Hugo von Payns und seine Gefolgsleute unter dem Tempelberg gesucht – und schließlich gefunden? Ich lege das Notizbuch auf den Beifahrersitz, starte den Motor und fahre zurück nach Troyes.

II. Die Reliquien Gottes

»Dâ wont ein werlîchiu schar.
ich wil iu künden umb ir nar.
si lebent von einem steine:
des geslähte ist vil reine.
hât ir des niht erkennet,
der wirt iu hie genennet.
er heizet lapsit exillîs.«

Parzival, 469, 1–7
— Wolfram von Eschenbach

Seit Jahrzehnten ist darüber – mehr oder weniger wild – spekuliert worden, was die Männer um Hugo von Payns zwischen den Jahren 1105 und 1128 unter dem Tempelberg gesucht haben. Diese Suche ist vielleicht erfolgreich gewesen. Unübersehbar sind die Spuren, die sie hinterlassen haben. Um herauszufinden, wo sich der Templerschatz befindet, ist es wichtig zu fragen, nach welchem Artefakt sie jahrelang im Verborgenen suchten. Möglich ist jedoch auch, dass *nachfolgende* Großmeister des Templerordens einen Schatz gehütet haben. So ist es notwendig, die gegenwärtigen Theorien über die mögliche Natur des Templerschatzes auf ihre Plausibilität abzuklopfen. Genau das werden wir nun tun.

1. Das Rätsel von Gisors

Eine erstaunliche Geschichte wurde durch den französischen Journalisten Gérard de Sède in seinem Werk *Die Templer sind unter uns* in den 1960er-Jahren bekannt. Gérard de Sède arbeitete während des Zweiten Weltkriegs in der französischen *Résistance*, geriet kurzzeitig in Gefangenschaft und erhielt nach der Befreiung von Paris nach Kriegsende zwei Auszeichnungen. Er verdingte sich in vielen Jobs, darunter als Zeitungsverkäufer und Tunnelbauer –, bevor er als Journalist zehn Jahre lang für eine große französische Nachrichtenagentur arbeitete und sich anschließend als Bauer zur Ruhe setzte. Der ehemalige Hausmeister der Burg Gisors in der Normandie, Roger Lhomoy, vertraute de Sède an, dass er eine merkwürdige Entdeckung gemacht habe.

Aber der Reihe nach. Der am 17. April 1904 in Gisors geborene Roger Lhomoy beabsichtigt ursprünglich, Geistlicher zu werden und das bescheidene Leben eines Landpfarrers zu führen. Lhomoy erhält auch die mittlere Priesterweihe, es scheint ihm völlig ernst zu sein. Doch dann entsagt er der Kirche mit fünfundzwanzig Jahren. Wenige Jahre danach heiratet er und wird Vater von zwei Kindern. Ab dem Jahr 1929 ist Lhomoy besessen von der Idee, dass in der Burg Gisors der Schatz der Templer verborgen liege. Offensichtlich wurde sein Eifer durch die Tatsache entfacht, dass die Burg Gisors für einige Jahre im Besitz der Templer war. Lhomoy sendet immer wieder Bewerbungsschreiben an die Stadtverwaltung von Gisors, in denen er sich als Hausmeister empfiehlt.[59]

1929 schließlich wird Lhomoys Hartnäckigkeit belohnt, denn er wird als Kastellan und Gärtner eingestellt. 1941 beginnt Lhomoy mit seinen Grabungen. Woher er weiß, wo er graben muss, um möglicherweise auf einen Schatz zu stoßen, ist nicht bekannt. Er legt einen Brunnen hinter dem Wehrturm frei, der auf einer künstlich angelegten Erhebung – einer Motte – steht, und dringt von dort aus dreißig Meter in die Tiefe. Lhomoy bricht sich ein Bein, als die überhängende Erde auf ihn hinabfällt. Sobald sich abends die Tore der Burg für die Besucher schließen, beginnt Lhomoy mit seiner Arbeit. Drei Jahre vergehen.

Im Januar 1944 wird es ernst. Lhomoy gräbt fünfzehn Meter vom Brunnen entfernt und treibt in Kräfte zehrender Arbeit einen trichterförmigen Schacht in die Tiefe, der weder Sicherheitsbalken noch einen Wetterschacht aufweist, der ihn vor lebensbedrohlichen Gasen schützen würde. Ein irrwitziges Unternehmen, denn das Gewicht der Erde über ihm könnte jede Sekunde den Schacht zum

Bild 7: Auch diesen Teil der Burg unterhöhlte Roger Lhomoy mit seinen Grabungen.

Einsturz bringen. Nur eine elektrische Lampe erhellt die Finsternis der unterirdischen Welt. Doch Lhomoy schert die Sicherheit nicht. Seine anfängliche Idee entwickelt sich zu einer manischen Besessenheit, den Schatz der Templer zu finden.

Die Alliierten, die am D-Day, dem 6. Juni 1944, die Strände der Normandie stürmen, interessieren Lhomoy nicht, obwohl er eigentlich angesichts der deutschen Besatzung Grund zur Freude haben müsste. Lhomoy schaufelt wie ein Irrer und dringt immer tiefer in das Erdreich der Burg von Gisors. Als er eine Tiefe von sechzehn Metern erreicht, entdeckt er angeblich einen vier mal vier Meter großen Raum. Dieser ist völlig leer. Sein Jugendfreund Lesenne, den Lhomoy als Kastellan empfehlen wird, hilft ihm bei den Grabungen. Er bezeugt Lhomoys Entdeckung des kleinen unterirdischen Raumes. Doch Lhomoy schüttet das Loch zu.

Am Fuße eines neuen Lochs gräbt er einen weiteren horizontalen, neun Meter langen und fünfzig Zentimeter hohen Gang hinter dem Brunnen. Lhomoy hat vom Staatssekretariat für die Schönen Künste in Paris die Genehmigung für eine Ausgrabung erhalten. Dennoch sprengt sein Unterfangen die angemeldete Größe der ursprünglichen Ausgrabungsstelle – Lhomoy hat zu diesem Zeitpunkt fünfzig Tonnen Erde bewegt; es wird schwierig, die Ausgrabungsstelle zu tarnen. Lhomoy bekommt kalte Füße, weil er befürchtet, dass jemand in seine Ausgrabungsstelle stürzen und sich tödlich verletzen könnte. Also fragt er vorsichtshalber beim Bürgermeister an, der ihm überraschend signalisiert, dass er ihn unterstütze, sobald er etwas Bedeutendes gefunden habe.

Lhomoy gräbt weiter. Doch der Schacht endet im Nichts. Angefeuert von seiner Besessenheit gräbt Lhomoy einen weiteren Seitenschacht, jetzt aber vertikal hinab. Dieser ist so tief, dass er nunmehr kaum Luft bekommt und immer wieder ans Tageslicht zurückkehren muss. Er benutzt seine bloßen Hände und eine Brechstange, um sich voranzuarbeiten, denn der Gang ist zu eng für den Gebrauch eines Spatens oder einer Spitzhacke. Nach vier Metern stößt Lhomoy auf eine Mauer aus behauenem Stein. Mit seiner Brechstange löst er in einem wahren Kraftakt einen Stein nach dem anderen heraus. Als das Loch groß genug ist, kriecht er hindurch. Sobald Lhomoy seine elektrische Lampe in den Raum hereinholt, erblickt er eine seinen

Schätzungen zufolge dreißig Meter lange, neun Meter breite und viereinhalb Meter hohe, romanische Kapelle. Auf der linken Seite sieht Lhomoy einen Altar, zu seiner Rechten Statuen von Jesus Christus und den zwölf Aposteln. An den Wänden erkennt er die Schemen von zwei Meter langen und sechzig Zentimeter breiten Steinsarkophagen sowie dreißig Schränken aus kostbarem Metall, die Lhomoys Schätzung zufolge etwa zweieinhalb Meter lang, einen Meter achtzig hoch und einen Meter sechzig breit sind.

Am nächsten Tag informiert Lhomoy den Gemeinderat detailliert über seine Entdeckung. Ein Freiwilliger, Lhomoys Bruder, der Pariser Stadtrat Marcel Lhomoy, lässt sich in den Trichter hinab. Er gibt jedoch nach einigen Metern aus Furcht vor einem Einsturz auf. Ein zweiter Freiwilliger lässt sich hinunter. Es ist der örtliche Feuerwehrkommandant von Gisors, Emile Beyne, ein ehemaliger Militäroffizier und integrer Mann, der in der Gemeinde hoch geschätzt ist. Als er die unterirdische Mauer erreicht, wirft er einen Stein durch das Loch zur Kapelle. Er sieht nichts, hört aber das gewaltige Echo, das der Aufprall des Steins verursacht. Als die Luft zu knapp wird, eilt Beyne ans Tageslicht zurück, denn auch ihn überkommt die Furcht, dass Hunderte Tonnen Erde auf ihn stürzen und er lebendig begraben werden könnte.

Lhomoy fragt beim Bürgermeister erneut um eine Genehmigung für weitere Ausgrabungen an, doch er wird enttäuscht. Der Bürgermeister verbietet ihm jegliche weitere Grabungen – und entlässt Lhomoy. Die Behörden befürchten, dass Besucher der Burg in den Schacht hinabstürzen, der Wehrturm absacken und das Fundament nachgeben könnte. In diesem *Donjon* wurde der letzte Templergroßmeister Jakob von Molay gefangen gehalten und vom Kanzler des französischen Königs, Wilhelm von Nogaret, befragt. Der Hauptgrund dürfte jedoch gewesen sein, dass Lhomoy keinen einzigen Beweis für seine wilde Behauptung an die Erdoberfläche beförderte.

Es ist März 1946. Einige deutsche Kriegsgefangene schütten das Loch zu und die Sache gerät vorerst in Vergessenheit. Roger Lhomoy ist nun mittellos. Als ob dem noch nicht genug des Ungemachs sei, verlässt ihn seine Frau mit den beiden Kindern.

Viele Jahre vergehen. Lhomoy ist gebrochen und enttäuscht über den mangelnden Enthusiasmus des Bürgermeisters und der Behör-

Bild 8: Die Kellergewölbe der Burg von Gisors heutzutage.

den, die ihn für einen Verrückten halten und ihm prophezeien, dass er in den nächsten Jahren in einer Nervenheilanstalt verbringen wird, wenn er nicht bald zu Verstand käme. Doch Gérard de Sède betont in seinem Buch, dass Lhomoy stets bei klarem Verstand gewesen sei.

Lhomoy gibt nicht auf. Er macht sich 1952 erneut ans Werk. In der Zwischenzeit konnte er einen reichen Industriellen, einen Hotelbesitzer und zwei Versailler Geschäftsleute für die Schatzsuche unter der Burg von Gisors gewinnen. Ein Bauzeichner fertigt nach Lhomoys Beschreibungen einen mehr oder weniger exakten Lageplan der unterirdischen Kapelle an. Zusammen mit anderen Unterlagen über die Grabungsaktivitäten reicht das Konsortium einen erneuten Antrag auf Grabungen in Gisors beim Staatssekretariat für die Schönen Künste in Paris ein. Die Genehmigung folgt umgehend. Doch die Stadt Gisors fordert vier Fünftel von jedem potenziellen Schatzfund ein – als Kompensation für die möglicherweise entstehenden Schäden. Das entmutigt Lhomoys Sponsoren, denn sie sehen bei einem möglichen Schatzfund keinen Gewinn, sondern nur noch mehr Ausgaben. Daraufhin nehmen sie Abstand von dem waghalsigen Projekt. Lhomoy ist so weit von seinem Ziel entfernt wie vor seinem ersten Spatenstich. Er hat nichts mehr zu verlieren – und gräbt in Gisors nachts weiter. Als er die unterirdische Kapelle erreicht und einen Blick durch die Mauer wirft, die er mit eigenen Händen geöffnet hat, sieht er zu seinem grenzenlosen Entsetzen – nichts. Die Kapelle ist leer geräumt.

Jahre nach diesen Ereignissen überprüft Gérard de Sède zusammen mit zwei Zeugen – Pierre Branche und Daniel Lefebvre – Roger Lhomoys Angaben, der ihnen die Ausgrabungsstollen zeigt. Auch wenn de Sède die unterirdische Kapelle nicht zu Gesicht bekommt, schwören er und seine Kollegen, dass Lhomoys Angaben korrekt und sogar untertrieben gewesen seien.

1961 schließlich veröffentlicht de Sède sein Buch *Die Templer sind unter uns*, das sich mit dem Rätsel von Gisors beschäftigt. Das Buch wird ein nationaler Bestseller. Der Medienrummel lockt zahlreiche Schatzsucher an. Roger Lhomoy kontaktiert in seiner Verzweiflung den französischen Staatspräsidenten Charles de Gaulle, der durch die Berichterstattung über den Fall Gisors neugierig geworden ist und den Kultusminister André Malraux mit weiteren Ausgrabungen in Gisors betraut. Auf Malraux' Anweisung hin sperren die Gendarmerie und das Militär des 5. Génie Regiments von Rouen 1964 die Burg ab, doch die monatelangen Ausgrabungen bedrohen das Fundament des Wehrturms, sodass die Arbeiten eingestellt werden.

Was immer das Militär gefunden haben könnte – es ist Spekulation. Bis heute sind Grabungen in Gisors untersagt. In seinem Buch berichtet Gérard de Sède, dass die Kapelle, die der heiligen Katharina von Alexandrien geweiht sei, möglicherweise ein Lagerort für die Dokumente des Templerordens gewesen sei. Die schrankähnlichen Objekte wiesen angeblich darauf hin. Bis zu seinem Tod beharrte Roger Lhomoy auf seiner Behauptung, den Schatz der Templer gesehen und gefunden zu haben. Dass Roger Lhomoy Grabungen unter dem Wehrturm der Burg Gisors durchführte, ist ebenso belegt wie die Tatsache, dass die französische Gendarmerie das Areal um die Burg absperrte. Wenn die unterirdische Kapelle jemals existierte, so sind die in ihr enthaltenen Objekte höchstwahrscheinlich bereits entfernt worden. Wenn Lhomoys Geschichte wahr ist, wurde die

Kapelle möglicherweise in seiner Abwesenheit von den französischen Behörden erforscht. Belegbar ist dies jedoch nicht, sondern nur eine Verschwörungstheorie.

Die Idee, dass unterhalb der Burg Gisors der Schatz der Templer, der von Hugo von Payns und seinen Gefolgsleuten in Jerusalem möglicherweise gefunden wurde, vorborgen sein könnte, ist nicht so abwegig wie auf den ersten Blick angenommen. Gisors spielt in der Geschichte der Templer eine besondere Rolle. Der Baubeginn der Burg wurde 1090 von Theobald veranlasst, der ein Verwandter des ersten Templergroßmeisters Hugo von Payns war. Der Kaufvertrag für die Burg wurde von Othon von St. Omer unterschrieben, dem Bruder des Gründungstemplers Gottfried von St. Omer. 1158 bis 1161 übergab König Ludwig VII. von Frankreich die Burg Gisors in die Obhut von drei Tempelrittern: Richard von Hastings, Toestes von St. Omer und Robert von Pirou.[60] 1184 wurde die Burg Gisors fertiggestellt, sie stand unter der Obhut von Heinrich II. von Plantagenet.

Es ist möglich, dass Unterlagen oder andere Relikte der Templer seit jener Zeit dort unten lagerten oder sogar noch immer lagern, weil sie von den Templern zurückgelassen wurden. Ohne Beweise ist Roger Lhomoys Entdeckung jedoch nicht mehr als eine spannende Geschichte, denn es würde weitere Grabungen erfordern, um zu erörtern, ob wirklich eine Kapelle oder ähnliche unterirdische Räumlichkeiten unterhalb des Wehrturms existieren. Das französische Militär hüllt sich in Schweigen.

Das normannische Kultusministerium in Caen bestritt im Oktober 1971 in einem offiziellen Schreiben, dass jemals eine unterirdische Kapelle existiert habe.[61] Wer immer in Gisors danach suchen wolle, könne das mit Ultraschall durchführen. Jedoch müsse Professor Michel de Boüard vom Kultusministerium in Caen, der Verfasser des Schreibens, bei den Messungen anwesend sein. Wer in Gisors forschen wolle, könne das tun, man erteile ausdrücklich die Erlaubnis dazu. 1961 wurden die Fresken von Gisors durch besagten Professor Michel de Boüard untersucht, der vom Kultusminister André Malraux damit beauftragt worden war. Sehr wahrscheinlich sind damit jedoch keine mittelalterlichen Wandmalereien gemeint, sondern die Graffiti, die der letzte Templergroßmeister Jakob von Molay im Wehrturm während seiner Gefangenschaft in Gisors hinterließ. Wenn nicht, wäre das eine Merkwürdigkeit, denn offiziell sind keine Fresken in Gisors bekannt. Wer jedoch im Jahr 1971 beim damaligen Bürgermeister von Gisors, Marcel Larmanou, um Erlaubnis für Ultraschallmessungen nachfragte, wurde harsch abgewiesen. Bis heute ist die Bevölkerung von Gisors gespaltener Meinung, ob eine unterirdische Kapelle in Gisors existiert oder nicht.

Bild 9: Diesen Stollen grub Roger Lhomoy auf der Suche nach dem Templerschatz.

Gisors, Gegenwart. Das Areal ist noch immer einsturzgefährdet. Cédric macht eine Ausnahme, denn ich bin hartnäckig und dränge auf eine Besichtigung, um dem Geheimnis von Gisors vielleicht näher zu kommen. Es ist kalt und dunkel in den Gewölben. Die Luft riecht nach feuchtem Sandstein. Ein modriger Windhauch streift mein Gesicht wie ein schüchternes, jahrhundertealtes Gespenst. Das spärliche Licht verliert sich in der Finsternis der Gewölbe. Ich erschauere.

Endlich sagt Cédric etwas. »Ici!« Er deutet mit dem Lichtstrahl seiner Taschenlampe auf ein Loch in der Wand zu unserer Rechten. Cédric arbeitet als Führer in der Burg Gisors, wenn er nicht seinem Studium der mittelalterlichen Geschichte und speziell der Kreuzüge nachgeht. Ein nüchterner Mann Ende zwanzig.

Das Loch, das er mir zeigt, befindet sich unweit der Treppe, die zu den unterirdischen Gewölben der Burg Gisors führen – Gewölbe, in denen früher Lebensmittel und Holz eingelagert wurden, in denen sich Küchen und andere Räumlichkeiten befanden. Aber dieses Loch in der Wand hinter Gitterstäben sticht merkwürdig hervor. Cédric nickt mit einer knappen Kopfbewegung in Richtung des Lochs. »Hier hat man nach dem Schatz der Templer gegraben.« Er kann ein spöttisches Grinsen nicht unterdrücken. Das Loch wurde horizontal in die Wand hineingetrieben. Der Stolleneingang weist zum Wehrturm. Kein Zweifel, das müssen Roger Lhomoys Grabungsspuren sein. Das Loch wurde mit Geröll zugeschüttet.

Während ich mich umsehe, frage ich mich, ob der Schatz der Templer hier verborgen war. Wenn Roger Lhomoy diese Kapelle wirklich entdeckt hat und sie existiert, was wurde dann aus dem Schatz der Templer? Was entdeckte möglicherweise das Militär?

»Hat das Militär einen Schatz gefunden?«, frage ich Cédric.

Das Licht der Taschenlampe huscht geisterhaft durch die unterirdischen Gewölbe. Cédric grinst vieldeutig. Wir gehen die Treppe hinauf ans Tageslicht. »Suchen Sie woanders. Hier ist er nie gewesen, denn eine Kapelle hat nie existiert.«

Doch warum sperrte dann das Militär das Areal monatelang ab?

»Wegen all der Schatzsucher«, sagt Cédric. »Sie haben das Gelände unsicher gemacht. Sie verliehen der Burg Gisors erst den Nimbus der Templerschatzburg. Jeder Hobbyschatzsucher hat hier plötzlich unerlaubt gegraben.«

Demnach sei die Geschichte von einem Templerschatz in Gisors eher ins Reich der Fabel zu verbannen.

Wir sind im Verlies des Wehrturms, als Cédric plötzlich auf einige in Stein geritzte Graffiti zeigt, die offensichtlich von den Templern stammen, die hier im Jahr 1314 eingeschlossen waren und während des Prozesses befragt wurden.

Ich erkenne eine Jungfrau und einen Drachen.

Cédric sagt: »Das hier ist der wahre Schatz von Gisors. Niemand weiß bis heute, was es bedeutet.«

Jungfrau und Drache? Warum sollte Jakob von Molay in seiner Gefangenschaft, als er dem sicheren Tod durch den Scheiterhaufen entgegensah, diese Symbole in die Wand geritzt haben? Ein Hinweis auf den Verbleib und die Natur des Templerschatzes? Jakob von Molays Symbole der Jungfrau und des Drachen sollten mir erneut unter dramatischen Umständen auffallen.

2. Das Geheimnis von Rosslyn Chapel

Doch nicht nur in Gisors wird der Schatz der Templer vermutet. Der britische Anthropologe und BBC-Dokumentarfilmer Keith Laidler behauptet in seinem Buch *Das Haupt Gottes*, dass sich in der Kapelle von Rosslyn in Schottland ein über zweitausend Jahre altes Relikt verberge, das die Templer in Jerusalem unter dem Tempelberg gefunden und vor der Verhaftungswelle vom 13. Oktober 1307 nach Schottland gebracht hätten. Dieses Relikt entspreche dem *Baphomet,* den die Tempelritter gemäß den Prozessakten angebetet hätten und dessen angebliche Existenz mehrfach unter Folterqualen gestanden wurde.

Aber – wieder der Reihe nach. Die St. Matthews-Kapelle von Rosslyn befindet sich etwa zwanzig Kilometer südöstlich der schottischen Hauptstadt Edinburgh. Wer die Buslinie 15 Richtung Penicuik von der Haltestelle St. Andrews Square in Edinburgh nimmt, fährt etwa zwanzig Minuten durch die liebliche Landschaft von Midlothian, um anschließend durch das Dörfchen Roslin zu kommen. Hier gibt es gerade einmal zwei Restaurants, zwei Telefonzellen und einen Tante-Emma-Laden – und das Roslin-Institut, in dem das berühmte Schaf Dolly geklont wurde. Doch trotz der weltweiten Berühmtheit des Ortes Roslin durch Dan Browns Roman *The Da Vinci Code* und die anschließende Verfilmung mit Tom Hanks weist der Ort eher die hektische Betriebsamkeit eines Finanzamtes während der Mittagspause auf. Doch der Terror lauert gleich um die Ecke.

Als ich von der Hauptstraße abzweige und dann durch eine Allee dem Hinweisschild Richtung Rosslyn Chapel folge, komme ich an Parkplätzen mit Busladungen von Touristen vorbei. Die Eintrittspreise an der Kasse erschrecken mich. Vor einigen Jahren lagen sie noch bei fünf Pfund, jetzt, nach *The Da Vinci Code,* sind sie auf neun Pfund erhöht worden. Gestiegene Restaurierungskosten, sagt die Familie Sinclair, auf deren Boden die Kapelle steht, die von der schottischen Denkmalbehörde *National Trust for Scotland* mit einer Finanzspritze von sieben Millionen Pfund bedacht wurde. Ich komme den Touristen zuvor, kaufe mein Ticket und quetsche mich durch den Souvenir-Shop, um zur Kapelle zu gelangen.

Die kleine, in spätgotischem Stil errichtete Kirche von dreißig Metern Länge liegt im Tal des Flusses Esk in den Pentland Hills und wurde im Jahr 1440 durch William, dem 1. Earl of Caithness and Orkney, William St. Clair, geplant.[62] Der Bauvorgang begann 1456. Sein Großvater William St. Clair kämpfte an der Seite von Robert the Bruce gegen die Engländer in der Schlacht von Bannockburn. Die Familie St. Clair stammt ursprünglich aus der Normandie – der Name St. Clair wandelte sich im Laufe der Zeit zu Sinclair. Von 1028 bis 1514 hießen sämtliche Barone von St. Clair abwechselnd entweder William oder Henry mit Vornamen.[63]

Bild 10: Die Kapelle von Rosslyn wird ständig restauriert.

William St. Clair plante ursprünglich eine viel größere Kirchenanlage. Er starb 1484, zwei Jahre, bevor die Kapelle fertiggestellt werden konnte. Interessant ist, dass William St. Clair persönlich die Steinmetzarbeiten überwachte und vorher auch größtenteils entwarf, sodass nichts dem Zufall überlassen wurde. So wird der Besucher im Inneren der Kapelle überwältigt von einer Fülle filigraner Steinmetzarbeiten: gezahnte Kreuze; die Totenmaske des schottischen Königs Robert the Bruce; ein Engel, der das Herz von Robert the Bruce hält; ein Ritter auf einem Pferd; Dudelsack spielende Engel; das Lamm Gottes; ein Engel, der den Abendmahlskelch Christi hält; Pentagramme; Moses; Luzifer; eine Steinmetzarbeit, die William St. Clair selbst zeigt, sowie viele heidnische Symbole wie etwa die des Grünen Mannes aus der keltischen Sage. Es wimmelt von mysteriösen ikonografischen Anspielungen, die manche Enthusiasten als Hinweise auf die templerische Vergangenheit der Familie St. Clair interpretieren. Auch Vermutungen, dass die Kapelle von Rosslyn freimaurerische Symbole aufweist, sind sehr populär, finden sich doch an manchen Steinen rätselhafte Steinmetzsymbole und angeblich sogar die Darstellung eines freimaurerischen Einweihungsritus.

Keith Laidler und andere Autoren behaupten, dass die Kapelle die Dimensionen des Salomonischen Tempels von Jerusalem habe.[64] Überhaupt weise die Kapelle viele jüdische Attribute auf. So finde sich hier das Hexagramm, das so genannte Siegel des König Salomo, des Bauherrn des ersten Jerusalemer Tempels. Eine Anspielung auf diesen Tempel Salomos in Jerusalem seien auch die fantastischen Steinmetzarbeiten der Meistersäule sowie der Lehrlingssäule im östlichen Teil der Kapelle von Rosslyn. Die Legende besagt, dass ein Steinmetzmeister die linke Säule fertiggestellt habe, die heute als Meistersäule bezeichnet wird. William St. Clair wies den Meister an, die rechte Säule nach seinem Plan zu hauen, doch der Meister gestand seinem Bauherrn, dass seine Fertigkeiten nicht gut genug waren. Daher reiste er nach Europa, um seine künstlerischen Bildhauerfähigkeiten zu verbessern. Der Lehrling bat in der Abwesenheit des Meisters William St. Clair darum, seine Kunstfertigkeit auszuprobieren. Als der Meister nach Monaten zurückkehrte, war er überwältigt von der Schönheit der Lehrlingssäule und erschlug den Lehrling vor Neid mit einem Knüppel. Sehr wahrscheinlich war der Tempel Salomos in Jerusalem mit seinen beiden bronzenen Säulen Jachin und Boas das Vorbild für die Meister- und die Lehrlingssäule. Auch die Legende von der Ermordung des Lehrlings durch den Meister erinnert an die Geschichte des tyrischen Baumeisters Hiram-Abiff, der von König Salomo darum gebeten wurde, den Tempel zu errichten. Die Bibel berichtet im Buch der Chronik von der Legende des Hiram-Abiff, der von einem von drei Steinmetzgesellen erschlagen wurde, weil Hiram sich nicht bereit erklärte, ihnen das Geheimnis des Tempelbaus zu offenbaren.[65]

Unter dieser Lehrlingssäule vermutet nun Keith Laidler das Haupt Gottes, den mumifizierten Kopf Jesu Christi. Ihn hätten die Templer um Hugo von Payns während ihres Aufenthaltes in Jerusalem unter dem Tempelberg gefunden und als *Baphomet* angebetet. Laidler leitet seine Theorie von der Möglichkeit her, dass mumifizierte Köpfe seit der Zeit Mose und des Exodus aus Ägypten als heilige Relikte verehrt worden seien. So zieht Laidler eine hypothetische dynastische Linie von dem ersten monotheistischen Pharao Ägyptens, Echnaton, und den hebräischen Patriarchen Mose, Abraham, Isaak, Jakob, Joseph, über König David, bis hin zu Jesus, den Merowingern und einer vermeintlichen Geheimgesellschaft mit der Bezeichnung Prieuré de Sion, die eine Abspaltung des Templerordens sei, heute noch existiere und sich damit rühme, in ihren Reihen die direkten Nachfahren von Jesus Christus zu wissen. Diese ominöse Prieuré de Sion wurde auch schon von den Autoren Henry Lincoln, Michael Baigent und Richard Leigh in ihrem Buch *Der heilige Gral und seine Erben* propagiert. Sie war Grundlage für *The Da Vinci Code*. Dan Brown setzt die Prieuré de Sion geschickt in seinem Roman ein, um das Geheimnis des Heiligen Grals damit zu erklären, dass Jesus Christus mit Maria Magdalena Kinder gezeugt habe und diese Linie des *Sang Real* – des heiligen Blutes – sich bis heute fortsetze. Laidler nimmt die Prieuré de Sion für bare Münze.

Er glaubt, dass vor der Verhaftungswelle vom 13. Oktober 1307 einige Templer an Bord von achtzehn Schiffen vom Hafen La Rochelle aus mit dem Schatz nach Schottland entkommen seien, wo sie durch die Schenkung von König David I. in Balantradoch einen Landbesitz – und somit einen Zufluchtsort – gehabt hätten. Der schottische König Robert the Bruce war im Jahre 1314 von Papst Klemens V. exkommuniziert worden, weil dieser seinen Erzrivalen um den schottischen Königsthron, John Comyn, in der Grey Friars Church von Dumfries von seinem Begleiter Roger von Kirkpatrick ermorden ließ.[66] Der Mord geschah auf geweihtem kirchlichen Boden und so wurde Robert the Bruce tatsächlich von Papst Klemens V. mit einem Kirchenbann belegt, der einer Exkommunikation gleichkommt. Robert the Bruce, argumentiert Laidler, unterlag also nicht dem Diktat von Papst Klemens V., alle Templer zu verhaften und an die Inquisition auszuliefern. Im Gegenteil habe Bruce die geflohenen Templer mit offenen Armen empfangen und den Schatz irgendwo in Schottland verstecken lassen. Die Templer, behauptet Laidler, hätten zum Dank anschließend den unterlegenen schottischen Truppen um Robert the Bruce in der Schlacht von Bannockburn am 13. und 14. Juni 1314 gegen die englische Armee von König Edward II. zum Sieg verholfen – die Folge waren bekanntlich zweihundert Jahre Unabhängigkeit vom englischen Königshaus.

Bild 11: Die überwältigende Ornamentik von Rosslyn Chapel

Da der Bruce-Clan mit der Familie St. Clair befreundet war, spekuliert Laidler, dass Robert the Bruce ihnen den Schatz in Form des mumifizierten Jesus-Hauptes überließ. Wenn Laidlers Vermutung korrekt ist, dann wurde das Haupt Gottes irgendwann zwischen den Jahren 1440 bis 1482 unterhalb der berühmten Lehrlingssäule versteckt, wo es bis heute seiner Entdeckung harrt.

Was ist nun von Keith Laidlers Theorie zu halten? Den Schädel Jesu Christi hätten Hugo von Payns und seine Männer mit Sicherheit nicht unter dem Tempelberg gesucht, auf dem einst der Salomonische Tempel stand. Nach sterblichen Überresten Jesu unter dem Tempelberg zu suchen, wäre in etwa so geistreich, wie nach Paris zu

63

fahren, um den Kölner Dom zu besichtigen. Um nach möglichen Relikten oder gar dem mumifizierten Kopf Jesu Christi zu suchen, hätte sich eher die Grabeskirche angeboten, die vermutlich auf dem Grab Christi errichtet wurde. Doch keine Chronik berichtet von Grabungsaktivitäten der Templer innerhalb der Grabeskirche. Hugo von Payns und seine Leute hätten nicht wissen können, ob es der Schädel Jesu Christi war, selbst wenn sie einen merkwürdigen, mumifizierten Schädel gefunden hätten. Demzufolge hätten ihnen Reliquienhändler, die nach 1099 in Jerusalem unterwegs waren, jeden Schrumpfkopf anbieten können, der damals erhältlich war. Jedoch berichtet Hugo von Payns von keinerlei mumifiziertem Kopf.

Wie wir gesehen haben, nimmt das Grab Christi auf der Prioritätenliste in Bernhard von Clairvaux' Propagandaschrift *De laude novae militiae* nach dem Salomonischen Tempel die hinteren Ränge ein. Die Entdeckung der sterblichen Überreste Jesu Christi wäre eine Sensation, und es spricht auf den ersten Blick dafür, dass die Templer nach dem ersten Kreuzzug an jeder Art Reliquie interessiert waren, die ihre Macht vergrößert hätte. Der Handel mit Gebeinen von Heiligen florierte zwar. Doch die Ausstellung einer Reliquie wie dem Kopf Jesu Christi wäre äußerste Blasphemie gewesen – schließlich war Jesus Christus der christlichen Überlieferung zufolge nach seiner Kreuzigung von den Toten auferstanden und anschließend in den Himmel aufgefahren. Ein solcher Fund hätte die gesamte biblische Heilsgeschichte komplett untergraben und die Existenzberechtigung des Vatikans infrage gestellt. So verurteilte die Kirche in jener Zeit die Verehrung von Reliquien – hauptsächlich allerdings aus Furcht vor gefälschten Köpfen, Fingern, Vorhäuten, Haaren und anderen Körperteilen.[67] Funde des leiblichen Körpers Jesu hätten also katastrophale Folgen gehabt. Wenn die Templer daran interessiert gewesen wären, durch diese Reliquie Geld zu verdienen, das ihnen Pilger aus Europa zahlten, um diesen Kopf sehen zu dürfen, dann wäre diese Neuigkeit innerhalb kürzester Zeit bekannt geworden. Doch nichts dergleichen ist überliefert.

Auch die geheime Anbetung eines mumifizierten Kopfes innerhalb des Templerordens ist sehr abwegig, da die Inquisition *vor der Verhaftung* vom 13. Oktober 1307 den Beamten des Königs auftrug, aus den verhafteten Templern mithilfe brutalster Foltermethoden

Geständnisse zu einem Götzenbild, einem Idol, herauszupressen. Die Idee eines bärtigen Kopfes, der sich im Besitz der Templer befindet, stammt also von der Inquisition und hat kein Fundament innerhalb des Ordens. Es war lediglich ein Vorwand für eine Anklage gegen die Templer. Die Aussagen der gefolterten Templer enthielten äußerst verschiedenartige Beschreibungen des *Baphomet* – ein Beleg dafür, dass der Templerorden keinen *Kopf* anbetete. Sicher ist aus den Verhörprotokollen nur, dass dieses Götzenbild *Baphomet* oder *Bahumet* genannt wurde. Was es war, wissen wir bis jetzt noch nicht. Diese Tatsachen übersieht Keith Laidler gerne.

Belegt ist, dass König David I. von Schottland im Jahre 1128 Hugo von Payns und dem gerade erst neu gegründeten Templerorden einen Landbesitz vermachte, um die Entstehung des Ritterordens zu unterstützen. Dieser lag auf dem Grund des heutigen Ortes Temple, zehn Meilen von Roslin entfernt. Es existieren jedoch keine Aufzeichnungen, die beweisen könnten, dass 1307 eine Flotte von Schiffen der Templer an der schottischen Westküste von Argyll gelandet ist. Indizien existieren nur in Form von Grabsteinen in der Gemeinde Kilmartin, zwischen Oban und Lochgilphead, auf denen Ritter mit Nasalhelmen und Langschwertern zu sehen sind. Der Ikonografie zufolge handelt es sich jedoch eher um normannische Ritter und nicht um Templer.

In der Geschichte des schottischen Königs Robert the Bruce, die im Jahre 1355 von John Barbour, einem Geistlichen der Dunkeld Cathedral, relativ zeitnah in Versform verfasst wurde, lässt sich nicht der geringste Hinweis finden, dass Ritter in weißen Mänteln und roten Tatzenkreuzen den schottischen Truppen in der Schlacht von Bannockburn gegen die Engländer zu Hilfe geeilt seien.[68] Allein der Anblick der heranstürmenden Templer hätte die Engländer gewiss vor Furcht erstarren lassen und panisch in die Flucht geschlagen. Es ist sehr unwahrscheinlich, dass ein derartig wichtiges Ereignis wie die Beteiligung der Templer nicht in den zeitgenössischen Chroniken erwähnt würde. Doch auch wenn es merkwürdig anmutet, dass die zahlenmäßig unterlegenen schottischen Truppen das scheinbar unbesiegbare Heer von König Edward II. vernichtend schlugen, so fehlt jeder Beweis dafür, dass Robert the Bruce überhaupt in Kontakt stand mit Mitgliedern des Templerordens.

Die viel zitierte Verbindung der Templer zu Rosslyn kann vor allem deshalb nicht aufrechterhalten werden, weil die Familie St. Clair höchstpersönlich eine Genealogie in Auftrag gab, die nicht im Entferntesten eine Verbindung zu den Templern erwähnt.[69] Ist es aber möglich, dass Vorfahren von William St. Clair mit den Templern kooperierten?

Während ich die Kapelle durch das Nordportal betrete und die steinerne Ikonografie des Gebäudes nach eindeutigen Spuren des Templerordens untersuche, wird die Stille immer wieder durch das

Bild 12: Die so genannte »Lehrlingssäule«

laute Tratschen von amerikanischen Touristen unterbrochen, die offensichtlich vergessen, dass sie sich auf geweihtem Boden befinden. Mehrere Male schnappe ich den Namen Dan Brown auf. Eine Reiseleiterin mit Bostoner Akzent erklärt den Touristen die Geschichte der Lehrlingssäule.

Ich nähere mich der Säule über die Südfront, als die Führerin, eine attraktive Frau Mitte vierzig mit dunklen Locken, erklärt: »Unter dieser Kapelle existieren Hohlräume, die noch unerforscht sind, weil das National Trust for Scotland nicht erlaubt, dass hier Grabungen und Bodenradarmessungen durchgeführt werden. Der Felsen, auf dem die Kapelle steht, ist durchlöchert von Gängen wie der Tempelberg von Jerusalem. Der Templerschatz wird dort unten vermutet.« Sie raunt mit gespieltem, verschwörerischem Tonfall etwas vom »Heiligen Gral« und erntet ehrfürchtiges kollektives Kopfnicken, begleitet von erstauntem Gemurmel. »Holy shit!«, brummt anerkennend ein älterer Herr mit einer Baseballkappe der Boston Red Sox.

Diese ominösen Hohlräume sind nichts weiter als die Grüfte, in denen die Überreste der Familie St. Clair ruhen und die lange Jahre abgesperrt waren. Angeblich existieren Abtastbilder des Fundaments und des Erdreichs unterhalb der Kapelle, doch bislang wurden diese von der Familie Sinclair nicht zur Veröffentlichung freigegeben. Jüngst haben Wärmemessungen gezeigt, dass *in* der Kapelle keine Hohlräume existieren.

An einem Kapitell an der Nordostfassade entdecke ich ein Symbol, das entfernt aussieht wie ein Kreuz mit gespreizten äußeren Enden. Mit viel Fantasie entdecke ich darin die Form eines Tatzenkreuzes der Templer. An anderer Stelle mache ich das Lamm Gottes mit einer Fahne aus, ein Symbol der Mönchsritter – aber auch für Jesus Christus und den Sieg über den Tod durch Jesu Auferstehung. Das Siegel Salomos, den Davidstern, kann ich nirgendwo sehen.

Als ich mich umwende, sehe ich über einem Fenster die Darstellung von etwas, das entfernt aussieht wie Mais. An anderer Stelle entdecke ich eine steinerne Pflanzendarstellung, die Ähnlichkeit mit der mexikanischen Aloe-Pflanze aufweist – aber auch irgendeine Fantasiepflanze sein könnte. In Anbetracht der Tatsache, dass Amerika erst 1492 offiziell entdeckt wurde, wäre das Vorhandensein von präkolumbianischen Darstellungen mittelamerikanischer Pflanzen in Schottland eine Sensation. Einige Autoren vermuten, dass William St. Clair zusammen mit Angehörigen des seefahrtfreudigen Gunn-Clans über Island und Neufundland vor Kolumbus an die Ostküste der USA nach Massachusetts gelangt sein könnte. Im Küstenort Westford zeuge ein Felsen mit einer undeutlichen Einritzung von einem schottischen Ritter mit Schild und Schwert. Die Autoren Peter und Johannes Fiebag stellen in ihrem Buch *Die Ewigkeits-Maschine* die Theorie auf, dass der Templerschatz aus einer Maschine zur Erzeugung des biblischen Mannas bestand, das die Hebräer aßen, als sie vierzig Jahre durch den Sinai irrten. Die Maschine sei der Beweis für die Existenz außerirdischer Intelligenzen, die vor Jahrtausenden mit der Menschheit Kontakt aufnahmen. Der Gott, dem Mose auf dem Sinai begegnete, sei nur ein Außerirdischer gewesen. Die Manna-Maschine sollen Hugo von Payns und seine Leute unter dem Tempelberg gesucht und gefunden haben. Vor der Zerschlagung der Templer durch Philipp den Schönen am 13. Oktober

1307 soll diese biblische Popcornmaschine an Bord eines Schiffes nach Schottland gebracht worden sein. William St. Clair und der Gunn-Clan hätten die Maschine dann nach Amerika gebracht, wo sie sich heute noch auf dem Grund der so genannten *Money Pit,* auf der Insel Oak Island im kanadischen Neuschottland, beharrlich ihrer Bergung verweigere. Aber auch diese Theorie ist unter anderem deswegen nicht plausibel, weil der *Ritter von Westford* ein Jungenstreich aus dem 18. Jahrhundert ist.

Wir wissen nun, dass eine vermeintliche Verbindung der Templer zur Familie St. Clair nicht aufrechterhalten werden kann. Ebenso existierte die ominöse Prieuré de Sion niemals, sondern ist nur das Fantasieprodukt des antisemitischen und kriminellen Franzosen Pierre Plantard, der sich St. Clair nannte und durch gefälschte Urkunden einen fiktiven Stammbaum von König David, Jesus Christus, den Merowingern, bis zu sich selbst erfand. Plantard erschuf einen der größten historischen Schwindel des 20. Jahrhunderts, auf den Keith Laidler, Dan Brown und die Sensationsautoren Lincoln, Baigent und Leigh hereinfielen. Unsere Suche nach Templerspuren in Schottland ist also nur beschränkt auf zweideutige Steinmetzarbeiten in der Kapelle von Rosslyn. Und das ist lächerlich wenig.[70]

Nachdem die amerikanischen Touristen weitergehen, um sich der Totenmaske von Robert the Bruce zu widmen, habe ich nun freie Sicht auf die Lehrlingssäule. Sie weist eine spiralförmige Pflanzenverzierung auf. An ihrer Basis windet sich die nordische Schlange Nidhöggr. Offensichtlich handelt es sich bei den Blätterspiralen um den Weltenbaum Yggdrasil. Der Baum des Lebens ist ein Symbol für Jesus Christus und die Auferstehung – ob der nordische Bezug zu Jesus hier in der Kapelle von Rosslyn anwendbar ist, wissen die Kunsthistoriker bis heute nicht. Als ich die Säule genauer untersuche, sehe ich an einer Stelle mehrere Einkerbungen, die darauf schließen lassen, dass die Säule geöffnet und eine Partie ersetzt wurde. Was immer dahinter liegen mag, es ist auf jeden Fall nicht der mumifizierte Kopf von Jesu Christus – sondern massiver Stein.

Eine spanische Touristengruppe betritt nun die Kapelle, die Urlauber übertreffen in ihrer Lautstärke die Amerikaner. Ich beschließe zu gehen. Nach fünf Stunden intensiver Untersuchungen und einigen hundert Aufnahmen von jedem Winkel der Kapelle und der Krypta bemerke ich im Hinausgehen die bärtige, gedrungene Gestalt des William St. Clair, die sich hoch oben an der Westfassade auf einem Kapitell dem Blick unaufmerksamer Touristen entzieht. Und der Grabstein des Sir William aus dem Jahr 1482 rechts neben dem Ausgang verkündet mit einer modernen Unterzeile: Knight Templar – Tempelritter. Ich trage mich ins Gästebuch ein mit dem Vermerk: »Wunderschönes Bauwerk. Aber kein Templerschatz.«

Manch fantastischer Mythos rankt sich um Rosslyn Chapel. Doch mit dem Schatz der Templer hat die Kapelle der St. Clairs nichts gemein.

3. Das Grabtuch von Lirey

Doch zurück nach Frankreich, nach Troyes in der Champagne. Wer auf den Außenring abbiegt und dann die Nationalstraße N77 südwestlich Richtung Auxerre nimmt, kann über die Landstraße D88 einen kleinen Abstecher in den Vorort Lirey machen. Hier in Lirey erhielt der französische Ritter Gottfried von Charny von König Johann II., dem Guten, von Frankreich den Auftrag, eine Stiftskirche zu errichten, um eine Reliquie zu beherbergen, die – wenn sie echt wäre – eines der erstaunlichsten Zeugnisse darstellte.

Der Innenraum der Kirche St. Marie ist in Zwielicht gehüllt. Draußen verfinstert sich die Sonne durch heraufziehende Gewitterwolken. Der Weihrauchgeruch des letzten Gottesdienstes hängt geisterhaft in der Luft. Als ich den Altar erreiche, fallen mir dunkle Stoffbahnen auf, die links und rechts an den Wänden hängen. Neugierig mustere ich die Tücher. Als ich genauer hinschaue, zucke ich zusammen. Ich reibe mir die Augen und schaue erneut hin. Es ist eine Art Negativ-Bild vom nackten Körper eines Mannes. Ich erkenne eindeutig ein bärtiges Gesicht. Auf seiner Stirn zeichnen sich Wunden ab. Offensichtlich sind diese Stoffbahnen Nachbildungen des berühmten Grabtuches von Jesus Christus, das heute noch in der

Kathedrale von Turin aufbewahrt wird. Die Geschichte und die Beschaffenheit des Tuches sind so abenteuerlich wie die Gründung des Templerordens:

Am 28. Mai 1356 wird die Kirche St. Marie eingeweiht, doch am 19. September 1356, nur wenige Monate, nachdem er das Grabtuch in der Kirche von Lirey ausstellen lässt, stirbt Gottfried von Charny in der Schlacht von Poitiers. Er war Träger der königlichen Standarte, der *Oriflamme,* der wir später bei Abt Suger von St. Denis begegnen. Ein Jahr nach Charnys Tod wird die erste Ausstellung des Turiner Grabtuches in Lirey durch Pilgermedaillen dokumentiert, die noch heute bewundert werden können.

Im April 1389 beschließt Gottfrieds von Charny Sohn, Gottfried II., entgegen der Proteste des Bischofs von Troyes, Peter D'Arcis, das Grabtuch weiter auszustellen. Gegenpapst Klemens VII. in Avignon gibt seinen Segen und lässt den Bischof verstummen. 1418 wird die Gemeinde Lirey dem Ansturm der Pilger, die bereit sind, für einen Fetzen der Reliquie einen Mord zu begehen, nicht mehr Herr. Also wird das Tuch in die Festung unweit von Montbard im Burgund gebracht. 1449 stellt Margareta von Charny das Grabtuch in Belgien aus, 1453 in Germolles bei Mâcon. Margareta ist die Letzte der Charnys. Daher schenkt sie das Grabtuch dem Herzog Ludwig von Savoyen. Wie groß der Glaube an die Echtheit der Reliquie in dieser Zeit ist, wird ersichtlich an der Tatsache, dass Margareta von Charny im Gegenzug das Schloss Varambon und nicht unbedeutende Summen Geldes erhält. Am 11. Juni 1502 geht das Tuch in den Besitz des Herzogs Ludwig von Savoyen über, der es in einer Kapelle in Saint Hippolyte an der heutigen Schweizer Grenze aufbewahren lässt. Die Familie von Savoyen hat kein Problem damit, das angebliche Grabtuch auf ihren Reisen öffentlich zur Schau zu stellen, um ihre privilegierte Stellung unter den Adeligen Frankreichs hervorzuheben.

1502 wird das Tuch unter dem Altar der Schlosskapelle von Chambry in einem silbernen Kasten verborgen. Als es am 4. Dezember 1532 zu einer Brandkatastrophe kommt, bleibt die Reliquie verschont, trägt aber einige schwere Brandspuren davon. Zwei Jahre danach nähen Nonnen des Klarissenordens Flicken auf die beschädigten Stellen. Als das Haus Savoyen nach Turin zieht, wird das Tuch am 14. September 1578 in die Kathedrale Duomo di San Giovanni gebracht. Der Grund ist organisatorischer Natur, denn Herzog Emmanuel Phillibert denkt daran, sich dauerhaft in Turin niederzulassen. Über hundert Jahre wird das Tuch in der Kathedrale aufbewahrt, aber erst 1694 in einem speziell angefertigten Schrein untergebracht. Im Mai 1898 wird das Grabtuch erstmals durch Secondo Pia fotografisch festgehalten. Dabei fällt ihm während der Entwicklung der Negative das unheimliche Bildnis Jesu Christi auf. Die Entdeckung löst eine gewaltige Debatte aus. Der Glauben an ein fotografisches Wunder macht die Runde. Erst am 3. Mai 1931 soll sich herausstellen, dass es keine fotografische Anomalie ist, sondern erneut auftaucht, als Giuseppe Enrie das Grabtuch ablichtet und dieselbe Erfahrung macht wie Secondo Pia.

Das Ganze ist der katholischen Kirche nicht geheuer. Im Juni 1969 beruft Kardinal Pellegrino in Turin eine Kommission für das Grabtuch ein. 1973 erfolgen Untersuchungen des Leinentuches auf Pollen und andere Rückstände durch den Schweizer Forensik-Experten Max Frei-Sulzer, die Aufschluss über den Ursprung des Leinentuches geben könnten. Auch löst man fünfzehn einzelne Fäden aus dem Tuch heraus, um sie auf ihre Konsistenz zu untersuchen. Die Untersuchung ergibt, dass das Leinentuch höchstwahrscheinlich aus Jerusalem aus der Zeit um 70 n. Chr. stammt. 1978 werden dem Tuch weitere Proben zur naturwissenschaftlichen Untersuchung mit Klebebändern entnommen. 1983 überlässt die Familie Savoyen das mysteriöse Grabtuch Christi dem Vatikan, der es jedoch seitdem in der Kathedrale hinter Panzerglas aufbewahren lässt und nur zu ganz bestimmten Zeiten der Öffentlichkeit zugänglich macht. Am 11. April 1997 entkommt das Tuch den Flammen eines Kathedralenbrandes durch den Mut eines Turiner Feuerwehrmannes. Zum Heiligen Jahr 2000 wird es öffentlich ausgestellt – um dann wieder von der Weltöffentlichkeit weggesperrt zu werden. Im Jahr 2010 konnten Besucher der Kathedrale von Turin das Grabtuch vom 10. April bis zum 23. Mai bewundern.

So weit die Geschichte des Turiner Grabtuches. Doch ist darauf ein authentischer Abdruck des Leichnams Jesu Christi zu sehen, der möglicherweise sogar seine genetischen Erbinformationen in Form von Haaren oder Blutresten enthält? Sehen wir uns das Tuch etwas genauer an: Es ist 4,36 Meter lang, 1,10 Meter breit und besteht aus Leinen mit gewebtem Fischgrätmuster, das bereits in der späten Eisenzeit und verstärkt im Mittelalter gewebt wurde. Im Orient zur Zeit Christi wäre es ein Beleg für einen sehr reichen Besitzer gewesen, wie es möglicherweise der Adelige Joseph von Arimathäa war, der das Grab für Jesus stiftete. Den untersuchten Fasern zufolge stammt es aus Israel, auf jeden Fall jedoch aus dem Orient. Es zeigt die Abbildung eines nackten, bärtigen Mannes mit langen Haaren in Vorder- und Rückansicht, der zwischen 1,76 und 1,78 groß, zwischen dreißig und fünfunddreißig Jahre alt ist und dem Körperbau nach zu urteilen ungefähr 76 Kilogramm wiegt.

Bilduntersuchungen ergaben merkwürdige Details auf dem Körper und dem Gesicht des abgebildeten Mannes. So sind bis zu fünfhundert Spuren von einer Geißelung auf Oberarmen, Schenkeln und Bauch zu erkennen. Auch weisen seine Handwurzeln Wundmale auf, die durch Nägel verursacht worden sein könnten. Erstaunlicherweise weichen diese Darstellungen weit von der herkömmlichen Ikonografie des Mittelalters ab. So deuten die Wunden auf dem Kopf des Mannes eher auf eine *Dornenhaube* denn auf eine Dornenkrone hin. Dornenhauben deckten den gesamten oberen Kopfbereich ab und waren im Orient verbreiteter als Dornenkronen, die nur einen Kranz darstellten und wiederum in der mittelalterlichen Kunst häufig Gebrauch fanden.[71]

Am 21. April 1988 wird in Anwesenheit des Erzbischofs von Turin, Anastasio Ballestrero, seinem wissenschaftlichen Berater Gonella und einem Vertreter des British Museum aus dem Tuch eine 10 mm mal 70 mm große Probe entnommen, die wiederum in drei Teile geschnitten wird. Nachdem die Proben in Behältern verschwinden, werden sie mikroskopisch untersucht und anschließend von Verschmutzungen und Rückständen wie Rußresten und Dreck gereinigt. Die Proben werden verbrannt und die Rückstände in drei verschiedenen Laboren der Universitäten Oxford, Zürich und Arizona massenspektroskopisch auf ihre einzelnen chemischen Bestandteile und ihr Alter untersucht. Oxford, Zürich und Arizona melden eine Altersbestimmung zwischen 1200 und 1304 nach Christus.[72]

Seitdem gilt das Turiner Grabtuch als Fälschung aus dem Mittelalter, und es wurden verschiedene Methoden vorgeschlagen, wie ein solches Tuch mit einem vermeintlichen Abbild Jesu hergestellt worden sein könnte. So wurden Stoffmalereien und Abdrücke mittels erhitzter Metallreliefs in Erwägung gezogen, die das flache, eindimensionale Antlitz des angeblichen Jesus erklären können – viele andere Tatsachen jedoch nicht. Die Autoren Lynn Picknett und Clive Prince verdächtigen Leonardo da Vinci, mittels einer von ihm konstruierten Camera obscura und einer Chemikalie, die sich durch Licht auf Stoffgewebe einbrennt, ein Selbstbildnis von sich auf das Leinen des Tuches projiziert zu haben, aus Protest gegen die katholische Kirche. Ähnlich wie der Maler Albrecht Dürer soll sich Leonardo als Jesus Christus dargestellt haben. Doch angesichts der Tatsache, dass die Messung ein Herstellungsjahr von 1304 aufweist, scheidet Leonardo da Vinci aus, der erst 1452 geboren wurde.[73] Sicherlich hätte sich Leonardo da Vinci die Mühe machen können, ein Leinentuch aus Palästina zu verwenden, das aus der Zeit Christi stammt. Doch woher hätte Leonardo wissen können, wie alt ein Leinentuch ist, das er aus Palästina kommen lässt? Die Theorie von Lynn Picknett und Clive Prince kommt allein schon deswegen nicht in Frage, weil sie ebenso wie Keith Laidler dem Schwindel des französischen Betrügers und Erfinders der fiktiven Prieuré de Sion, Pierre Plantard, aufgesessen sind, und in ihrem Buch angeben, dass Leonardo da Vinci ein Meister dieses erfundenen Ordens sei.

Bislang konnte nicht plausibel nachgewiesen werden, wie das Turiner Grabtuch derartig geschickt gefälscht worden sein könnte. Die merkwürdigen Übereinstimmungen mit der Kreuzigung Christi waren Anlass genug, das Grabtuch einer genaueren Untersuchung zu unterziehen. Im Jahre 2004 entdeckten Wissenschaftler der Universität Padua in Italien auf der Rückseite des Tuches ein ähnliches, noch verschwommeneres Gesicht als das auf der Vorderseite.[74]

Das Material des Tuches weist nicht nur Brand- und Löschwasserflecken und Knicke auf. Auf dem Leinentuch ist auch menschliches Blut nachgewiesen worden, das unter dem Abdruck des menschlichen Körpers zu sehen ist. Ob es von Jesus Christus stammt, ist eher zweifelhaft. Wenn wir davon ausgehen, dass der tote Körper

Jesu Christi bereits nach einem Tag vom Kreuz genommen und anschließend auf das Grabtuch gelegt wurde, dann war das Blut, das durch die Geißelung der römischen Legionäre und die anschließende Durchbohrung der Hände durch die Nägel und die Lanze des Longinus austrat, bereits getrocknet und konnte keine derartigen Spuren auf dem Tuch hinterlassen.

Ein weiterer Beleg für eine mögliche Fälschung des Grabtuches ist die Tatsache, dass die Pollenanalyse von Max Frei-Sulzer deswegen unzureichend war, weil die Klebebänder allgemein nur sehr wenig Pollen enthielten, jedoch ein einziges Klebeband mit sehr viel Pollen behaftet war, das nicht mit dem Tuch in Berührung kam. Bedenklich stimmt auch, dass Frei-Sulzer einige Jahre später die berüchtigten Hitler-Tagebücher als authentisch einstufte. Für den israelischen Botaniker Dr. Avinoam Danin von der Hebrew University of Jerusalem bestätigen die Pollenuntersuchungen, dass das Tuch aus Palästina stammt – und somit authentisch ist.

2003 schrieben die Chemiker Raymond N. Rogers und Anna Arnoldi in der Publikation *Melanoidins,* dass das Tuch weit vor dem Jahr 1300 gewebt worden sei – und sehr wohl echt sein könne. Rogers und Arnoldi meldeten Zweifel an der Messgenauigkeit der entnommenen Tuchprobe von 1988 an. Die Studie belegt, dass ein Flicken untersucht worden war, der als Reparaturtextil gedient hatte, um die Brandstellen auszubessern. Demzufolge stammte der Stoff aus dem 16. Jahrhundert, als das Tuch bereits im Besitz der Herzöge von Savoyen war. Der ursprüngliche Textilstoff des Grabtuches war daher 1988 gar nicht Gegenstand der Untersuchungen in den Labors der Universitäten von Oxford, Zürich und Arizona gewesen.[75]

So verhält es sich seit Jahrzehnten. Skeptiker widerlegen Gläubige, Gläubige widerlegen Skeptiker, wobei die Skeptiker in den letzten Jahren überwiegen. Doch was hat das alles nun mit den Templern zu tun?

Im Jahr 2009 veröffentlichte die vatikanische Zeitung *L'Osservatore Romano* einen Auszug aus einem Buch von Barbara Frale, einer Historikerin und Paläografin des Vatikanischen Geheimarchivs. In ihrem Buch behauptet Frale, dass das Grabtuch – neben griechischen und lateinischen – auch aramäische Schriftzeichen unterhalb des Kopfes von Jesus Christus aufweise. Ihre These basiert auf den Untersuchungen des französischen Technikers Thierry Castex, der mit einem optischen Verfahren aramäische Zeichen aufgenommen haben will. Frale habe die Aufnahme zwei Experten für Hebraistik vorgelegt, ohne ihnen mitzuteilen, um was es sich handelt. Beide Wissenschaftler hätten unabhängig voneinander bestätigt, dass es sich um Aramäisch handele.

Ferner behauptet Barbara Frale, dass der Templerorden ein Abbild von Jesus Christus auf einem Tuch verehrt habe. Die Prozessakten erwähnten, dass ein solches Bildnis auf einem Leinentuch bei den Aufnahmeriten verehrt worden sei. Frale argumentiert, dass der erste belegbare Besitzer, Gottfried von Charny, ein Enkel des gleichnamigen Templergroßmeisters Gottfried von Charny war. Die Templer seien in Griechenland in den Besitz des Tuches gekommen, nachdem es ursprünglich 1204 während der Plünderung von Konstantinopel gefunden wurde und davor aus Jerusalem stammte.[76]

Das Tuch war nicht im Besitz von Hugo von Payns, Graf Hugo I. von Champagne und ihren Templerbrüdern, denn – wie im Falle von Keith Laidlers These des mumifizierten Kopfes von Jesus Christus – es macht keinen Sinn, unter dem Tempelberg nach Relikten von Jesus Christus zu suchen. Die geeigneten Orte wären die Grabeskirche, Nazareth, Bethlehem, Bethanien oder auch Qumran am Toten Meer gewesen. Dort sind aber keine Grabungsaktivitäten der Templer dokumentiert. Darüber hinaus steht und fällt Barbara Frales Theorie mit der Tatsache, dass die Inquisition, wie wir gesehen haben, vor der Verhaftung der Templer angewiesen wurde, die Templer unter Folter nach ketzerischen Götzenbildern und Idolen auszufragen. Die Templer sagten aus, was die Inquisition hören wollte. Wie im Falle der Theorie von Keith Laidlers mumifiziertem Jesus-Haupt ist es somit unwahrscheinlich, dass die Templer überhaupt Interesse an einer Verehrung eines Bildnisses von Jesus Christus gehabt haben, denn in den Aufnahmeriten wurden Novizen sogar angewiesen, auf das Kreuz Christi zu urinieren oder zu spucken. Was immer der Schatz der Templer war – es war nicht das Grabtuch von Turin, das mit an Sicherheit grenzender Wahrscheinlichkeit eine geschickte Fälschung unter Verwendung eines Leinentuches aus der Region Palästinas um die Zeit von 70 n. Chr. ist.

Als der Vatikan das Grabtuch 2010 in der Kathedrale von Turin öffentlich ausstellen ließ, bewunderten es über 2 Millionen Neugierige. Der Vatikan verzichtet darauf, sich eindeutig zu positionieren, ob es sich bei dem Grabtuch von Turin um das echte Leichentuch Jesu Christi handelt. 2015 konnten es Besucher erneut aus nächster Nähe ansehen. Papst Franziskus nahm jedoch erstmals Abstand davon, zu versichern, dass das Grabtuch echt sei. Ich fahre ernüchtert in die Innenstadt von Troyes zurück.

4. Die Suche nach dem Heiligen Gral

Ich sitze in einer Brasserie in der Altstadt von Troyes bei einem Glas Bier und bin enttäuscht über die neuen Erkenntnisse. Weder der mumifizierte Schädel Jesu Christi noch das Grabtuch von Lirey kommen als Kandidaten für den Schatz der Templer in Frage. So viel ist gewiss. Bestand der Schatz doch nur aus den wenigen Kisten mit Goldmünzen und Pfandbriefen, die König Philipp der Schöne durch seine Milizen in der Nacht des 13. Oktober 1307 aus dem Pariser *Temple* schaffen ließ? Ist der Schatz nur eine geistige Fata Morgana, ohne irgendein historisches Fundament?

Ich sehe mich um. Die Brasserie am Platz der Kathedrale St. Pierre befindet sich an der Ecke zur Rue Chrétien de Troyes. Die Straße wurde nach ihrem berühmten Sohn benannt, dem Verfasser episch-höfischer Versromane wie *Erec, Yvain, Cligès, Wilhelm von England* oder *Lancelot*. Vor allem jedoch war Christian von Troyes berühmt für seinen ersten Roman über die Suche des Ritters *Perceval* nach dem Heiligen Gral in seinem unvollendeten Werk *Le Conte del Graal*. Fanden die Templer um Hugo von Payns in Jerusalem den Heiligen Gral, jenen Kelch, den Jesus beim Abendmahl verwendete und mit dem der Adelige Joseph von Arimathäa das Blut Christi bei seiner Kreuzigung auffing? Was ist der Heilige Gral? Und wer war Christian von Troyes?

Die Sage vom Unsterblichkeit spendenden Kelch als christliches Symbol geht erst auf den im Jahr 1212 gestorbenen anglo-normannischen Dichter Robert de Boron zurück – in der Bibel wird der »Gral« mit keinem einzigen Wort erwähnt. Doch wie wir sehen werden, ist der Heilige Gral überhaupt kein Kelch. Die Suche fördert die ersten beiden mittelalterlichen Zeitdokumente zutage, die belegen, dass die Templer im Besitz einer heiligen Reliquie waren. Sehen wir uns zunächst die Geschichte des Christian von Troyes an.

Christians von Troyes *Perceval*

Viel ist nicht bekannt über diesen Dichter. Christian wird 1140 in Troyes geboren, zu einer Zeit, als Theobald II., der Neffe des Templergründers Hugo I. von Champagne, über die Region regiert. Sehr wahrscheinlich hat Christian eine klösterliche Bildung genossen. Die literarischen Anspielungen auf lateinische Klassiker in seinem Werk lassen jedenfalls darauf schließen.[77] Der Philologe Philipp A. Becker vermutet, dass Christian durch seinen Namenszusatz »von Troyes« ein Abkömmling des mittleren Adels war. So sei Christian von Troyes ein Sohn von Milo II., des Herren von Bray und Montlhéry, und mütterlicherseits ein Urenkel von Wilhelm I., dem Eroberer.

Viel wahrscheinlicher aber ist es, dass Christian von Troyes ein Geistlicher der Abtei Saint-Loup-de-Troyes[78] war, die Bernhard von Clairvaux im Jahre 1134 reformierte, indem er dem Abteivorsteher riet, sich fortan an die strengen Augustinerregeln zu halten. In einer Urkunde des bischöflichen Archivs aus dem Jahr 1173 findet sich ein *Christianus,* Mönch der Abtei von Saint-Loup.[79] Christian von Troyes steht dem Judentum sehr nahe, und das Kloster Saint-Loup befindet sich gleich um die Ecke zur Synagoge und zum Haus des seinerzeit größten Talmudgelehrten, Rabbi Raschi. Die jüdische Religion floss unübersehbar in sein Werk ein – vielleicht konvertierte er sogar vom christlichen Kleriker zum Juden.[80]

Als Geistlicher des Klosters St. Loup ist Christian in jungen Jahren sehr wahrscheinlich mit den Lehren des Bernhard von Clairvaux in Berührung gekommen. Vielleicht ist Christian ihm sogar über den Weg gelaufen. Gewiss ist, dass der Dichter aus Troyes am Hofe der Gräfin Marie von Champagne, der Tochter König Ludwigs VII. von Frankreich und Eleonore von Aquitanien, tätig ist und für sie den Versroman *Lancelot* verfasst. Die Widmung für Marie von Champagne in seinem Buch belegt diese Tatsache. Marie von Champagne gehört der Dynastie der Kapetinger an. Sie ist eine Halbschwester der englischen Könige Richard Löwenherz und Johann Ohneland, aber auch durch ihre Heirat mit Heinrich I. von Champagne die Schwiegertochter des Grafen Theobald II., der seinerseits 1129 auf dem Konzil von Troyes bei der Gründung des Templerordens zugegen war. Es liegt daher nahe, dass Marie durch ihren Schwiegervater in das Templertum eingeweiht wurde und dieses Wissen an Christian von Troyes weitergab.

Als Christian an Maries Hof arbeitet und von ihr gefördert wird, um für sie Ritterepen zu verfassen, wird er nicht nur mit Abt Bernhard von Clairvaux und dem zisterziensischen Kloster Clairvaux vertraut, sondern auch mit dem Templerorden und den Juden der Region. Um 1180 beginnt Christian von Troyes mit seinem großen Epos *Le Conte del Graal*. Viele Ortsangaben weisen darauf hin, dass der Roman in der Bretagne spielt sowie im Nordosten Frankreichs, in den Regionen Champagne, Burgund und Picardie. Als Christian 1190 stirbt, hinterlässt er ungefähr 9.000 Verse und ein unvollendetes Werk. In seinem Prolog widmet Christian von Troyes sein Werk dem Grafen Philipp von Flandern, dem zweiten Sohn des Grafen Dietrich von Flandern-Elsass und Sibylle von Anjou, der Tochter des Grafen Fulko V. von Anjou. Wir erinnern uns: Fulko V. war jener Graf, der 1120 die Gründungstempler um Hugo von Payns und Graf Hugo I. von Champagne unterstützte, bevor er König von Jerusalem wurde.[81]

Christian von Troyes hatte direkten Zugang zu den Geschichten über die Tempelritter. Die Suche Hugos von Payns und seiner Gefolgsleute unter dem Tempelberg von Jerusalem muss für Christian dabei eine sehr wichtige Inspirationsquelle gewesen sein. Daher ist es kein Wunder, dass er ein Werk verfasste, das sich mit der Suche eines Ritters nach dem heiligsten aller Schätze befasst.

Die wahren Hintergründe der Geschichte vom Ritter Perceval, der auf der Suche nach dem Heiligen Gral ist, wurde Christian von Troyes von Philipp von Flandern in Form eines Buches anvertraut. Vielleicht die Aufzeichnungen eines Tempelritters aus Troyes. In seinem Prolog zu Perceval schreibt Christian:

»So wird also Chrétien seine Mühe nicht umsonst gehabt haben, wenn er auf Geheiß des Grafen sich müht und strebt, die beste Geschichte zu reimen, die je an einem Königshof erzählt wurde: das ist die Erzählung vom Gral, zu der der Graf ihm das Buch übergab. So hört denn, wie er es ausführt.«[82]

Die Grafenhäuser Flandern und Champagne sind zu diesem Zeitpunkt befreundet. Philipp von Flandern hat sogar – vergeblich – um die Hand der verwitweten Marie von Champagne angehalten. Es scheint, dass Marie mit der tollkühnen Lebensart Philipps nicht einverstanden ist. Philipp wird 1143 geboren, wird mit fünfundzwanzig Jahren Graf von Flandern und begibt sich 1177 auf Pilgerfahrt ins Heilige Land. Um 1180 wird er Regent von Frankreich und Vormund des französischen Königs Philipp August. Acht Jahre danach begibt sich Philipp von Flandern auf Kreuzfahrt ins Heilige Land. Dort verschwinden seine Spuren.

Als Christian den Hof der Marie von Champagne verlässt, um sich in den Dienst von Philipp von Flandern zu stellen, bricht der Kontakt keineswegs ab.[83] Auch seine persönlichen Eindrücke am Hof brennen sich in die Geschichte ein.

So beschreibt Christian in seinem Werk *Perceval* die gesellschaftlichen und politischen Verhältnisse zur Zeit der schmachtenden Troubadoure, liebeskranken Minnesänger und tollkühnen Ritter, die sich in lebensgefährliche Abenteuer stürzen. Wie in einer mittelalterlichen Reportage beschreibt er das Leben der weltlichen Ritter, das Bernhard von Clairvaux in seiner Lobrede auf die Tempelritter, *De laude novae militiae,* so sehr verurteilt, um den Artusritter Perceval schließlich zu einem geistlichen Streiter Gottes werden zu lassen, der Gott in Gestalt des Grals erkennt.

Der Roman ist unterteilt in die Abenteuer des Ritters Gawain und die des Perceval. Auch Gawain sucht nach dem Gral, doch ist er von Beginn an mit ritterlichen Attributen ausgestattet, die seine Suche viel unproblematischer machen als die des Perceval. So vermischte der Dichter Christian von Troyes die Abenteuer des ahnungslosen Tors, der zum Gott erkennenden Ritter wird und das Geheimnis des Grals ergründet, mit der Artussage, die erstmals durch Gottfried von Monmouth (1100–1154) um 1135 in seinem Werk *Historia Regum Britanniae* niedergeschrieben wurde. Artus war ein sagenhafter König, der um 500 nach Christus gegen die in Britannien eingewanderten Angeln und Sachsen kämpfte. Die Person des König Artus in den höfischen Versromanen belegt, dass ihm zur Zeit Christians das perfekte Ritterideal zugesprochen wurde. Dennoch ist anhand der französischen und bretonischen Ortsnamen offensichtlich, dass Christians Roman *Perceval* nicht in Britannien spielt, sondern in Frankreich. Christians Sprache ist Altfranzösisch, die Ortschaften spielen auf die Bretagne, das Zentralmassiv, die Picardie, gar die Champagne und den Burgund an.

Neben der Artussage beschreibt der Roman die Wandlung des Grünschnabels Perceval, der sich der liebenden Obhut seiner Mutter entreißt, als er in einem Wald fünf Rittern begegnet, die seine kindlichen Fragen damit beantworten, dass sie Ritter der Tafelrunde von König Artus seien. Fortan verspürt Perceval den starken Drang, ebenso ein Ritter der Tafelrunde zu werden. Da seine Mutter bereits Percevals Brüder durch Ritterkämpfe verloren hat und ihr Ehemann aus Gram über den Tod der Söhne verstarb, bricht sie vor Trauer zusammen, als ihr letzter Sohn beschließt, in die Welt hinauszugehen, um sich der *Aventiure* – den Ritterkämpfen – zu stellen.

Perceval will den fünf Rittern folgen. Seine Mutter ist entsetzt über seinen Plan, und sieht sich gezwungen, ihrem Jungen einen Mantel zu nähen und ihm eine Lanze zur Selbstverteidigung mitzugeben, um das schlimmste Schicksal zu verhindern. Gewappnet durch ihre gesellschaftlichen Ratschläge über das Leben in der ritterlichen Welt und dem Verhalten gegenüber Edelfrauen zieht Perceval los – ahnungslos und naiv. Nachdem er eine schlafende Frau in einem Zelt antrifft, sie gegen ihren Willen küsst und ihr den Ehering nimmt, und somit die Lehre seiner Mutter falsch interpretiert, trifft er einen Köhler, der ihm den Weg zum Schloss von König Artus weist. Als er dort ankommt, galoppiert ein Ritter in roter Rüstung auf ihn zu. Percevals Verlangen, ebenso solch eine Rüstung zu besitzen, wird übermächtig, und er will König Artus fragen, ob er sie bekommen kann.

Perceval tötet den roten Ritter mit seiner Lanze und legt mit der Hilfe des Knappen Yonet die Rüstung an. Dann reitet er fort und gelangt nach einiger Zeit zum Schloss von Ritter Gornemant de Goort. Hier erfährt Perceval die nötige Unterweisung in Rittertum und Manieren, vor allem aber soll Perceval nicht zu viel fragen und andauernd von seiner Mutter sprechen. Doch das ist nicht so einfach für ihn, denn Perceval sehnt sich nach ihr.

Nach einigen Rittergefechten kommt er in einem dichten Wald an einen Fluss, den er nicht durchqueren kann. Plötzlich taucht ein Boot mit zwei Männern auf. Einer von ihnen ist als Fischer zu erkennen. Perceval fragt sie, wo er den Fluss überqueren könne, und der Fischer antwortet, dass zwanzig Meilen flussauf- und flussabwärts keine Furt existiere. Da er nicht weiter kommt, fragt Perceval nach einer Herberge, und der Fischer lädt ihn in sein Haus ein. Er folgt der Beschreibung des Fischers, reitet einen Berg hinauf, und als er dem Fischer zürnt, ihn in die Irre geleitet zu haben, erblickt er in einem Tal einen Turm. Christian von Troyes schreibt: »Bis nach Beirut fände man keinen so schönen und wohlgebauten; er war viereckig aus grauem Stein und hatte an seiner Seite zwei Türmchen. Der Saal lag vor dem Turme und die Säulengange vor dem Saale.«[84]

Perceval preist den Fischer als seinen Retter und keinen Lügner mehr. Er reitet auf die »Burg« zu und passiert dann eine heruntergelassene Zugbrücke. Vier Knappen erscheinen, zwei entwaffnen ihn, einer führt Percevals Pferd ab und der vierte legt ihm einen scharlachroten Mantel um. Dann wird Perceval durch die Säulengänge der »Burg« geführt, und Christian von Troyes führt aus: »Bis nach Limoges konnte man keine schöneren als diese finden noch sehen.« Zwei Diener geleiten ihn zu einem viereckigen Saal, der »ebenso lang wie breit ist«.[85]

Dort findet er einen Mann in einem Bett vor, der sich auf seinen Ellenbogen abstützt und den Neuankömmling begrüßt. Zwischen vier Säulen brennt in einem Kamin ein helles Feuer. Die Dimensionen des Raumes werden klar, wenn Christian von Troyes beschreibt, dass rund vierhundert Menschen um den Kamin herum bequem Platz finden. Der Hausherr bedauert, dass er sich nicht erheben kann, denn er sei krank. Ein Knappe erscheint und übergibt dem Hausherrn ein kostbares Schwert aus bemerkenswert leichtem Stahl, das er anschließend Perceval als Geschenk überreicht.

Nachdem Perceval und der Hausherr miteinander sprechen, erscheint ein Diener mit einer blanken eisernen Lanze, aus deren Spitze Blut auf die Hand des Knappen hinabtropft. Perceval wagt es nicht zu fragen, woher das Blut kommt, denn er fürchtet, dass man ihm diese Frage als Schande auslegen könnte. Sodann erscheinen zwei Knappen mit goldenen Leuchtern, die zehn Kerzen halten können. Ihnen folgt eine schöne Jungfrau, die *einen Gral* in den Händen hält. Dieser verströmt ein überirdisch helles Licht. Der Gral, schreibt Christian von Troyes, sei aus reinem, feinem Golde mit kostbarsten Steinen, die den Wert aller anderen existierenden Edelsteine überträfen. Und der Gral bringt erlesene Speisen und Weine auf den Tisch und Perceval fragt sich, woher die Speisen kommen. Doch er beschließt, mit seiner Frage bis zum Morgengrauen zu warten. Dann entschuldigt sich der Hausherr und lässt sich wegtragen in sein Schlafgemach.

Am nächsten Morgen findet Perceval die »Burg« überraschend leer vor. Der Hausherr und die Bediensteten sind verschwunden. Sein Pferd jedoch ist gesattelt, und das Schwert und die Lanze lehnen an einer Mauer. Es gelingt Perceval, mit seinem Pferd aus der Burg zu entkommen. Er verfolgt Spuren, die in einen Wald führen. Dort findet er eine Jungfrau (altfr. »pucele«) vor, die ihn fragt, wo er herkomme. Als Perceval ihr seine Geschichte von dem kranken Hausherrn und dem Gral erzählt, ist sie wütend darüber, dass er nicht gefragt habe, was das Geheimnis des Grals sei, denn nur diese Frage könne den Hausherrn der Burg genesen lassen. Als sie ihn nach seinem Namen fragt, antwortet er: »Percevaus li Galois.« Weil er die Frage nicht gestellt hat, würde Perceval durch den Tod seiner Mutter nun viel zu leiden haben.

Nach weiteren Kämpfen trifft Perceval auf die Ritter von König Artus, angeführt von Gawain, der sich als der rote Ritter zu erkennen gibt. Eine hässliche Frau überbringt ihm eine Verwünschung, weil er die Frage nach dem Gral nicht gestellt hat. Perceval beschließt, das Geheimnis des Grals zu ergründen. Nach fünf Jahren der *Aventiure* und des Gottvergessens – denn Perceval hat durch den Tod seiner Mutter und die Brutalität der Ritterkämpfe den Glauben an Gott verloren – trifft Perceval am Karfreitag auf unbekannte Ritter. Sie weisen ihn an, am Tage der Kreuzigung Christi seine Waffen abzulegen. Als Sühne soll er in einem Wald mit einem Eremiten zusammentreffen und sein Handeln beichten. »In einer kleinen Kapelle fand er den Einsiedler«, schreibt Christian von Troyes, »und einen Priester sowie einen Messdiener, das ist die Wahrheit, die da den höchsten und schönsten Gottesdienst begannen, der in der heiligen Kirche verrichtet werden kann.«

Perceval beichtet dem Eremiten seine Gottlosigkeit. Der Einsiedler stellt sich als Percevals Onkel heraus. Er berichtet ihm, dass Percevals Mutter aus Kummer über sein Fortgehen gestorben sei und er, der Eremit, der dahinsiechende Burgherr und seine Mutter, Geschwister seien. Der Fischer auf dem Fluss, der Perceval den Weg wies, sei der Sohn des kranken Königs und Burgherren. »Doch wähne ja nicht, dass er Hecht oder Lamprete oder Lachs bekommt: der heilige Mann stärkt sein Leben mit einer einzigen Hostie, die man ihm in diesem Grale bringt. So heilig ist der Gral und der König so geistig, dass seinem Leben nur noch die Hostie nottut, die er in dem Grale bekommt.«[86]

Als Buße für seine Sünden trägt ihm sein Onkel auf, immer dort, wo eine Kathedrale, eine Kirche oder eine Kapelle ist, einzutreten und zu beten. »Glaube an Gott, liebe Gott und bete Gott an.«

Ist es nicht ohnehin schon sehr mysteriös in Christians von Troyes *Perceval*, so wird es nun noch merkwürdiger, als ihm sein Onkel ein Gebet ins Ohr flüstert, das offenbar niemand sonst hören darf. Christian schreibt: »Und in diesem Gebet waren gar viele Namen unseres Herren, denn es waren die größten, die ein Menschenmund nicht nennen darf, wenn er sie nicht in Todesangst nennt. Als er ihn das Gebet gelehrt hatte, gebot er ihm, es um keinen Preis zu sprechen, ohne dass er in großer Gefahr wäre.« Und Perceval erwidert, dass er nach seinem Gebot handeln wolle. Hier endet Christians von Troyes Schilderung von Percevals Suche nach dem Heiligen Gral.

Die religiöse Symbolik verrät, dass die Lanze und der Gral eine untrennbare Einheit bilden. Darüber hinaus wissen wir nun, dass der Gral ein Artefakt ist, der Speisen in Hülle und Fülle spendet und aus reinstem Gold besteht. Seine Gestalt bleibt weiter ungewiss. Doch nur wer das Geheimnis des Grals ergründet, sieht Gott. Christian spricht hier nicht von Jesus Christus, sondern von Gott. Percevals Onkel gebietet ihm, ein Gebet zu lernen, das die vielen Namen

Gottes nennt, und dass er dieses Gebet niemandem verraten dürfe, außer wenn er dazu gezwungen würde. Im Christentum existiert nur ein Name für den Herrn: Gott. Im Judentum hingegen sind es viele: JHWH, Zebaoth, Adonaj, Elohim, haSchem, Elah usw. Der Onkel Percevals gebietet ihm, in die Kirche zu gehen, doch der wahre Glaube gilt dem geheimen Gebet, das die zahlreichen Namen Gottes kennt. Offiziell soll Perceval wie ein Christ handeln, inoffiziell jedoch wie ein Jude glauben: nämlich an Gott oder JHWH. Das bestätigt Christians Beziehung zum Judentum in seiner Heimatstadt Troyes, die von einer kleinen jüdischen Gemeinde bevölkert war, in der einige wenige Christen zum Judentum konvertierten. Vielleicht sogar Christian selbst. Die Anspielungen in seinem Werk, nur Gott anzubeten, lassen darauf schließen.[87] Christians von Troyes *Perceval* mit seinen jüdischen Motiven erlangt schließlich über die Landesgrenzen hinaus Berühmtheit.

Wolframs von Eschenbach *Parzival*

Der deutsche Dichter Wolfram von Eschenbach kannte Christians von Troyes *Perceval*, als er um 1210 seinen Versroman *Parzival* veröffentlichte. Er übertrug Christians Handschrift ins Mittelhochdeutsche, schmückte sie mit eigenen Nebenhandlungen und Personen aus und erweiterte den Roman um ganze 16.000 Verse. Ob sich Wolfram und Christian jemals persönlich begegnet sind, ist nicht näher belegbar, die thematische Nähe der beiden Autoren legt jedoch die Vermutung nahe. Fest steht, dass in Wolframs *Parzival* zahlreiche jüdische Motive erscheinen, die bislang von der Literaturwissenschaft übersehen wurden und uns bei der Suche nach dem Schatz der Templer weiterhelfen werden.

Doch wer war Wolfram von Eschenbach? Viel ist auch über ihn nicht bekannt. Er wurde um 1160 geboren und stammte aus dem Örtchen Eschenbach in Oberfranken, dem heutigen Ober-Eschenbach bei Ansbach. Graf Hermann I. von Thüringen, ein bedeutender Schöngeist und Förderer mittelhochdeutscher Literatur, war sein Gönner.[88] Wolfram von Eschenbach war selbst ein Ritter, vertraut mit den Gepflogenheiten am Hofe der Grafen und gewitzt, was seine brillante, zweideutige Wortwahl angeht. So kokettiert er am Beginn seines Werks mit der falschen Bescheidenheit, dass er des Lesens und Schreibens gar nicht kundig, sondern nur ein Einfaltspinsel sei und seine Geschichte von Parzival absolut nicht auf Gelehrsamkeit fuße. Dass dem nicht so sein kann, wird sehr schnell offenkundig, wenn der Leser sich während Parzivals *Aventiure* mit profunden astronomischen, geografischen, gesellschaftlichen, literarischen und religiösen Aspekten konfrontiert sieht. Dieses Wissen lässt nur einen Schluss zu: Bei Wolfram von Eschenbach haben wir es mit einem hochintelligenten und sehr belesenen Zeitgenossen zu tun.

Wolfram muss große Freude dabei empfunden haben, die Namen von Ortschaften und Handlungsfiguren zu verschlüsseln: So nannte Wolfram etwa die Gralskönigin *Repanse de Schoye*. Zur Zeit Wolframs zielten so genannte »Responsen« – auf Hebräisch *Sche'elot Uteschuwoth* – darauf ab, durch eine Anfrage an einen jüdischen Rabbinerrat eine Antwort auf rechtliche Fragen der so genannten *Halakhah* zu erhalten.[89] Die Halakhah sind die rechtlichen Auslegungen der fünf Bücher Mose, der Tora, und regeln die religiösen Praktiken und das tägliche Leben der Gläubigen.[90] Es ist ein Verhaltenskodex gegenüber anderen Religionen wie etwa dem Christentum. Eine Response fragte also an, ob eine bestimmte Glaubenshandlung zulässig war oder nicht. Wolfram verschlüsselte die Gralshüterin *Repanse de Schoye* mit dem lateinischen Wort *reponere* für »vergraben«, »hinterlegen« oder »aufbewahren«. Choye – im *Parzival* Schoye genannt – ist eine Kleinstadt im Département Haute-Sâone und befindet sich sechsundzwanzig Kilometer nordwestlich von Besançon.

Unweit von Choye findet sich das ehemalige Zisterzienserkloster Acey, das 1136 von Bernhard von Clairvaux eingeweiht wurde. Genau genommen wäre also *Repanse de Schoye* eine Allegorie für etwas, das in Schoye aufbewahrt wurde oder wird, aber jüdischen Ursprungs ist und vor allen Dingen etwas mit Bernhard von Clairvaux zu tun hat. Vielleicht Wolframs von Eschenbach Verweis auf die jüdische Natur des Grals, der von einer mönchsartigen Gemeinschaft verwahrt wird – von einer Mönchsgemeinschaft wie den Zisterziensern um Bernhard von Clairvaux. Ein weiteres von vielen Beispielen für Wolframs Namensverschlüsselungen findet sich im Nachwort des *Parzival*. Hier wettert der fränkische Dichter gegen die verfälschte

Geschichte von Parzivals Suche nach dem Heiligen Gral. In Wirklichkeit, so Wolfram, müsse die Geschichte anders – eben in seinem Sinne – erzählt werden:

> »Wenn Meister Christian von Troyes dieser Geschichte unrecht getan hat, so darf Kyot, der uns die *rechte* Geschichte überliefert hat, darob wohl zürnen. Zu Ende erzählt der Provenzale, wie Herzeloydes Sohn den Gral erworben hat, so wie es ihm geordnet war, nachdem Anfortas ihn verwirkt hatte.«[91]

Anders als Christian von Troyes, der seine ursprüngliche Quelle für die Gralserzählung *Perceval* in einem Buch des Grafen Philipp von Flandern wusste, war Wolframs von Eschenbach Quelle angeblich ein gewisser *Kyot der Provenzale*. Germanisten und Philologen identifizieren ihn mehrheitlich mit dem Dichter *Guiot von Provins*.[92] Dabei ist *Provins* nicht mit der Region Provence zu verwechseln: Provins ist eine Stadt in der Champagne, südöstlich von Paris. Guiot de Provins sympathisierte mit den Templern und verfasste sogar einige Lieder und Texte, wie auch seine berühmte satirische *Bible* über die Stände des Hochmittelalters.[93] Ein provenzalischer Autor hätte sein Werk ohnehin in Okzitanisch verfasst, nicht in Altfranzösisch, wie etwa Guiot von Provins. So scheint Wolfram, wie der renommierte Historiker Richard Barber glaubt, den überaus respektablen Namen des Dichters Guiot von Provins mit »Kyot der Provenzale« chiffriert und im Werk verwendet zu haben. Wolfram lässt uns wissen, dass dieser *Guiot von Provins* seine Geschichte vom Heiligen Gral wiederum in einer Handschrift des jüdischen Astronomen *Flegetanis* im spanischen Toledo gefunden habe. Dieser Flegetanis stamme mütterlicherseits von König Salomo und väterlicherseits von den muslimischen »Heiden« ab – demnach gebürtig aus Jerusalem oder Palästina.[94] Über den Juden Flegetanis schreibt Wolfram weiter: »Dieser Mann zeichnete die Geschichte des Grals auf. Väterlicherseits war Flegetanis ein Heide und erwies einem Kalb göttliche Ehre.«

Wolfram spielt hier auf das 2. Buch Mose (Exodus) an: den Exodus, in dem beschrieben wird, wie die Israeliten das goldene Götzenbild eines Kalbs anbeten.[95] Wir kommen darauf noch zu sprechen.

Dieser *Flegetanis* war also der Sohn eines Mannes namens Salomo und stammte aus einer jahrhundertealten jüdischen Familie, deren

Vorfahren bis weit vor die Geburt Christi und wahrscheinlich bis zum Bau des Tempels Salomos zurückreichen.[96] Toledo war den moslemischen Mauren durch die Reconquista entrissen worden. Nur so kann erklärt werden, warum Wolfram Flegetanis noch als Heiden bezeichnet, obwohl seine Vorfahren das goldene Kalb anbeteten. Vielleicht studierte Wolfram aber auch eine alte jüdische Handschrift in arabischer Sprache mit dem Titel *felek thâni*, was so viel wie »die äußere Sphäre« bedeutet. Die Juden von Toledo gebrauchten stets die arabische Sprache sowohl für religiöse Texte als auch für Urkunden.[97]

Selbst wenn Flegetanis nur eine Erfindung ist, so zeugt das Wissen Wolframs über das Judentum in der spanischen Stadt Toledo vom 11. bis 13. Jahrhundert, das in seinem Werk offenbar wird, von einer erstaunlichen Gelehrsamkeit. Darüber hinaus sprechen die vielen Namensverschlüsselungen dafür, dass Wolfram zumindest über einen jüdischen Gewährsmann verfügte, der ihn mit Informationen über das Geheimnis des Grals versorgte – vielleicht auch aus der Schrift *felek thâni*. Christians *Perceval* wie auch Wolframs *Parzival* basieren demnach teilweise auf wahren Begebenheiten. Sie sind wie eine dramatische Mischung aus *Fact* und *Fiction*.

Doch warum sollte ein fränkischer Dichter und Ritter jüdische Allegorien für das Geheimnis des Grals in seinem Text in Form der Gralskönigin *Repanse de Schoye* und anderer Namen unterbringen? Eben weil Wolfram in seinem Nachwort darauf hinweist, dass Christians von Troyes Geschichte des Grals »nicht recht sei«, ist anzunehmen, dass er sich über den jüdischen Gehalt dieser Erzählung bewusst war. Entgegen der Annahme, dass es sich bei Christians von Troyes *Perceval* und Wolframs von Eschenbach *Parzival* um Adaptionen von keltisch-christlichen Mythen handelt, sind die jüdischen Spuren keineswegs zufällig – und nicht übersehbar.

Zunächst ist Wolframs *Parzival* in seiner Erzählstruktur ähnlich konzipiert wie Christians *Perceval*. Es gibt eine zweigeteilte Handlung um die Abenteuer des Perceval/Parzival und des Ritters Gawain/Gauwain. Auch bei Wolfram ist Gawain ein edler Ritter, der von Beginn an mit allen höfischen Tugenden ausgestattet ist. Parzival ist – wie Perceval – ein Sohn von ritterlich-adeliger Abstammung. Was Christian von Troyes vermissen lässt, wird von Wolfram von Eschenbach bis zum Äußersten betrieben: die Einführung neuer Namen und Personen. So nennt Wolfram von Eschenbach Parzivals Vater Gahmuret, der vom Grafengeschlecht von Anjou abstammt – vielleicht eine Anspielung auf Christians von Troyes Auftraggeber für den Roman *Perceval* – Philipp von Flandern, der ein Enkel von Fulko V. von Anjou, dem zukünftigen König von Jerusalem und inoffiziellen Templer, war. Gahmuret reitet hinaus, um Ruhm und Ehre zu erlangen. Er begibt sich in den heutigen Irak und nach Arabien und ficht dort furchtlos blutreiche Schlachten. Er verliebt sich in die dunkelhäutige Schönheit Belakane, der Königin von Sasamanc. Gahmuret zeugt mit ihr einen Sohn, Feirefiz, dessen Haut elsternfarbig gescheckt ist, vielleicht infolge einer Pilzkrankheit oder einer Hautpigmentstörung, wie sie heutzutage ebenso gelegentlich beobachtet wird. Als Gahmuret ins Abendland zurückkehrt, erliegt er jedoch den Verführungen der Herzeloyde, der Königin von Wales. Sie ist Parzivals Mutter, die – wie bei Christian von Troyes – den naiven Jungen nicht ziehen lassen will und aus Gram über den Verlust des letzten Sohnes stirbt.[98] Der namenlose Ritter in Christians von Troyes Manuskript, der Parzival in Wolframs Werk in höfischer Kultur und ritterlicher Kampfeskunst unterweist, heißt nicht Gornemant de Goort, sondern Gurnemanz. Ihm verdankt Parzival sein Überleben im Ritterkampf.

Als Parzival an einen See gelangt und von einem edel gekleideten Fischer erfährt, dass im Umkreis von dreißig Meilen keine Herberge zu finden sei, lässt auch Wolfram von Eschenbach den Fischer den Weg zu seinem Haus weisen, das sich als die Gralsburg herausstellt. Jedoch ist der Fischer selbst der König und Herr der Gralsburg – bei Christian von Troyes war der Hausherr der Sohn des Fischerkönigs.

Wolfram nennt die Gralsburg *Munsalvaesche*. Sie hat viele Türme, einen Tempel und einen angrenzenden Palast.[99]

Diese Beschreibung ist nahezu identisch mit der Architektur der Tempelritter, die ihre Häuser ebenfalls an Rundkirchen angliederten.[100] Christian von Troyes hingegen gab der Gralsburg keinen Namen. Germanisten wie Mediävisten gleichermaßen rätseln seit Langem darüber, was *Munsalvaesche* bedeuten könnte. Möglicherweise ist es eine Verschlüsselung der Burg *Wildenberg*, die sich aus Mun (Berg) und Sauvage (roh oder wild) herleitet.[101] *Wildenberc* nennt Wolfram diese Burg, deren Ruinen sich heute noch im Odenwald finden lassen und wo der Legende nach ein Teil des Parzival entstanden sein könnte. Wenn jedoch Wolfram die Burg *Munsalvaesche* im *Parzival* bereits Wildenberc nennt, gibt es keinen Grund, diesen Namen mit Munsalvaesche zu kodieren. Im Zuge der jüdisch-talmudischen Interpretation des Parzival, die sich bei der Lektüre aufdrängt, ist es sinnvoll, davon auszugehen, *Munsalvaesche* mit *Mont des saintes vaches* zu übersetzen: Berg der heiligen Kühe. König Salomo ließ seinen Tempel in Jerusalem auf dem Jerusalemer Tempelberg – *Har haBait* – errichten. Eindeutig wäre das wieder eine Anspielung Wolframs auf das Judentum und sogar auf den Tempel Salomos: Das Buch der Könige berichtet, dass im Hof des Tempels ein Becken aus gegossener Bronze für rituelle Waschungen der Hohepriester stand, das von zwölf Rindern getragen wurde. Auf den ersten Blick scheint es unsinnig zu sein, in Frankreich nach einem Berg mit heiligen Kühen zu suchen. Jedoch werden wir sehen, dass Wolfram ein aufmerksamer Beobachter war und seine Schilderungen im Parzival in verschlüsselter Form mehr Wahrheit enthalten, als wir glauben. Tatsächlich existiert in Frankreich ein Berg der heiligen Kühe.

Doch was haben all diese verschlüsselten jüdischen Anspielungen in *Perceval* und *Parzival* zu bedeuten? Sehen wir uns Wolframs *Parzival* genauer an: Die Gralsburg wird von einer tapferen Schar bewacht, die Wolfram von Eschenbach als *Templeise* bezeichnet.[102] Gewiss hatte er bei dieser Beschreibung den Templerorden im Sinn, jene Mönchsritter, die Bernhard von Clairvaux in seiner Lobrede *De laude novae militiae* anpries. So bestätigt die Wandlung des Parzival, der sich von einem tumpen Einfaltspinsel zu einem im Kampf erfahrenen Ritter entwickelt, der Gott durch den Gral erkennt, dass sich Christian von Troyes und Wolfram von Eschenbach mit den Glaubensgrundsätzen der Zisterzienser und des Templerordens beschäftigt haben oder gar mit ihnen in Kontakt gewesen sein müssen. Wolfram wird als Ritter die Templer als das Idealbild seiner Zeit angesehen haben, denn er bereiste das Heimatland seines Arbeitgebers, Hermann I. Thüringen, wo die Templer Häuser und Komtureien unterhielten.[103]

Die Kunde, dass die Templer um Hugo von Payns in Jerusalem offensichtlich nach einer verschollenen Reliquie gesucht haben, wird zu ihm über den Templergründer Graf Hugo I. von Champagne, dessen Neffen Theobald II., Marie von Champagne und schließlich Christian von Troyes durchgedrungen sein. Demzufolge wird Parzival nach der Erlangung der Erkenntnis über die Natur des Grals ebenfalls zum Templeise und zum Herrn über den Gralstempel – ähnlich einem Abt, der über eine Abtei wacht.[104]

Die Templeise bewachen den Gral in einem viereckigen Raum ohne Fenster, den Wolfram am Ende des Werks erstmals als »tempel« bezeichnet. Er bezieht sich offensichtlich auf den dreigeteilten Salomonischen Tempel von Jerusalem. Der »tempel« gleicht der Beschreibung einer Krypta, also einer unterirdischen, fensterlosen Unterkirche, die nur in Sakralbauten wie etwa Kathedralen zu finden ist. Wolframs Skizze der Gralsburg *Munsalvaesche* auf dem Berg ist also nichts anderes als eine allegorische Darstellung des Salomonischen Tempels von Jerusalem – jenes Tempels, auf dessen Ruinen die ehemalige Al-Aqsa-Moschee errichtet wurde und die Hugo von Payns und seinen Gefolgsleuten als Hauptquartier diente.[105] Doch mit einem großen Unterschied: Das Jerusalem, das Christian und Wolfram beschreiben, befindet sich in Europa, genauer: in Nordfrankreich, dem Land der großen gotischen Kathedralen.

Wie ist der Gral in Wolframs von Eschenbach *Parzival* beschaffen? Der Fischerkönig, der Parzival den Weg zur Burg weist, stellt sich als der Gralskönig namens Anfortas heraus, der, im Kampf durch eine Lanze *an der Seite* verwundet, seit Jahren dahinsiecht. Nur durch die Nahrung, die der Gral spendet, und den Glauben an Gott wird er am Leben erhalten. Anfortas ist Parzivals Onkel. Die an ihrer Spitze blutende Lanze, die Wolfram beschreibt, wird in einer Prozession von einem Knappen in den Saal hereingetragen. Sodann stellen vier schöne Frauen einen Tisch mit einer hauchdünnen Steinplatte aus Granathyazinth vor den Burgherrn, der davon seine Speise isst, »um seiner Pracht willen«. Es folgen zwei Fürstinnen, die zwei silberne Messer hereintragen und auf der Tafel ablegen. Nachdem zahlreiche Frauen die Tafel decken, erscheint die jungfräuliche Königin und »von ihrem Antlitz ging ein Schein aus, dass alle meinten, es beginne zu tagen«.[106] Wolfram beschreibt dann erstmals den Gral. Auf grüner Achmardiseide trägt die Gralskönigin

»des Paradieses Vollkommenheit« herein. Wurzel sei es und zugleich Reisig. »Er heizet lapsit exillîs«, schreibt Wolfram, »der Stein ist ouch genant der grâl.«[107] Der Gral musste von reiner, unschuldiger Hand verwahrt werden: von der jungfräulichen Gralskönigin Repanse de Schoye.

Der Gral ist also ein Stein, besteht aber auch aus Holz – daher Wurzel und Reisig. Wolfram scheint alles andere als ein ahnungsloser Tor gewesen zu sein. Er war mit Sicherheit des Lateinischen mächtig. »Stein« bedeutet »lapis«. Eine populäre Interpretation unter Germanisten und Philologen für Wolframs Beschreibung »lapsit exillîs« ist »lapis ex coelis«, demnach »Stein, der vom Himmel gefallen ist«. Für diese Übersetzung gibt es jedoch keine Berechtigung, denn »lapis exillîs« kann nur wortwörtlich interpretiert werden. Wolframs Bezeichnung des Grals mit »lapsit exillîs« bedeutet daher »dünner« oder »magerer Stein« (lapis exilis). Unter Berücksichtigung der zuvor herauskristallisierten jüdischen Attribute der Gralsgeschichte besteht der Heilige Gral also aus einer dünnen Steinplatte.

Doch wie kann eine Steinplatte unbegrenzt Nahrung spenden? Wie wir gesehen haben, hat der Gral nicht im Geringsten etwas mit dem Mythos eines Bechers zu tun – jenes vermeintlichen Kelchs des Adeligen Joseph von Arimathäa, mit dem er nach Jesu Kreuzigung dessen Blut aufgefangen haben soll.[108] Gegen die Kelch-Interpretation spricht allein die einfache Tatsache, dass weder Christian von Troyes noch Wolfram von Eschenbach den Heiligen Gral als Kelch beschreiben. Christian bezeichnete den Gral als *ein heiliges Ding*. Erinnern wir uns daran, dass Wolfram von Eschenbach »den Meister« Christian von Troyes einen Narren schalt, der in seiner Geschichte nicht ganz die Wahrheit gesagt hat. Der Gral – dessen Bezeichnung vom altfranzösischen Wort »grêle« für »dünn« oder »mager« abstammt[109] – scheint eine dünne Steinplatte zu sein, die durch einen Behälter aus Holz geschützt wird, der wiederum von purem, strahlendem Gold überzogen ist.[110] Wolfram nennt dieses Holz *Wurzel* und *Reis*.

Gott spricht im Parzival durch den Stein zu einer auserwählten Schar: Das Innewohnen Gottes in seinem auserwählten Volk, seine Anwesenheit, wird im Judentum *schechinah* genannt. Gott wohnte im Tempel von Jerusalem, in dem König Salomo die Bundeslade unterbringen ließ. Diese Lehre war in der Champagne und in Troyes bereits durch die Talmudschule von Rabbi Raschi am Ende des 11. Jahrhunderts auch unter Christen sehr bekannt. Die *schechinah*, Gottes Gegenwart, manifestierte sich im Tempel Salomos; sie zeigte sich in Gestalt der Bundeslade, die die mosaischen Gesetzestafeln mit den Zehn Geboten, den Aaronstab und den Manna-Krug enthielt. Der Beschreibung aus *Perceval* und *Parzival* nach zu urteilen, ist daher »lapsit exillîs« etwas durch und durch Jüdisches: Die Gesetzestafeln mit den Zehn Geboten, die Mose auf dem Berg Horeb von Gott erhielt und die von den Israeliten in der Bundeslade umhergetragen wurden.[111] Gott wohnt im Gral im Sinne der jüdischen *schechinah* und in der Gralsgemeinschaft der Templeise.[112]

Wie in Christians von Troyes *Perceval* muss auch bei Wolfram von Eschenbach sein Protagonist Parzival die erlösende Frage stellen, für wen der Gral all den Überfluss an Nahrung spendet. Der biblischen Überlieferung zufolge enthielt die Bundeslade die Steintafeln mit den Zehn Geboten Gottes, die Mose nach der Zertrümmerung erneut anfertigte. Ferner enthielt sie den Aaronstab, einen grünenden Zweig, der anzeigte, dass der Stamm der Levi für das Amt der Hohepriester auserwählt war, sowie einen Krug mit Manna.[113] Die Israeliten aßen das Manna, als sie vierzig Jahre durch die Wüste Sinai irrten, auf der Suche nach dem gelobten Land – wir kommen im nächsten Kapitel darauf zurück. Das himmlische Manna entspricht der Speise, die der Gral in unbegrenzter Menge der Gralsgesellschaft der Templeise – den Templern – bereitstellt.

Am Ende gelingt es Parzival, die erlösende Frage zu stellen, wen der Gral nährt – und Anfortas wird geheilt. Parzival erfährt, dass er der Gralshüter ist. Sein Halbbruder, der Heide Feirefiz, kann den Gral nur sehen, wenn er getauft wird.[114] Feirefiz muss sich zu den Geboten Gottes bekennen, um Gott – und daher den Gral – sehen zu können.

Parzival und Bernhard von Clairvaux

Nun stellt sich die Frage, ob Parzival wirklich existierte. Untersuchen wir den Namen *Perceval/Parzival* etwas genauer. Aus sprachwissenschaftlicher Sicht ist der Name Perceval ein Kompositum aus *perce* und *val* und bedeutet »durch das Tal hindurch«. Perceval würde im Nominativ *Perceaux* geschrieben, wäre also dem Begriff »Clairvaux« – helles Tal – sehr ähnlich.[115] Es ist auch bezeichnend, dass *Perceval* im Altfranzösischen gleichbedeutend ist mit *Claraval*, also Clairvaux.[116]

Wenn sich der Zisterzienserabt Bernhard als Gralshüter sah, der in seiner Lobrede die Templer zur Reliquiensicherung in Jerusalem aufrief, dann ist es sinnvoll zu vermuten, dass der Templerschatz aus der Bundeslade mit den göttlichen Gesetzestafeln bestand. Parzivals Onkel Anfortas wäre demnach niemand Geringeres als Andreas von Montbard, der mit Hugo von Payns den Templerorden gründete. Der fünfte Templergroßmeister Andreas von Montbard war Bernhards Onkel.

Und wenn wir die Familie Parzivals näher in Augenschein nehmen, stellen sich ebenso interessante Erkenntnisse ein: Parzivals Tante Schoysiane heiratet einen gewissen Kyot von Katelangen. Katelangen wurde fälschlicherweise stets als Katalonien in Spanien identifiziert. Gemeint ist hier jedoch *Katalaunien*. Auf den katalaunischen Feldern fand 451 n. Chr. die Schlacht der Westgoten gegen die Hunnen statt – sie befinden sich in der Champagne zwischen Châlons und Troyes. Der Städtename von Châtillon leitet sich von den katalaunischen Feldern ab. In Fontane, in unmittelbarer Nähe von Châtillon, wurde Bernhard von Clairvaux geboren. Wolframs Ortsbezeichnungen im Parzival sind daher eher im Osten und Norden Frankreichs zu suchen, schon deshalb, weil Christians von Troyes Fassung seine Hauptinspirationsquelle war. Wenn Perceval gleichdeutend ist mit Bernhard von Clairvaux und Anfortas dem Templergründer Andreas von Montbard entspricht, dann ist *Kyot von Katelangen* niemand Geringeres als Hugo von Payns. Und wie wir bereits gesehen haben, bezeugen überlieferte Urkunden der Abtei Molesme, dass Hugo von Payns mit der Familie Montbard verwandt war.

Halten wir fest: Wolfram von Eschenbach fing mit seinem Werk *Parzival* die Wirklichkeit seiner Zeit ein.[117] Sein Vorbild scheint Bernhard von Clairvaux gewesen zu sein. Geradezu faszinierend erscheint eine weitere Tatsache in diesem Zusammenhang: Die Abtei Clairvaux hütete die größte Ansammlung an Kreuzes- und

Herrenreliquien der Christenheit.[118] Noch im Jahre 1504 zählte man 142 Reliquien.[119] 1135 bedankt sich Bernhard von Clairvaux beim Patriarchen von Jerusalem für den Erhalt eines Fragments vom Kreuz Christi.[120] 1164 gelangte durch den Tempelritter Artaud eine Kreuzesreliquie ins Kloster Clairvaux. Sie war Bestandteil eines gold- und edelsteinverzierten Schreins mit mehreren Reliquien, die der König von Jerusalem spendete.[121] Als Artaud 1205 in Clairvaux eintrat, spendete er weitere Reliquien, andere Templer taten es ihm gleich. Bernhard von Clairvaux, aber auch nachfolgende Äbte, legten großen Wert darauf, den Reliquienschatz von Clairvaux ständig zu erweitern. So befand sich die Lanze des Longinus ebenfalls im Besitz der Abtei – jene Lanze, die der biblischen Überlieferung nach der römische Legionär Longinus dem gekreuzigten Jesus Christus in die Rippen stieß, um sich vom Tod des Heilandes zu überzeugen.[122] In Bezug auf die Gralssage ist dies besonders interessant, denn wir erinnern uns, dass Parzivals Onkel Anfortas mit einer Lanze an der Seite verletzt wurde – wie einst Jesus durch die Lanze des Longinus..

Im Zisterzienserinnenkloster Lichtenthal existierte ein einzigartiger, 16,6 cm x 11,6 cm x 15 cm großer Kasten mit reicher Ikonografie, der von Löwenfiguren getragen wird, die den Stamm der Judäer darstellen. In der Stiftungsinschrift des Schreins ist das Wort *Arca* verewigt – ein eindeutiger Bezug auf die Bundeslade der Israeliten, denn in der lateinischen Bibel Vulgata wird sie als *Arca Foederis*, Bundeslade, bezeichnet. Heute ist der Kasten aus den ersten Jahren des 14. Jahrhunderts in der Pierpont Morgan Library in New York zu bewundern. Das Lichtenthaler Kästchen ist ein Beleg dafür, dass die Zisterzienser der Bundeslade größte Bedeutung beimaßen.

Aber selbst Philipp von Flandern, der Arbeitgeber Christians von Troyes, war im Besitz einiger wertvoller Reliquien, etwa der Jesus-Krippe, des Schwammes, Teilen des Christuskreuzes, auch einer Phiole mit dem Blut Christi.[123] So wurden nach Philipps Tod im Jahre 1191 sein gesamter Reliquienschatz wie auch seine sterblichen Überreste nach Clairvaux übertragen. Während der Französischen Revolution wurden viele Schätze vernichtet – falls sie nicht teilweise vorher an einen anderen Ort gebracht worden sind.

Nach all diesen Erkenntnissen ist es offensichtlich, dass sich Christian von Troyes und Wolfram von Eschenbach von echten Reliquien im Kloster Clairvaux inspirieren ließen. Falls die *Templeise* im Besitz des »grâl« – also möglicherweise der Bundeslade mit den steinernen Gesetzestafeln – waren, dann dokumentierten Christian von Troyes und Wolfram von Eschenbach mit ihren höfischen Versromanen *Perceval* und *Parzival* ein tatsächliches geschichtliches Ereignis.

Das Wissen über den Schatz der Templer wurde über das Grafenhaus von Champagne an Christian von Troyes und schließlich Wolfram von Eschenbach weitergereicht. Das Wirken des Bernhard von Clairvaux, dessen Werke bereits im 12. Jahrhundert ins Altfranzösische übertragen wurden, war daher der Auslöser für die literarische Ausprägung der Gralssage.[124]

Zurück nach Troyes, zurück in die Gegenwart. Ich gehe meine Notizen und die neuen faszinierenden Erkenntnisse durch:

- Christians von Troyes *Perceval* und Wolframs von Eschenbach *Parzival* sind mittelalterliche, literarisch ausgeschmückte Dokumentationen eines wahren historischen Ereignisses.
- Ausgehend von der Templergründung um Hugo von Payns, Andreas von Montbard und ihre Gefolgsleute wurde das Wissen über einen Templerschatz über das Grafenhaus der Champagne an Christian von Troyes und Wolfram von Eschenbach weitergereicht.
- Katelange ist nicht das spanische Katalonien, sondern sind die katalaunischen Felder (Katalaunien) unweit von Troyes.
- Marie von Champagne, eine Nachfahrin des Templergründers Graf Hugo I. von Champagne, war die Tochter von König Ludwig VII.
- Perceval (Parziveaux) und Clairval (Clairvaux) sind grundsätzlich bedeutungsähnlich.
- Anfortas ist der Templergründer und Onkel Bernhards, Andreas von Montbard.
- Hugo von Payns ist gleichbedeutend mit Kyot von Katelangen.
- Die Tatsache, dass Frauen zu den auserwählten Gralshütern zählen, allen voran Repanse de Schoye, deutet darauf hin, dass der

Orden der Zisterzienser gemeint ist, der als erster Orden auch Frauen aufnahm. Hier sticht das Kloster Acey hervor.

- Wolframs Beschreibung des Grals als Stein weist frappierende jüdisch-talmudische Attribute der Bundeslade mit den mosaischen Gesetzestafeln auf.
- Die Darstellung der *Templeise*, einer auserwählten Gralsbruderschaft und Kodierung für die Templer, gleicht der jüdischen *schechinah*, der Gegenwart Gottes.
- Die Gralsburg *Munsalvaesche* mit ihrem Tempel als Aufbewahrungsort des Grals gleicht der Templerarchitektur. Sie weist starke Charakteristiken von einer Kathedralenkrypta auf und könnte mit *Berg der heiligen Kühe* im Sinne des Salomonischen Tempels übersetzt werden: Im Hof des Salomonischen Tempels trugen zwölf Ochsen das aus Bronze gegossene *eherne Meer* für die rituellen Waschungen der Hohepriester.
- Der Ursprung der Gralssage liegt bei *Perceval* und *Parzival* in der Champagne: also in Nordfrankreich. Die Gralsburg *Munsalvaesche* befindet sich im Norden oder Nordosten Frankreichs – daher vermutlich auch der Schatz der Templer.

Ich klappe mein Notizbuch zu und denke nach. Falls die Templer um Hugo von Payns unter dem Tempelberg von Jerusalem die Bundeslade fanden, dann müssen sie vorher umfangreiche Recherchen durchgeführt und den Talmud- und Tora-Gelehrten in Troyes besonderes Vertrauen geschenkt haben. Einheimische werden ihnen nicht geholfen haben angesichts des Massakers der Kreuzritter von 1095. Sie waren vielmehr inkognito unterwegs.

Ich frage an der Kasse, ob es irgendwo einen Hotspot gibt, damit ich im Internet recherchieren kann. Der Besitzer nennt mir den WiFi-Code. Ich nehme direkt an der Bar Platz und packe mein Notebook aus. Ich muss wissen, ob die Bundeslade aus archäologischen Gesichtspunkten überhaupt existierte. Was ich herausfinde, übertrifft meine Erwartungen.

III. Die Lade Gottes

»Daz was ein dinc, daz hiez der Grâl,
erden wunsches überwal.
Repanse de schoy si hiez,
die sich der grâl tragen liez.
der grâl was von sölher art:
wol muoser kiusche sîn bewart,
die sîn ze rehte solde pflegn:
die muose valsches sich bewegn.«

Parzival, 235, 23–30
— Wolfram von Eschenbach

1. Der Bund mit Gott

Die Geschichte der Bundeslade beginnt mit Mose, dem Gott in Ägypten im brennenden Dornenbusch erscheint.[125] Gott trägt ihm auf, das Volk Israel aus Ägypten ins Land der Kanaaniter, Hetiter, Amoriter, Perisiter, Hiwiter und Jebusiter zu führen – kurzum, ins Land, das heute als Israel bezeichnet wird. Über 430 Jahre haben die Israeliten gemäß des 2. Buch Mose in Ägypten verbracht, um den Pharaonen als Sklaven zu dienen.[126] Jetzt ist es an der Zeit, der Gewaltherrschaft zu entkommen. Als Mose fragt, warum ausgerechnet er das Volk führen soll, antwortet Gott, dass er das Geschrei der gequälten Sklaven des ägyptischen Pharaos vernommen und beschlossen habe, es zu seinem Volk zu machen. Gott wolle mit Mose sein. Als Mose nach Gottes Identität fragt, wird ihm offenbart: »Ich werde sein, der ich sein werde.« Andere Bibelübersetzungen nennen eine andere Bedeutung: »Ich bin, der ich bin.« So soll Mose zu den Israeliten sagen, JHWH, der HERR, offenbare sich ihnen.

Die Geschichtsschreibung ist sich heute noch immer nicht einig darüber, ob der Pharao mit Ramses II. identifiziert werden kann, der zwischen 1295 und 1275 v. Chr. herrschte.[127] Die Zeit, in der Ramses II. herrschte, spricht jedoch dafür.[128] Mose redet mit dem Pharao und berichtet, dass sich der Gott der Hebräer ihm offenbart habe. Pharao Ramses II. zeigt jedoch die kalte Schulter. Er will die Hebräer nicht ziehen lassen, schließlich schuften sie für ihn unentgeltlich. Daraufhin bestraft Gott den Pharao und Ägypten mit neun furchtbaren Plagen. Doch der Pharao ist unbeeindruckt vom vergifteten Nil, der Froschinvasion, den Stechmücken und Stechfliegen, der Viehpest, den Blattern, dem Hagel, den Heuschrecken, ja, der erschreckenden Finsternis. Da lässt Gott eine letzte grausame Strafe auf Ägypten niederfahren: die Tötung aller Erstgeborenen, vom Pharaosohn bis zum Knaben der Magd. JHWH, der HERR, hält Strafgericht über alle anderen ägyptischen Götter.[129] Gott schlägt an Mitternacht mit aller Härte zu. Erst jetzt gesteht sich der Pharao seine Machtlosigkeit gegenüber dem einen Gott ein und bittet Mose und die Israeliten, sein Land schleunigst zu verlassen, auf dass die grausame Bestrafung Ägyptens durch

JHWH endlich ende. Die Israeliten ziehen am Passahfest hinaus in die Wüste Sinai.

Gott begegnet den Israeliten während des Auszugs aus Ägypten in mannigfaltiger Gestalt: als stürmische Wolkensäule am Tag, als feuriger Wirbelwind in der Nacht, »um ihnen zu leuchten, damit sie Tag und Nacht wandern konnten«. Als sie Hunger leiden und das Volk gegen Mose und Aaron meutert, lässt Gott Brot und Wachteln vom Himmel regnen – am Abend soll es Fleisch geben, am Morgen Brot. Das israelitische Volk nennt das Brot »Manna«, das aussieht wie »weißer Koriandersamen« und »wie Semmel mit Honig« schmeckt. Mose ordnet an, das Manna in einem Krug aufzubewahren, um es als Beweis für die Gegenwart Gottes für die nachkommenden Generationen zu erhalten.[130] Vierzig Jahre lang ernähren sich die Israeliten von dem Manna, vierzig Jahre irren sie durch die Wüste Sinai. Es ist ein langer, zermürbender Marsch. Gott schreitet den Israeliten voran, eingehüllt in ein metaphysisches Gewand der Naturgewalt, um ihnen den Weg zu weisen.[131] Er führt sie um das Land der Philister herum, um sie nicht durch den Anblick von Krieg und Gewalt zu demoralisieren, sondern leitet sie durch die Wüste zum Schilfmeer. Es scheint, dass Mose selbst nicht weiß, wohin der Weg führt. Es waren »sechshunderttausend Mann zu Fuß, die Kinder nicht gerechnet«.[132]

Sie erreichen das Sinai-Gebirge. Nun steht Mose nach all den Strapazen auf dem Berg Horeb. Am Fuße des Berges kampieren die zwölf Stämme des israelitischen Volkes.[133] Mose, vom Stamm Levi, hört die Stimme Gottes zu ihm aus dem Himmel hallen. Mose soll den Israeliten mitteilen, dass die Flucht aus Ägypten nur durch Gottes Hilfe gelang, er habe die Israeliten auf Adlerschwingen getragen. In anderen Worten: Ohne ihn wären sie nicht so weit gekommen und jetzt sollen sie gefälligst nicht murren, sondern weitergehen, bis sie das Land erreichen, in dem »Milch und Honig fließen«.[134] Aber Gott wird deutlicher, als er einen verführerischen Handel vorschlägt, den Mose und die Israeliten kaum ausschlagen können: »Werdet ihr nun meiner Stimme gehorchen und meinen Bund halten, so sollt ihr mein Eigentum sein vor allen Völkern; denn die ganze Erde ist mein. Und ihr sollt mein Königreich von Priestern und ein heiliges Volk sein. Das sind die Worte, die du den Israeliten sagen sollst.«[135]

Mose gehorcht, versammelt die Ältesten, berichtet von Gottes Angebot, und sie stimmen ihm zu. Man wolle tun, wie JHWH befehle. Von nun an sind die Israeliten das auserwählte Volk Gottes. Sie haben einen Bund mit JHWH geschlossen. Der Berg wird abgesperrt. Es sollen nur Mose und sein Bruder Aaron hinaufsteigen. Die Priester sollen sich hüten, auch nur ein Auge auf JHWH zu riskieren, denn Gott würde sie andernfalls zerschmettern.

Am dritten Tage offenbart sich Gott erneut. Rauch »wie in einem Schmelzofen« umhüllt den bebenden Berg, als Gott »im Feuer« herabfährt und ein tiefer Posaunenton durch die Wüste des Sinai donnert.

Mose klettert erneut auf den Horeb, Aaron bleibt unten. Mose spricht zu Gott, und der HERR antwortet. Er trägt ihm die Zehn Gebote auf: »Ich bin der Herr, dein Gott, der dich aus Ägyptenland, aus der Knechtschaft, geführt hat. Du sollst keine anderen Götter neben mir haben. Du sollst dir kein Bildnis noch irgendein Gleichnis machen, weder von dem, was oben im Himmel, noch von dem, was unten auf der Erde, noch von dem, was im Wasser unter der Erde ist: Bete sie nicht an und diene ihnen nicht!«

Gott droht unverhohlen: »Denn ich, der Herr, dein Gott, bin ein eifernder Gott, der die Missetat der Väter heimsucht bis ins dritte und vierte Glied an den Kindern derer, die mich hassen, aber Barmherzigkeit erweist an vielen Tausenden, die mich lieben und meine Gebote halten.«

Es folgen zivilisatorische Grundsätze, die heute noch Zutaten einer jeden demokratischen Gesellschaft bilden: Du sollst nicht töten, nicht ehebrechen, nicht stehlen, nicht falsch Zeugnis reden wider deinen Nächsten, nicht begehren deines Nächsten Haus, deines Nächsten Frau, Knecht, Magd, Rind, Esel noch alles, was dein Nächster hat.[136] Unterstrichen werden diese Worte von mächtigem Donner und Blitzen. Danach teilt Gott weitere Gesetze und Ratschläge mit: Wenn dir sechs Jahre ein hebräischer Sklave dient, soll er im siebten Jahr freigelassen werden. Wer einen Menschen erschlägt, der soll des Todes sein. Wenn ein Rind einen Menschen tötet, soll man es steinigen und nicht essen. Sechs Tage soll man seine Arbeit tun, aber am siebten Tage feiern. Und so weiter.

Doch Gott will diese Zehn Gebote schriftlich mitteilen, also beruft er Mose erneut auf den Berg Horeb. Sein Diener Josua begleitet ihn. »Komm heraus zu mir auf den Berg und bleib daselbst, dass ich dir gebe die steinernen Tafeln, Gesetz und Gebot, die ich geschrieben habe, um sie zu unterweisen.«[137]

Eine Wolke umhüllt den Gipfel sechs Tage lang. Am siebten Tag jedoch flammt Gottes Herrlichkeit in feurigem Schein auf. Mose tritt in die göttliche Wolke und bleibt vierzig Tage auf dem Gipfel des Berges. In dieser Zeit werden Mose grundlegende zeremonielle Kultgegenstände offenbart, die er und sein Volk für JHWH anfertigen sollen. Die Israeliten sollen JHWH ein Heiligtum errichten. Diese Anweisungen für das Heiligtum sollen Mose und sein Volk nach der Vorlage eines Bildes anfertigen, in dem Gott unter den Hebräern »wohnt«. Es folgt die exakte Beschreibung von der Konstruktion eines Kastens, in den die Zehn Gebote gelegt werden sollen:

»Macht eine Lade aus Akazienholz; zwei und eine halbe Elle soll die Länge sein, anderthalb Ellen die Breite und anderthalb Ellen die Höhe. Du sollst sie mit feinem Gold überziehen innen und außen und einen goldenen Kranz an ihr ringsherum machen. Und gieß vier goldene Ringe und tu sie an ihre vier Ecken, sodass zwei Ringe auf der einen Seite und zwei auf der anderen seien. Und mache Stangen von Akazienholz und überziehe sie mit Gold und stecke sie in die Ringe an den Seiten der Lade, dass man sie damit trage. Sie sollen in den Ringen bleiben und nicht herausgetan werden. Und du sollst in die Lade das Gesetz legen, das ich dir geben werde. Du sollst auch einen Gnadenthron machen aus feinem Golde; zwei und eine halbe Elle soll seine Länge sein und anderthalb Ellen seine Breite. Und du sollst zwei Cherubim machen aus getriebenem Golde an beiden Enden des Gnadenthrones, sodass ein Cherub sei an diesem Ende, der andere an jenem, dass also zwei Cherubim seien an den Enden des Gnadenthrones. Und die Cherubim sollen ihre Flügel nach oben ausbreiten, dass sie mit ihren Flügeln den Gnadenthron bedecken und eines jeden Antlitz gegen das des andern stehe; und ihr Antlitz soll zum Gnadenthron gerichtet sein. Und du sollst den Gnadenthron oben auf die Lade tun und in die Lade das Gesetz legen, das ich dir geben werde. Dort will ich dir begegnen, und vom Gnadenthron aus, der auf der Lade mit dem Gesetz ist, zwischen den beiden Cherubim will ich mit dir alles reden, was ich dir gebieten will für die Israeliten.«[138]

Gott kommuniziert durch die Bundeslade mit den Israeliten. Um Gott jedoch zu opfern, weist er Mose und die Israeliten an, einen Opfertisch für die Schaubrote, einen siebenarmigen Leuchter, einen Brandopferaltar und eine Stiftshütte als eine Art mobilen Tempel zu bauen. Diese Stiftshütte ist in einem rechteckigen, 46 Meter langen und 23 Meter breiten, zweigeteilten Vorhof untergebracht, die vom Lager der Israeliten durch einen Pfostenzaun mit Tierfellbehängen abgetrennt ist. Die Stiftshütte selbst ist 13,7 Meter lang und 4,6 Meter breit. Drei Wände sind aus Akazienholz gefertigt, über die Vorhänge mit gewebten Cherubim-Verzierungen befestigt werden. Ziegen-, Widder- und Dachsfelle dienen der Stiftshütte als Dach. In der Mitte des östlichen Teils des Vorhofes steht der Altar für die Brandopfer, im westlichen Bereich des Vorhofes befindet sich die Stiftshütte mit der Bundeslade. Hier herrscht demnach eine heilige Dreiteilung: Vorhof, Hauptraum, Allerheiligstes. Diese Unterteilung wird dadurch betont, dass die Gegenstände auf dem Vorhof aus Kupfer, im Heiligtum und dem Allerheiligsten hingegen aus Gold gefertigt sind. Im Hauptraum werden die goldenen Heiligtümer wie die Menora und der Schaubrottisch untergebracht. Zum Allerheiligsten hat nur der Hohepriester Zugang. Mose soll seinem Bruder Aaron mitteilen, dass er nun Gottes Priester sei. Demzufolge darf nur Aaron das 9,1 Meter lange und 4,6 Meter breite Allerheiligste betreten.[139]

Aaron und seinen Söhnen sollen besondere Gewänder angefertigt werden, die mit Gold, blauem und rotem Purpur und gezwirnter Leinwand verziert sind. Die Brusttasche von Aarons Gewand soll zwölf Edelsteine aufweisen, angeordnet in vier Reihen zu drei Steinen, für die zwölf Stämme Israels: Sarder, Topas und Smaragd; Rubin, Saphir und Diamant; Lynkurer, Achat und Amethyst; Türkis, Onyx und Jaspis.[140] Aaron und seine Söhne sollen diese spezielle goldbeschichtete Kleidung immer dann tragen, wenn sie das Heiligtum betreten und sich vorher im Bronzebecken waschen. Die Beschreibungen ergehen sich in ermüdenden Details, doch der Gedanke liegt nahe, dass solch exakte Daten und Instruktionen nur für ein

authentisches Ereignis in der biblischen Geschichte sprechen können – und keine Erfindung sind.

Gott teilt Mose mit, dass er die Künstler Bezalel vom Stamm Juda
und Oholiab vom Stamm Dan auserwählt habe, um die Bundeslade,
die siebenarmige Menora, den Schaubrottisch, den Räucheraltar,
den Brandopferaltar, das Bronzebecken für die Waschung, das Stiftszelt mit all seinen Utensilien für den Gottesdienst und die Gewänder
für Aaron und seine Söhne anzufertigen. Nach diesem Vortrag übergibt er Mose die Steintafeln mit den Zehn Geboten.

Nachdem Mose vom Berg Horeb hinabsteigt, muss er zu seiner
großen Enttäuschung feststellen, dass die Israeliten ein goldenes Kalb
anbeten. Sie hatten Aaron in Moses Abwesenheit gebeten, ein solches
Götzenbild zu erschaffen, weil sie JHWHs Weisungskraft misstrau-
ten und nach einem neuen Gott verlangten. Aus Wut über die Blasphemie zertrümmert Mose die Gesetzestafeln, lässt das goldene Kalb
einschmelzen und pulverisieren und den Israeliten als Trank einflö-
ßen, bevor er dreitausend von ihnen massakrieren lässt.[141]

Er schlägt abseits des Lagers ein Zelt auf, und zum Erstaunen der
Israeliten erscheint die Rauchsäule Gottes. JHWH, der HERR, spricht
abermals zu Mose, als dieser das Angesicht Gottes sehen will: »Mein
Angesicht kannst du nicht sehen; denn kein Mensch wird leben, der
mich sieht.«

Sodann weist Gott Mose an, zwei neue Gesetzestafeln zu hauen
und mit ihnen erneut den Berg Horeb zu erklimmen. Frühmorgens
erscheint Gott wieder und schließt mit Mose und den Israeliten einen endgültigen Bund. Als Mose mit den Gesetzestafeln zur Gemeinde hinabsteigt, glänzt die Haut seines Gesichts durch den Anblick Gottes. Er unterrichtet die Israeliten von den neuen Geboten.[142]
Das Buch Exodus berichtet nun von der Herstellung der Heiligtümer. Die Bundeslade wird von Bezalel angefertigt.[143]

Nachdem sämtliche Heiligtümer fertiggestellt sind, prüft Mose
die Arbeiten der Künstler, und er scheint hochzufrieden zu sein,
denn er segnet Bezalel, Oholiab und ihre Helfer. Das Stiftszelt für die
Bundeslade und alle Heiligtümer werden errichtet. Exodus 40,20 berichtet, wie Mose erstmals die Gesetzestafeln in die Bundeslade legt
und die übrigen Heiligtümer und Opfergaben so arrangiert, wie Gott
es befahl.

Plötzlich bedeckt die Wolke Gottes die Stiftshütte. Mose muss den Ort verlassen, weil die »Herrlichkeit des Herrn« in ihre Wohnstätte fährt. Immer wenn die Wolke sich von der Hütte hebt, brechen die Israeliten auf, um ihren Weg zum gelobten Land weiterzugehen. Wenn die Wolke sich senkt, verharren sie an Ort und Stelle. Bei Nacht verwandelt sie sich in eine Feuersäule.

Hier endet der Bericht über den Auszug der Israeliten aus Ägypten. Zugleich ist es der Beginn einer jahrtausendelangen Faszination für das rätselhafteste archäologische Artefakt der biblischen Geschichte.

Sehen wir uns die Bundeslade etwas genauer an.

2. Die Lade des Herrn

Der Beschreibung im Buch Exodus zufolge wies der göttliche Kasten die Dimensionen von 2,5 Ellen Länge, 1,5 Ellen Breite und 1,5 Ellen Höhe auf. Die königliche ägyptische Elle entsprach zur Zeit Mose fünf Handbreiten oder auch zwanzig Fingern, also einer Länge von circa 52,5 cm.[144] So war die Lade mit 131,25 cm Länge, 78,75 cm Höhe und 78,75 cm Breite nicht gerade ein handliches Ikea-Möbelstück und musste, wenn möglich, von vier starken und ausdauernden Männern auf den Schultern getragen werden.

Die Lade bestand vermutlich aus dem Holz der Acacia raddiana, wie sie vor allem in den steinigen, sandigen Wüstenböden des Nahen Ostens und insbesondere in der Wüste Negev und westlich des Toten Meeres vorkommt. Es handelt sich bei diesem Baum um eine Akazienart, die eine Höhe von bis zu acht Metern erreichen kann. Das Holz ist sehr widerstandsfähig gegenüber starken Temperatur- und Feuchtigkeitsschwankungen.[145] Der jüdische Geschichtsschreiber Flavius Josephus wird bei der Beschreibung des Holzes etwas genauer:

>»Man verfertigte ferner eine Lade aus starkem und fäulnisfreiem Holz, um sie Gott zu weihen. Diese Holzart heißt in unserer Muttersprache Eron. Die Lade war folgendermaßen

eingerichtet: Sie war fünf Spannen lang und drei Spannen hoch und breit. Von innen und außen war sie ganz mit Gold bekleidet, sodass man das Holz nirgends sehen konnte. Der Deckel aber war kunstvoll aus goldenen Platten zusammengefügt und so befestigt, dass er nirgends vorstand und überall gleichmäßig passte. An den beiden Längsseiten trug die Lade zwei goldene Ringe, die durch das ganze Holz gingen. Durch diese Ringe wurden vergoldete Stangen gezogen, sodass die Lade, sooft dies erforderlich war, von einem zum anderen Ort getragen werden konnte. […] Auf ihrem Deckel waren zwei Bilder angebracht, von den Hebräern Cherubim genannt, das sind geflügelte Tiere, wie sie nie ein Sterblicher lebendig gesehen hat.«[146]

Der Verfasser des Exodus-Buches verfügte über detailliertes Schreinerwissen, wie es nur von ägyptischen Kunsttischlern und Goldschmieden an den Höfen der Pharaonen gehütet wurde. Den Berichten zufolge werden sehr erfahrene Metallexperten bei der Herstellung der Lade mitgewirkt haben. Die vier Ringe für die Tragestangen wurden aus Gold gegossen. Sicherlich wurde ein anderes, etwas härteres Metall beigemischt, denn Gold allein ist recht biegsam. Denkbar wäre Messing, das bereits in Mesopotamien hergestellt wurde. Die Frage der Stabilität der Tragestangen ist eine rein physikalische Angelegenheit: Das Akazienholz musste so dick sein, dass

Bild 13: Leider ist dies nur ein Modell der Bundeslade.

damit ein Holzkasten von höchstens hundertfünfzig Kilogramm getragen werden konnte, ohne dass sich die Stangen durchbogen oder gar brachen. Eine sinnvolle Länge wäre demnach etwa 3,5 Meter gewesen.[147]

Die Bundeslade dürfte innen wie außen übergangslos mit geschlagenem Blattgold überzogen gewesen sein. Das Gold diente hauptsächlich als Isolationsschicht vor Feuchtigkeit und erst in zweiter Linie als Schmuck. Goldschläger bearbeiteten das Metall mit Hämmern so lange, bis es so dünn war, dass es der Schreiner in mehreren Schichten auf den Kasten auftragen konnte. Die Technik des Goldschlagens tauchte in Ägypten um 3000 v. Chr. auf. Bei den Maßen 130 x 80 x 80 cm kann diese Goldschicht nicht dick gewesen sein. Jedoch sind hier die Tragestangen und die Cherubim aus getriebenem Gold noch nicht eingerechnet. Die Lade war daher samt Tragestangen und Cherubim zwischen 180 und 250 Kilogramm schwer und nicht lange tragbar. Das hohe Gewicht und die Hitze in der Wüste hätten selbst vier starke Männer nach wenigen hundert Metern in die Knie gezwungen. Daher ist anzunehmen, dass die Bundeslade von Ochsen auf einem Karren gezogen wurde. Die Tragestangen dienten dazu, den goldenen Kasten vom Karren abzuladen. Die geringe Dicke des Goldes böte dennoch ausreichend Isolation etwa vor harten Stößen des Holzes. Die Wahl des Akazienholzes lässt darauf schließen, dass die Lade konstruiert wurde, um einen sehr langen Zeitraum zu überdauern. Flavius Josephus betont, dass das Holz fäulnisfrei gewesen sei. Akazienholz überdauert unter Wasser mindestens fünfhundert Jahre, bei trockenem Klima mehr als 1500 Jahre. Wenn das Holz durch Gold isoliert ist, dürfte die Haltbarkeit bei vielen tausend Jahren liegen.

Vieles spricht dafür, dass die Bundeslade der Israeliten durch die ägyptische Kunst inspiriert wurde: Im November 1922 entdeckte der Archäologe Howard Carter das Grab des Königs Tutenchamun. Neben dem Sarkophag und den vielen Grabbeigaben und Schätzen fand Carter in der Vorkammer auch einen hölzernen Kasten mit Tragestangen.[148] Die Truhe aus dem Grab des Tutenchamun ist kleiner als die biblische Bundeslade, aber von ihrer Bauart vergleichbar; sie enthielt Stein- und Glasgefäße, Keramik, vier bemalte Platten aus Kalkstein, Steinmesser und Überreste organischer Materialien. Unterhalb des Kastens sind Leisten mit Bronzeringen befestigt, durch die Tragestangen gezogen wurden, um das Gewicht beim Transport auf vier Personen zu verlagern. Die Truhe hat einen Giebeldachdeckel, ist an den Seiten mit Blattgold abgesetzt und aus dunklem Zedernholz gezimmert. Das Holz der Zeder ist zwar nicht so widerstandsfähig wie Akazienholz, dennoch überdauerte der Kasten aus dem Grab des Tutenchamun die Jahrtausende – sehr wahrscheinlich, weil das Grab des Tutenchamun seit seiner Versiegelung vor mehr als 3200 Jahren unberührt und luftdicht verschlossen war. Stellen wir uns nun vor, dass die Bundeslade mit einigen Schichten Blattgold überzogen war, so dürfte die Lade bis heute mühelos unversehrt geblieben sein.

Gott wies Mose an, auf dem Deckel – *kapporet* – der Bundeslade, dem so genannten Gnadenthron, zwei Cherubim anbringen zu lassen. An jedem Ende befinden sich daher zwei Mischwesen mit Löwenkörpern und Adlerschwingen. Ihre Flügel sind nach oben ausgebreitet und bedecken den gesamten Gnadenthron, wobei ihre Gesichter einander zugewandt sind. Das Wort Cherubim stammt aus dem babylonischen Sprachraum und leitet sich vom assyrischen Wort »ilu kāribu« ab, was so viel wie »geflügelter Bulle« bedeutet und ein himmlisches Wesen ist, das die Gebete des Menschen an die Gottheit weiterleitet. Ein Cherub ist also ein geflügelter Sendbote mit einem Stierkörper, wobei nicht sofort ersichtlich ist, ob die Cherubim entweder löwen- oder adlergesichtig sind.[149] Für den Talmud-Kommentator Rabbi Raschi aus Troyes standen sich auf dem Gnadenthron der Bundeslade zwei Mischwesen gegenüber, die jeweils ein Adler- und ein Löwengesicht aufwiesen.[150] Zwischen ihnen manifestierte sich Gott über dem Gnadenthron.

Die Cherubim sind als polytheistische Überreste zu interpretieren, die Mose auf der Bundeslade anbringen ließ, um die Abtrünnigen unter den Israeliten, die während seiner Abwesenheit das goldene Kalb anbeteten, zu besänftigen. Man kann dies als Hinweis dafür werten, dass die Einführung des Gottes JHWH unter den Israeliten keineswegs so reibungslos und schnell verlief. Die Entwicklung des Glaubens von der Vielgötterei zum Monotheismus und der Ehrerbietung eines einzigen Schöpfers und allmächtigen Herrschers über das Universum wird sich über Jahrzehnte oder gar Jahrhunderte hingezogen haben. Die Cherubim auf der Bundeslade waren mithin ein Kompromiss zwischen Polytheismus und Monotheismus.

Nichts ist weiter bekannt über die innere Verzierung der Bundeslade. Wir wissen nicht, ob sie Schnitzereien oder Gravuren oder sonstige ikonografische Kennzeichen aufwies, die uns weitere Rückschlüsse erlauben würden, denn die Bibel schweigt dazu. Um jedoch die Steintafeln während des Transports vor Erschütterungen zu schützen, ist anzunehmen, dass die Lade von innen durch Stoffballen oder Felle gepolstert war, auf denen die steinernen Gesetzestafeln ruhten. Der Deckel wird durch Scharniere mit der Truhe befestigt gewesen sein, um zu verhindern, dass der Gnadenthron durch eine Verlagerung des Gewichts zu Boden fällt.

In Büchern des Alten Testaments tauchen weitere interessante Hinweise auf. So lesen wir im 4. Buch Mose (Numeri) 17,24, dass Moses' Bruder Aaron den grünenden Stab vor die Bundeslade stellte. Zuvor war Aaron durch Mose zum Hohepriester ernannt worden.[151] Aarons Auserwähltheit zeigte sich, als die Vertreter der zwölf Stämme Israels zwölf Stäbe auf die Bundeslade legten. Nur der Stab Aarons grünte – das Zeichen für die göttliche Aufgabe des Stammes Levi.[152] Gemäß dem Hebräerbrief des Neuen Testaments wurden der Mannakrug, der Aaronstab und die Gesetzestafeln jedoch *in* der Lade aufbewahrt.[153]

Ob Bezalel oder Mose selbst die Lade anfertigte, ist unklar, denn das 5. Buch Mose (Deuteronomium) berichtet:

»So machte ich eine Lade aus Akazienholz und hieb zwei steinerne Tafeln zu, wie die ersten waren, und ging auf den Berg und hatte die beiden Tafeln in meinen Händen. Da schrieb er auf die Tafeln, wie die erste Schrift war, die Zehn Worte, die der HERR zu euch geredet hatte mitten aus dem Feuer auf dem Berge zur Zeit der Versammlung; und der HERR gab sie mir. Und ich wandte mich und ging vom Berge herab und legte die Tafeln in die Lade, die ich gemacht hatte, und sie blieben darin, wie mir der HERR geboten hatte.«[154]

An dieser Bibelstelle tritt eine nicht unerhebliche Unstimmigkeit darüber zutage, wer der Verfasser der fünf Bücher Mose überhaupt war. Der jüdische Talmudkommentator Moses Maimonides ging im

12. Jahrhundert davon aus, dass Mose selbst der Verfasser der Zeilen sei. Maimonides glaubte, dass die Torah die heilige Wahrheit sei, an der nicht gerüttelt werden könne.[155] Dagegen spricht die Geschichte, die Moses' Tod beschreibt – denn wie kann ein Toter über sein eigenes Ableben schreiben? Diese Diskrepanz ist sehr frappierend, wenn man sich die folgenden Zeilen vor Augen hält: »Danach starb Mose, der Knecht des Herrn, dort in Moab, wie es der Herr bestimmt hatte. Man begrub ihn im Tal, in Moab, gegenüber Bet-Pegor. Bis heute kennt niemand sein Grab. Mose war 120 Jahre alt, als er starb.«

Wir stellen in erster Linie fest, dass die Bibel aus verschiedenen Quellen zusammengestellt wurde, die einen biblischen Sachverhalt aus mehreren Perspektiven dokumentierten. Somit gab es keinen alleinigen Verfasser der fünf Bücher Mose. Vielmehr scheint das Pentateuch eine Art Anthologie zu sein. Der biblische Herausgeber hatte große Mühe, die verschiedenen Quellen zu einem plausiblen, widerspruchsfreien Kontext zu vereinen. Dass ihm das nicht eindeutig gelungen ist, sehen wir an den aufgezeigten Unstimmigkeiten. Ferner kann hieraus gefolgert werden, dass die biblischen Texte so gut wie nicht redaktionell bearbeitet wurden. Dafür spricht die Tatsache, dass die Bundeslade im Buch Exodus mit Gold überzogen war, Cherubim aufwies und von Bezalel gezimmert wurde. Im 5. Buch Mose (Deuteronomium) lesen wir hingegen, dass die Lade nicht vergoldet war, Cherubim fehlten gänzlich, es war ein gewöhnlicher Kasten aus Akazienholz – und er wurde von Mose selbst angefertigt.

Daraus folgt erst in zweiter Linie, dass – möglicherweise – zwei Bundesladen existierten. Die Lade, die Mose gebaut haben könnte, war vielleicht für die ersten Gesetzestafeln beabsichtigt, sie wurde jedoch vernichtet, als die zweite prunkvollere Lade entstand. Die zweite Lade war für das zweite Paar der steinernen Gesetzestafeln bestimmt, die Mose neu zuhaute, nachdem er die abtrünnigen Anbeter des goldenen Kalbs mit dem Tode bestraft hatte. Sehr wahrscheinlich gab es jedoch nur eine einzige Bundeslade, denn, wie wir gesehen haben, dauerte es lange, bis sich der monotheistische Glaube an JHWH bei den Israeliten durchsetzte. Die Cherubim sind ein Beleg dafür, dass Mose zwischen den Götzenanbetern und seinen gottgläubigen Israeliten einen Kompromiss anstrebte, um zu verhindern, dass ein offener Konflikt ausbrach. In diesem Sinne war die

Bundeslade nicht nur ein Zeichen für Gottes Anwesenheit, sondern auch ein Friedensschluss in Form einer hölzernen, goldüberzogenen Truhe.

Die verschiedenen Quellen legen jedoch die Vermutung nahe, dass der Auszug aus Ägypten, der Bau der Bundeslade, der Stiftshütte und der anderen Heiligtümer von verschiedenen Geschichtsschreibern dokumentiert wurde. Es ist ein starkes Indiz dafür, dass es sich bei den Schilderungen in den fünf Büchern Mose um wahrhaftige Ereignisse handelt.

Aus historischer Sicht ist der Exodus belegt und identifiziert die Israelitenstämme als Sklaven, die während ägyptischer Eroberungsfeldzüge gefangen genommen wurden und im Nildelta für Pharaonen Frondienste verrichten mussten. So bezeugt die so genannte Israel-Stele aus dem 5. Regierungsjahr des Pharao Merenptah – um 1208 v. Chr. –, die im Jahre 1887 von dem englischen Archäologen Sir Flinders Petrie im Totentempel in West-Theben gefunden wurde, den Aufstand des Stammesverbundes »Israel«, der vom Pharao niedergerungen wurde.[156] Die so genannte Armana-Korrespondenz mit Kanaan aus der Zeit der Pharaonen Echnaton und Tutenchamun belegt, dass die Israeliten in Ägypten als Sklaven gehalten und als *habiru*[157] bezeichnet wurden, das sich zum Wort *apiru* für »Hebräer« abwandelte.[158] Im 5. Buch Mose (Deuteronomium) lesen wir dann, dass die Bundeslade an den Stamm der Levi übergeht, deren Angehörige den göttlichen Schrein fortan tragen und bewachen.[159]

3. Die Odyssee der Bundeslade

Die Israeliten erreichen das Land Kanaan ca. 1295 v. Chr unter der Führung von Josua, den Mose vor seinem Tod als nachfolgenden Stammesführer bestimmt hatte.[160] Der Siedlungsraum ist für die Israeliten eher spärlich, denn sie lassen sich in einem Land Kanaan nieder, das bereits von den aus Mesopotamien stammenden Amurritern und Hurritern sowie den aramäischen Stämmen besiedelt ist. Als militärisch unterlegene Nomaden sind die Israeliten gezwungen, sich mit diesen Volksgruppen, aber auch mit den einfallenden Philistern an der Westküste, zu arrangieren. Sie gehen kriegerischen Auseinandersetzungen aus dem Weg, da sie gegen eine organisierte Armee keinen nennenswerten Widerstand leisten können.

Die Landnahme Kanaans erfolgt eher friedlich. Die Stämme Israels leben an den Rändern der Siedlungen, vorzugsweise in den unbesiedelten, bergigen Landstrichen – dort, wo sie niemanden provozieren.[161] Schnell entwickeln sie jedoch einen regen Handel mit den Städten und passen sich der Sprache der Kanaanäer an. Mit dem wirtschaftlichen Erfolg wächst der militärische Mut. Nach Jahrzehnten der Siedelung und Anpassung wächst eine israelitische Armee heran, die vermehrt kanaanäische Städte angreift.

Um 1230 v. Chr. fällt Hazor, die Hauptstadt des Kanaaniterreichs.[162] Archäologische Ausgrabungen bestätigen die Zerstörung der Stadt in diesem Zeitraum.[163] In den nächsten zweihundert Jahren werden weitere Dörfer und Städte erobert, und es entstehen neue Siedlungen im ostjudaischen Reich, aber auch in den Bergen der benjaminitischen und efraimitischen Reiche, die nördlich des heutigen Jerusalem lagen. Auch diese starke Besiedelung Israels nach der Einnahme Hazors durch Josua ist archäologisch bis auf wenige Ausnahmen gesichert. In den kriegerischen Auseinandersetzungen gegen die Kanaanäer bevorzugten die Israeliten die Guerilla-Taktik und vermieden den offenen, frontalen Angriff von Festungen.

Zu diesem Zeitpunkt taucht erstmals wieder die Bundeslade auf. Im Buch Josua lesen wir, dass Gott Josua eine ähnlich auserwählte Stellung zukommen lässt wie Mose und Josua die Leviten anweist, mit der Lade den Jordan zu durchqueren:

»Als nun das Volk aus seinen Zelten auszog, um durch den Jordan zu gehen und als die Priester die Bundeslade vor dem Volk hertrugen und an den Jordan kamen und ihre Füße vorn ins Wasser tauchten – der Jordan aber war die ganze Zeit der Ernte über alle seine Ufer getreten –, stand das Wasser, das von oben herniederkam, aufgerichtet wie ein einziger Wall [...]. So ging das Volk hindurch gegenüber von Jericho. Und die Priester, die die Lade des Bundes des HERRN trugen, standen still im Trockenen mitten im Jordan.«[164]

Hier haben wir einen der ersten Berichte über die wunderbaren Fähigkeiten der Bundeslade vorliegen: Der heilige Kasten, der Gott beherbergt, vermag es, die Naturgesetze außer Kraft zu setzen. Nur wenige Kapitel weiter lesen wir noch Erstaunlicheres, als die Israeliten die Stadt Jericho erobern. Dies gelingt ihnen, indem sie die Stadt mit der Bundeslade sieben Mal umrunden.

> »So trugen die sieben Priester die sieben Posaunen vor der Lade des HERRN her und bliesen immerfort die Posaunen. […] Am siebenten Tage aber, als die Morgenröte aufging, machten sie sich früh auf und zogen in derselben Weise siebenmal um die Stadt. […] Da fiel die Mauer um und das Volk stieg zur Stadt hinauf, ein jeder stracks vor sich hin.«[165]

Erneut erleben wir, wie die Bundeslade scheinbar die Naturgesetze aufhebt und göttlichen Zorn entfesselt. In den Jahren 1200 bis 1050 v. Chr. werden die Heere der israelitischen Stämme von den Richtern Ehud, Debora, Gideon, Jiftach, Ibzan, Elon, Abdon und Simson regiert und befehligt. Dabei ist diese Regierungsform in politischer Hinsicht zweifelhaft, denn sie gründet auf dem Ruf nach einem Anführer in Zeiten der Not und Bedrängnis – eine Regierungsform, die auf bloßem Charisma fußt. Der Richter wird ohne Rücksicht auf die soziale Herkunft oder Stand ernannt. Die in Not geratenen Stammesangehörigen drängen sich um die Person, die sie als stark genug erachten, um sie aus der Krise hinauszuführen. Interessanterweise konnte das in der patriarchalischen Welt des Israelitentums auch eine Frau sein wie Debora. Der erste Richter, Ehud, stirbt, und das israelitische Volk wendet sich vom Glauben an JHWH ab. Debora befragt den Heerführer der Israeliten, Barak, und zusammen beschließen sie, dass Gottes Wille den Sieg über Jabin, den König von Kanaan, will, der in Hazor über das Volk Israel herrscht. Die Schlacht geht siegreich für Debora aus.[166] Dennoch scheint diese Schlacht archäologisch nicht mit der biblischen Angabe übereinzustimmen, denn Hazor war nach 1230 n. Chr. nicht mehr als ein Dorf, und es ist somit unwahrscheinlich, dass Jabin überhaupt herrschte.[167]

Die heidnischen Philister siedeln nun an der Westküste und fallen um 1050 v. Chr. in Kanaan ein. Die israelitischen Truppen sammeln sich bei Eben-Eser. Dort und im benachbarten Aphek kommt es zur blutigen Schlacht. Doch die Philister siegen, plündern Silo, das religiöse Zentrum der Israeliten, und rauben die Bundeslade aus dem Allerheiligsten der Stiftshütte – und das trotz der göttlichen Macht, die von der Bundeslade ausgeht: »Da zogen die Philister in den Kampf und Israel wurde geschlagen und ein jeder floh in sein Zelt. Und die Niederlage war sehr groß«, berichtet das Alte Testament, »und es fielen aus Israel dreißigtausend Mann.«[168]

Hier werden wir Zeuge eines weiteren denkwürdigen Zwischenfalls. Die Philister bringen die Lade von Eben-Eser nach Ashdod in den Tempel ihres Götzen Dagon. Seitdem die Lade im Tempel Dagons steht, scheint jedoch das Götzenbild durch göttliche Kraft umgestürzt zu sein. Schließlich zerbricht Dagon. Er wird durch die Lade und die Präsenz JHWHs vernichtet. Eine Metapher für den Sieg des monotheistischen Glaubens über die heidnische Vielgötterei der Philister. Die heidnischen Priester der Philister fürchten sich nun vor der Lade. Diese Furcht ist nicht unbegründet, wird doch berichtet, dass die Stadt Ashdod und die Umgebung von einer mysteriösen Seuche heimgesucht wird, die Beulen und Ausschlag verursacht und die von der Lade ausgehen soll. Die Fürsten der Philister versammeln sich und beratschlagen über das Schicksal der Bundeslade. Schließlich kommen sie zu dem Entschluss, dass die Lade so schnell wie möglich an die Israeliten zurückgegeben werden soll: »Da antworteten sie, lasst die Lade des Gottes Israel nach Gat tragen. Und sie trugen die Lade des Gottes Israels dorthin.«[169]

Als die Lade in Gat ankommt, werden auch dort die Menschen mit der unheimlichen göttlichen Krankheit infiziert und mit Beulen geschlagen. Daher wird die Lade schleunigst von dort weggebracht und nach Ekron überführt.[170] Aber auch dort geschieht das gleiche Unheil. Die Philister erkennen, dass es keinen Sinn hat, die Lade an verschiedenen Orten unterzubringen, denn an jedem Ort bricht die rätselhafte Beulenseuche aus. Sieben Monate lang schickt man die Lade im Land der Philister hin und her wie heutzutage eine Ladung radioaktiven Mülls, die niemand haben will.

Schließlich spannen sie zwei Kühe vor einen Karren und bringen die Bundeslade nach Bet-Schemesch, und die Leviten nehmen den göttlichen Schrein in Empfang.[171] Als Strafe dafür, dass die Bewohner von Bet-Schemesch die Anwesenheit der Lade verfluchen, tötet JHWH, der HERR, siebzig Mann – wie, das ist unbekannt. So wird die Bundeslade nach Kirjat-Jearim transportiert, wo sie in einem Haus auf einem Hügel von Aminadab und dessen Sohn Eleasar zwanzig Jahre lang gehütet wird.[172]

Unter der Herrschaft des letzten Richters Samuel gelingt es schließlich den Israeliten, die Philister zu vertreiben.[173] Die Lade wird wieder in der Stadt Silo im Allerheiligsten untergebracht.

Etwa um das Jahr 1004 v. Chr. wird der benjaminitische Hirte Saul durch Samuel zum König von Juda gesalbt.[174] Saul, der in der Schlacht von Jabesch bei Gilead gegen die Ammoniter siegreich hervorging und dadurch vom Volk zum König gewählt wurde, stand später in Konkurrenz zum Hirtenjungen und späteren Philister-Söldner David. David dient unter Saul als Waffenträger. Die Bibel berichtet, dass er für Saul die Harfe spielte, »so wurde es Saul leichter und es ward besser mit ihm und der böse Geist wich von ihm«.[175] David besiegt den Philister Goliath mit Stein und Schleuder und beeindruckt Saul, sodass dieser ihn als Heerführer in seine Armee aufnimmt.[176]

Saul zürnt mit David, weil er größere militärische Erfolge erzielt als er. Er glaubt, dass David ihm seinen Thron und die Herrschaft über die Länder Juda und Benjamin streitig machen will. Schließlich wendet sich die eigene Familie gegen Saul, weil sie mit David sympathisiert, der beabsichtigt, im Norden ein Gegenreich zu gründen. Es könnte für König Saul nicht schlimmer kommen, denn seine Tochter Michal verliebt sich in David, der sie zur Frau nimmt. Sauls Sohn Jonathan verrät seinen Vater, indem er David vor ihm warnt.[177] Saul verfällt in Depressionen und wird Davids erbitterter Feind. In einer Schlacht gegen die Philister stirbt er durch sein eigenes Schwert und ebnet den Weg für die Regentschaft Davids, seines Schwiegersohnes.

Im gleichen Jahr bricht der Widerstand eines jebusitischen Dorfes auf dem Berg Morija unter dem Ansturm der Armee Davids, der nach dem Selbstmord von König Saul zum neuen Regenten über das nun vereinte Reich Israel herrscht.[178]

Der Ort heißt Jerusalem. Wir schreiben das Jahr 1000 v. Chr.

4. Der Tempel des Salomo

Die Bibel berichtet, dass David dreißigtausend Mann seines Heeres versammelt, um nach Baala in Juda einzuziehen. Nach zwanzig Jahren lässt David die Bundeslade aus dem Hause des Aminadab holen. Er tanzt vor Freude vor der Lade zu Klängen von Zimbeln, Harfen und Pauken. Auf dem Weg nach Jerusalem berührt einer der Söhne Aminadabs, Ussa, die Bundeslade, »denn die Rinder glitten aus«. Die Macht Gottes erteilt Ussa einen tödlichen Schlag, und er stirbt auf der Stelle. Aus Furcht vor Gott und aus Trauer, dass JHWH Ussa gewaltsam von ihm genommen hat, lässt David die Bundeslade ins Haus des Gatiters Obed-Edom bringen, wo sie drei Monate bleibt. Doch dann segnet Gott das Haus. David schüttelt die Geister seines Zauderns ab und lässt die Bundeslade nach Jerusalem bringen, einer Kleinstadt, die zu diesem Zeitpunkt nur von wenigen hundert Einwohnern bevölkert ist.[179] Doch die Lade lässt David nicht in den Tempel der Stadt stellen, sondern in die Stiftshütte, die anscheinend an der Quelle des Flusses Gishon errichtet wurde.[180] David handelt hier taktisch klug. Er drängt den neuen »Einen« Gott JHWH nicht der Bevölkerung Jerusalems auf, sondern stellt ihn in Form der Bundeslade und der Stiftshütte den anderen verehrten Göttern – wie etwa dem Stadtgott Schalim oder Zedek – an die Seite. Somit wurde JHWH in einem schleichenden Prozess, sozusagen »durch die Hintertür« in Jerusalem und Juda eingeführt.[181]

Mit seiner zweiten Frau Batseba zeugt David unter anderem seinen Sohn Salomo, den er zu seinem Thronfolger bestimmt. Die biblische Geschichte des Königs Salomo ist unerwartet kurz, eingedenk der Tatsache, dass sein Erbe die Geschicke Israels und des Nahen Ostens über die nächsten drei Jahrtausende hinweg – und darüber hinaus – beeinflussen würde. Nachdem geschildert wird, wie der Hohepriester Zadok Davids Sohn Salomo zum König salbt, erfolgt ein seltsamer Zeitsprung, denn der folgende Satz liest sich wie der Teil eines zu kurz geratenen Schulaufsatzes: »Und schon sitzt Salomo auf dem königlichen Thron.«[182]

Die Bibel berichtet, wie Salomo sich mit der Tochter des ägyptischen Pharaos verheiratet. Wir erfahren etwas über die Größe seines

Reiches, das vom Euphrat bis nach Gaza reicht.[183] Seine Armee besteht aus viertausend Kriegswagen-Gespannen und zwölftausend berittenen Soldaten. Wir lernen von seiner viel gerühmten Weisheit, die größer sei als die der Ägypter und die sicher nur geschickter Staatspropaganda im Stil der assyrischen Könige zugeschrieben werden kann.[184] Von dieser beeindruckenden Kunde erfährt nun Hiram, der König von Tyrus, der König David stets wohlgesonnen war.

Es scheint, dass die Pläne König Salomos, die mobile Stiftshütte aus Akazienholz durch einen Tempel für die Bundeslade zu ersetzen, weiter gediehen sind, denn Hiram erfüllt Salomos Anfrage nach Zedern- und Zypressenholz. Salomo revanchiert sich mit Unmengen an gepresstem Olivenöl und zwanzigtausend Säcken Weizen. Wir lesen nichts über die eindeutige Absicht des Königs Salomo, einen Tempel für die Bundeslade zu bauen. Vielmehr ist es König Hiram I. von Tyrus, der die Pläne des Königs Salomo in einem Brief lobt, einen Tempel für den HERRN errichten zu lassen.[185]

Er entsendet zur Unterstützung den Baumeister Hiram-Abiff, den Sohn einer Witwe aus dem Stamm Naftali und eines Vaters, der sich in Tyrus als Bronzeschmied verdingte.[186] Der Bauvorgang wird literarisch sehr elegant beschrieben.

>»Im vierhundertachtzigsten Jahr nach dem Auszug Israels aus Ägyptenland, im vierten Jahr der Herrschaft Salomos über Israel, im Monat Siw, das ist der zweite Monat, wurde das Haus des Herrn gebaut.«

Wir lesen, dass es einfach *geschieht*, dass Baumaterial angefordert und Fronarbeiter – siebzigtausend Lastträger und achtzigtausend Steinhauer und dreitausenddreihundert Aufseher – einen Tempel errichten. Der Bau dauert sieben Jahre.[187] Im Buch der Chronik erfahren wir die Lage: Er wird auf dem Berg Morija errichtet, auf dem heute der Felsendom – Arabisch *Qbbet as-sakhra* – thront, der mit seiner goldenen Kuppel das Wahrzeichen Jerusalems darstellt. Der Eingang befindet sich im Osten, das Allerheiligste im Westen. Der gesamte Komplex ist durch eine Mauer abgegrenzt. Es folgt eine detaillierte Skizze des Tempels:

>»Und die Vorhalle, die sich davor befand, war nach der Breite des Hauses zwanzig Ellen lang, die Höhe aber war hundertzwanzig Ellen, und er überzog sie innen mit lauterem Gold. Die

große Halle aber täfelte er mit Zypressenholz und überzog sie mit dem besten Gold und brachte darauf Palmen und Blumenwerk an. Und er zierte die Halle mit edlen Steinen zum Schmuck, das Gold aber war Parwajim-Gold. Und er überzog die Halle, die Balken und die Schwellen samt ihren Wänden und Türen mit Gold und ließ auf die Wände Cherubim schnitzen. Er machte auch den Raum des Allerheiligsten. Dessen Länge war zwanzig Ellen nach der Breite des Baues und seine Breite war auch zwanzig Ellen, und er überzog ihn mit dem besten Gold, an sechshundert Zentner; und er gab auch für die Nägel fünfzig Lot Gold an Gewicht und überzog die Obergemächer mit Gold. Er machte auch im Raum des Allerheiligsten zwei Cherubim, kunstreiche Werke, und überzog sie mit Gold. Und die Länge der Flügel der Cherubim war zwanzig Ellen, sodass ein Flügel fünf Ellen hatte und die Wand des Hauses berührte und der andere Flügel auch fünf Ellen hatte und den Flügel des andern Cherubs berührte. So hatte auch der eine Flügel des andern Cherubs fünf Ellen und berührte die Wand des Hauses, und sein anderer Flügel hatte auch fünf Ellen und berührte den Flügel des anderen Cherubs, sodass diese Flügel der Cherubim zwanzig Ellen weit ausgebreitet waren. Und sie standen auf ihren Füßen und ihr Antlitz war zur Halle hingewandt. Er machte auch einen Vorhang von blauem und rotem Purpur, von Scharlach und feiner Leinwand und brachte Cherubim darauf an.«[188]

Vor dem Eingang des Tempels werden zwei Bronzesäulen aufgestellt, die 8,2 Meter hoch und 1,8 Meter dick sind und *Boas* – »JHWH wird aufrichten« – und *Jachin* – »Stärke in JHWH« – heißen. Nachdem die Bauphase abgeschlossen ist, lässt Salomo die Ältesten von Jerusalem versammeln, um die goldenen Heiligtümer in die Haupthalle und die Bundeslade in das Allerheiligste stellen zu lassen. »So wurde das ganze Werk vollendet, das der König Salomo gemacht hatte am Hause des HERRN. Und Salomo brachte hinein, was sein Vater David geheiligt hatte an Silber und Gold und Geräten, und legte es in den Schatz des Hauses des HERRN.«
Der Beschreibung nach weist der Tempel Salomos eine architektonische Dreiteilung auf: Er besteht aus einem 40 Ellen langen

Vorraum, der von einer quadratischen, mittleren Haupthalle abgelöst wird, in der die heiligen Gegenstände wie etwa die siebenarmige Menora, der Schaubrottisch und der Räucheraltar aufbewahrt werden. Im hinteren Raum befindet sich das 20 Ellen lange Allerheiligste, das die Bundeslade beherbergt. Auf heutige Maße umgerechnet ist der Tempel daher 10,5 Meter breit. Die Vorhalle misst 5,25 Meter in der Länge, die Haupthalle 31,5 Meter, das Allerheiligste als Standort für die Bundeslade hingegen 10,5 Meter.[189]

Die Haupthalle ist vom Allerheiligsten durch einen Vorhang abgetrennt. Bis auf die Vorhalle sind beide Räume mit Zedernholz getäfelt, das Allerheiligste sogar vollständig. Die Holztäfelungen werden durch Blüten- und Rankenwerk und stilisierte Lebensbäume als metaphorische Darstellung des fruchtbaren Paradiesgartens verziert. Salomo lässt in den Tempel Fenster einbauen, die von Metallstäben gesichert sind. Wer von außen in den Tempel eindringen will, um die Lade und die goldenen Heiligtümer zu stehlen, wird enttäuscht.[190] Die Leviten, die den Tempel bewachen, sind nur mit militärischer Macht zu überwinden.[191] Die Bundeslade ist im Salomonischen Tempel sicher untergebracht. Allein der Versuch eines Raubes wird mit dem Tod bestraft.

Um die Vorhalle, die Haupthalle und das Allerheiligste wird ein Umgang gebaut: »Und er baute einen Umgang an der Wand des Hauses ringsumher, sodass er um die Tempelhalle und um den Chorraum herging, und machte Seitengemächer ringsumher. Der untere Gang war fünf Ellen weit und der mittlere sechs Ellen weit und der dritte sieben Ellen weit; denn er machte Absätze außen am Hause ringsumher, sodass die Balken nicht in die Wände des Hauses eingriffen.«

Hier entdecken wir erstaunlicherweise die Beschreibung einer Apsis, eines Chorumgangs, wie wir sie zuerst im Mittelalter in den gotischen Kathedralen Frankreichs finden. Auch dort sind kleine Kapellen eingegliedert, wie »Seitengemächer«. Dieser Umgang ist drei Meter hoch. Die einzelnen Kammern des Tempelumgangs sind von unten nach oben betrachtet jeweils 2,5 Meter, 3 Meter und 3,5 Meter hoch. Auch hier existiert eine Ähnlichkeit zu den gotischen Kathedralen, denn die Kraft, die durch die große Höhe des Bauwerks nach außen wirkt, wird durch Strebepfeiler aufgefangen und abgeleitet. Die Mauern des Tempels waren 3 Meter dick und aus unbehauenem Stein gefertigt, da das Altargesetz es verbot, Steine für den Bau zuzuschneiden.[192] Das Dach des Tempels schließlich wird mit Balken und Zederntafeln bedeckt.[193]

Der große Hauptaltar für die Brandopfer steht im Hof, vor dem Eingang des eigentlichen Tempels. Neben dem Brandopferaltar befindet sich ein Bronzebecken für die anschließenden Waschungen der Hohepriester in Gestalt eines Lotusbeckens, das von zwölf Rindern getragen wird – das so genannte »eherne Meer«.[194]

Wenn wir uns die Vorhalle ansehen, dann stellen wir fest, dass sie mit 120 Ellen – 54 Meter – höher ist als der übrige Tempel und markant emporragt wie der Glockenturm einer Kathedrale. Frontal betrachtet, weist der Tempel die Architektur einer abstrahierten Basilika auf, deren Charakteristik das erhöhte Mittelschiff und niedrigere Seitenschiffe sind. Der Salomonische Tempel kann daher als das biblische Vorbild für die gotische Kathedrale des Mittelalters betrachtet werden.

Wir schreiben das Jahr 956 v. Chr.

5. Das Schicksal der Lade

König Salomo stirbt um das Jahr 926 v. Chr. Sein Erbe in Gestalt des Salomonischen Tempels muss den Einwohnern Jerusalems sehr beeindruckend erscheinen, denn das Plateau des Tempelberges war vorher unbebaut. Nun wächst eine Wohnstätte für die Bundeslade in den Himmel der Stadt empor, und die Menschen Jerusalems können nur ahnen, welche wunderbaren Schätze sich in seinem Inneren verbergen. Die Archäologen Israel Finkelstein und Neil Silberman stellen fest, dass der Tempel Salomos ursprünglich eine kleinere Anlage gewesen sein muss als in der Bibel beschrieben wird. Doch im Zuge des wirtschaftlichen Wachstums der Stadt Jerusalem wurde der Tempel immer größer.[195] Geschichten über den sagenhaften Schatz des Salomonischen Tempels scheinen sich auch auf die assyrischen und ägyptischen Königreiche ausgebreitet zu haben. Die Bibel berichtet, dass der ägyptische Pharao Schischak im Jahre 926 v. Chr. Jerusalem überfällt, als Salomos Sohn Rehabeam als König über Jerusalem und Juda regiert.[196] Archäologisch belegt ist der Angriff des ägyptischen Pharao Schoschenq I. auf einem Relief im Amun-Tempel von Karnak. Dabei sind sich die Archäologen Finkelstein und Silberman einig: Der biblische König Schischak und der ägyptische Pharao Schoschenq I. waren ein und dieselbe Person.[197] Schischak, ein Pharao der 22. Dynastie libyscher Abstammung, zerstörte gemäß der Bibel die Stadt Jerusalem und plünderte den Salomonischen Tempel. Dabei raubte er die Schätze aus der Haupthalle: »So zog Schischak, der König von Ägypten, gegen Jerusalem herauf und nahm die Schätze im Hause des HERRN und die Schätze im Hause des Königs; alles nahm er weg, auch die goldenen Schilde, die Salomo hatte machen lassen.«[198]

Der jüdische Geschichtsschreiber Flavius Josephus schildert dieses Ereignis etwas drastischer, denn Schoschenq I. »plünderte den Tempel, raubte die Schatzkammer Gottes wie des Königs aus, schleppte eine unermessliche Menge Gold und Silber mit sich und ließ so gut wie nichts zurück«.[199] Hier wird offenbar, dass Schoschenq I. die Schatzkammer, also die Haupthalle, plünderte, jedoch nicht das Allerheiligste mit der Bundeslade.

Es ist nämlich aus zwei Gründen unmöglich, dass die Bundeslade durch die Truppen Schoschenqs I. geraubt wurde. Erstens taucht die Bundeslade in nachfolgenden biblischen Berichten erneut auf. Zweitens wird Jerusalem auf dem Relief im Säulensaal von Karnak überhaupt nicht mehr schriftlich erwähnt. Finkelstein und Silberman folgern, dass der Ort Jerusalem zur Zeit der Regentschaft von Schoschenq I. einfach zu unbedeutend und es nicht wert gewesen war, durch ägyptische Truppen geplündert zu werden. Juda war um 926 v. Chr. immer noch ein weitestgehend isolierter Stammesverband, so Finkelstein und Silberman. So sei es schwer vorstellbar, dass eine solch dürftige materielle Kultur Schätze hervorgebracht hätte, die für Schoschenq I. von Interesse gewesen wären. Mit anderen Worten: Der Überfall auf Jerusalem durch die Truppen des Pharao, wie er in der Bibel geschildert wird, hat überhaupt nicht stattgefunden, weil das judäische Bergland für Schoschenq I. völlig uninteressant war. Demzufolge blieben auch die Schätze aus der Haupthalle des Salomonischen Tempels und die Bundeslade im Allerheiligsten unversehrt.[200] Ob nun die archäologische Argumentation oder die biblische Aussage zutrifft – die Bundeslade blieb in Jerusalem.

597 v. Chr. überfallen die Babylonier Jerusalem. Archäologisch belegt ist der Angriff auf Jerusalem durch den Fund von zwei Tontafeln, deren Keilschrifttexte entziffert wurden. Sie berichten: »Im siebten Jahr, im Monat Kislev bot der König [...] sein Heer auf und zog nach dem Land Chatti [Syrien].« Der Bericht fährt fort: »Gegenüber der Stadt der Judäer [also Jerusalem] warf er sein Lager auf und eroberte am zweiten Adar [16. März 597] die Stadt.«[201] Die Babylonier nehmen den König Jojakim gefangen und setzen einen ihnen wohlgesonnenen Herrscher ein: Zedekia. Beinahe vierhundert Jahre blieb der Salomonische Tempel von Jerusalem auf dem Berg Morija unversehrt. Auch der babylonische Angriff im Jahre 597 v. Chr. verlief recht glimpflich.

Doch im Jahre 587 v. Chr. fallen die Heere des babylonischen Königs Nebukadnezar II. erneut in Jerusalem ein und brandschatzen den Tempel. Zunächst scheint es, dass die Bundeslade und alle anderen Tempelschätze vernichtet oder nach Babylon abtransportiert wurden, wo sie dem Schmelzofen zum Opfer fallen. Doch die Bibel berichtet von König Jojakim, der den Treueschwur gegen den babylonischen König brach, sich gegen Nebukadnezar II. erhebt. Der König von Babel lässt sich die Aggression nicht gefallen und mobilisiert seine Heere gegen Jerusalem. Die Stadt kann durch ihre Befestigung und die erhöhte geografische Lage nicht im Handstreich genommen werden. So belagern die Babylonier Jerusalem ganze achtzehn Monate lang.[202] Flavius Josephus schildert den Einfall der Babylonier recht plastisch:

>»Der Babylonier sandte darauf seinen Feldherrn Nabuzardanes nach Jerusalem mit dem Auftrage, den Tempel zu plündern, das Heiligtum und den Königspalast einzuäschern, die Stadt dem Erdboden gleich zu machen und das Volk nach Babylonien wegzuführen. Nabuzardanes kam also im elften Jahre der Regierung des Sedekias nach Jerusalem, plünderte den Tempel und raubte die goldenen und silbernen Geräte Gottes, das große von Salomo geweihte Waschbecken, die ehernen

Säulen mit ihren Kapitellen, die goldenen Tische und die Leuchter. Nachdem er das alles aus dem Tempel entfernt hatte, steckte er denselben in Brand. [...]«²⁰³

Die Truppen des babylonischen Königs Nebukadnezar II. rauben den Schaubrottisch und den siebenarmigen Leuchter. Doch der Raub der Bundeslade durch die Babylonier wird weder in der Bibel noch bei Flavius Josephus erwähnt. Auch die 1898 im Rahmen einer Expedition der Deutschen-Orient-Gesellschaft in Babylonien bei Ausgrabungen gefundenen Bestandslisten der Schätze Nebukadnezars II. führen keinen goldenen Schrein auf, der auch nur im Entferntesten an die Bundeslade erinnern könnte.²⁰⁴

Die Bundeslade blieb auch bei diesem Angriff verschont, weil sie vorher versteckt wurde. Wir erinnern uns daran, dass Jerusalem achtzehn Monate von der babylonischen Armee belagert wurde. Der Hohepriester und die Leviten hatten demnach ausreichend Zeit, um den Schrein Gottes in Sicherheit zu bringen – durch die Belagerung waren sie jedoch gezwungen, die Lade innerhalb der Mauern von Jerusalem zu verstecken. Im 2. Buch Chronik lesen wir von König Josia um 620 v. Chr., also knapp dreißig Jahre vor der babylonischen Invasion, der die Leviten anweist, die Bundeslade wieder in das Allerheiligste des Tempels zu tragen. Offensichtlich war sie vorher an einem unbekannten Ort verborgen worden, um zu verhindern, dass der goldene Schrein eingeschmolzen wird, um damit alljährliche Tributzahlungen abzugelten.²⁰⁵ Als sich die Situation in Jerusalem zuspitzte, beschlossen die Leviten sehr wahrscheinlich, die Lade in ihrem Versteck zu lassen.

Besonders interessant ist in diesem Zusammenhang das Kapitel 52 des Buches des Propheten Jeremia, in dem geschildert wird, dass Nebusaradan, der Hauptmann der babylonischen Wachen, den Hohepriester des Tempels, Seraja, seinen Stellvertreter Zefanja und die drei levitischen Hüter der Schwelle zum Tempel nach Ribla in Babylon bringen lässt. Dort werden sie verhört und anschließend erschlagen. Es ist offensichtlich, warum: Die Folterknechte von König Nebukadnezar II. waren nicht in der Lage, aus dem Hohepriester und den Leviten herauszubekommen, wo sie die Lade versteckt haben.²⁰⁶

Doch wo befand sich dieses Versteck? Aufschluss darüber gibt der babylonische Talmud, der um 70 n. Chr. nach der Zerstörung

Jerusalems durch die römischen Armeen des Kaisers Titus entstand und hauptsächlich von den Rabbinern Abba Arikha, Samuel Jarchinai und Rab Aschi verfasst wurde.

Der jerusalemitische wie auch der babylonische Talmud bilden einen Kommentar zu den biblischen Ereignissen des Alten Testaments. Im Kapitel *Shekalim* des Talmud Yerushalmi finden wir die folgende Passage:

>»Die Angehörigen des Hauses Rabban Gaml'iel und die Angehörigen des Hauses Rabbi Hananya, des Priestervorstehers, pflegten sich an vierzehn Stellen zu verbeugen. Gegenüber dem Holzaufbewahrungsraum. Sie hatten nämlich eine Überlieferung von ihren Vorfahren, dass die (Bundes)lade dort verborgen liegt. Es geschah, dass ein Priester dort beschäftigt war und bemerkte, dass (eine Steinplatte des) Fußbodens anders aussah als die anderen. Er kam zu einem Kollegen und sagte es ihm. Bevor er aber die Angelegenheit klären konnte, starb er. Da wussten sie mit Gewissheit, dass dort die (Bundes)lade verborgen war.«[207]

Der babylonische Talmud hingegen berichtet, dass »Rabbi Jehuda ben Laqis sagte: Die Bundeslade ist an Ort und Stelle versteckt worden, denn es heißt, und die Stangen waren so lang, dass ihre Spitzen vom Heiligtume von dem Hinterraum aus gesehen wurden, draußen waren sie aber nicht zu sehen. Sie blieben daselbst bis auf den heutigen Tag«.[208]

Innerhalb des Rabbinertums tobte zur Zeit der Entstehung des Talmuds eine Debatte über den Verbleib der Lade nach der Invasion durch die Armee von König Nebukadnezar II. So lesen wir im babylonischen Talmud einige Passagen weiter eine weniger zweideutige Aussage der Rabbinen zum Versteck der Bundeslade:

>»Rabbi Nahman sagte, die Weisen sagen, die Bundeslade war in der Kammer des Holzstalles versteckt. Rabbi Nahman ben Jichaq sagte: Auch wir haben es gelernt: Einst beschäftigte sich da ein Priester und bemerkte, dass ein Pflasterstein anders war als die anderen; da ging er und erzählte es einem Kollegen. Bevor er aber mit seiner Mitteilung zu Ende war, gab er den Geist auf. Nun wusste man mit Bestimmtheit, dass dort die (Bundes)lade verborgen worden sei.«[209]

In der Mischneh Torah, der Deutung des Talmud-Gelehrten Moses Maimonides aus dem 12. Jahrhundert, lesen wir hingegen über den Verbleib der Lade:

»An der Westseite des Allerheiligsten befand sich ein Stein, auf dem die Lade ruhte und davor stand ein Krug mit Manna und der Stab Aarons. Als Salomo den Tempel baute, wohlwissend, dass der Tempel eines Tages zerstört werden würde, ließ er ein unterirdisches Versteck bauen, wo die Lade in tiefen und verwinkelten Gängen versteckt werden würde. Auf Geheiß von König Josia wurde die Bundeslade in diesem Versteck untergebracht, das Salomo anlegen ließ. Zusammen mit der Lade, wurden auch der Aaronstab, der Manna-Krug und das Salböl dorthin gebracht. Nichts davon wurde im zweiten Tempel gesehen.«[210]

Als die Leviten auf Geheiß von König Josia um 620 v. Chr. die Lade aus dem Allerheiligsten entfernten, brachten sie den Schrein Gottes in einem unterirdischen Versteck unterhalb der Holzkammer unter. Ein Stein markierte den Eingang zur unterirdischen Lagerstätte der Bundeslade. Da sich neben dem Tempel Salomos noch

Bild 14: Die Bundeslade wurde von den Israeliten unterhalb des Felsendoms versteckt.

andere Gebäude befanden – darunter auch der Palast des Königs sowie die Lagerräume –, so ist es sicher, dass die Bundeslade in einer der unzähligen Felsenkammern unter dem Tempelberg versteckt wurde. Dieses Areal konnte aber selbst die gut ausgerüstete Charles-Warren-Expedition in den 1860er-Jahren nur ansatzweise erkunden.[211]

6. Der Ruhm der Könige

Seit dem Einfall der Babylonier in Jerusalem im Jahre 587 v. Chr. ist die Bundeslade verschollen. Verschiedene Theorien sind entstanden, welches Schicksal diesem biblischen Schatz widerfahren sein könnte. Eine heiß debattierte Theorie besagt, die Bundeslade befände sich in Äthiopien. Anlass zu dieser Spekulation gibt das so genannte *Kebra Negest*. Diese Schrift wurde von 1314 bis 1321 n. Chr. in Äthiopien in koptischer Sprache verfasst und besteht aus 117 Kapiteln. Der *Ruhm der Könige* vermittelt den Eindruck eines Gesprächsprotokolls von einer aus 318 Bischöfen bestehenden Synode, die fundamentale Glaubensfragen debattieren. Die Frage »Was ist der Ruhm der Könige?« wird mit der Behauptung beantwortet, dass der Ruhm des Römischen Reiches hinter dem äthiopischen Königreich verblassen werde, denn Äthiopien sei im Besitz der Bundeslade, die Mose anfertigen ließ, um darin die Gesetzestafeln Gottes aufzubewahren. Doch wie könnte die Bundeslade nach Äthiopien gelangt sein?

Das Kebra Negest berichtet, dass die Königin von Saba – Makeda – von ihrem Oberhändler Tamrin von der Weisheit und dem Reichtum Salomos erfährt und beschließt, von Äthiopien nach Israel zu reisen. Sie überreicht König Salomo große Schätze und nimmt durch seine Weisheit den Glauben an den Einen Gott JHWH an. Salomo – von Babel bis Ashkalon als Schürzenjäger berüchtigt, der biblischen Überlieferungen zufolge mehrere hundert Frauen geschwängert haben soll – schläft mit Makeda und überreicht ihr einen Ring als Erkennungssymbol für sein zukünftiges Kind. Auf dem Rückweg bringt die Königin einen Sohn zur Welt: Menelik I.[212]

Als junger Mann reist Menelik I. mit einigen Begleitern nach Jerusalem, um den Segen des Vaters zu empfangen – er trägt den Erkennnungsring, den seine Mutter Makeda von Salomo erhielt. Salomo schenkt Menelik als Wertschätzung das Tuch, das die Bundeslade bedeckt. Er versucht, Menelik davon zu überzeugen, ihn als König von Juda zu beerben.[213] Doch Menelik I. will zurück zu seiner Mutter. Als er nach Äthiopien zurückkehrt, offenbaren ihm seine Begleiter, dass sie die Bundeslade aus dem Allerheiligsten ohne sein Wissen entfernt und durch eine Kopie ersetzt haben, denn sie sind erzürnt darüber, dass sie Jerusalem verlassen müssen.[214] Der Äthiopier Zakarjas bedrängt Azarjas, den Sohn des Hohepriesters Zadok, die Schlüssel des Hohepriesters und die geheimen Fenster des Königs Salomo zu benutzen, um ins Allerheiligste einzudringen.

Azarjas stellt sich als korrupt heraus, er verrät den Leuten Meneliks I., wie sie in das Allerheiligste eindringen können: »Wohlan! Lasset uns unsere Herrin Zion mitnehmen! Und ich will euch auch zeigen, wie wir sie mitnehmen.«

Wir erfahren, dass sie eine Imitation anfertigen, die sie gegen die echte Bundeslade im Allerheiligsten austauschen. Azarja antwortet: »Gebt mir jeder 10 Doppeldrachmen, und ich will es einem Schreiner geben, damit dieser mir eilends gute Bretter anfertige, und sie mir – aus Liebe zum Geld – rasch zusammenleime in der Höhe, Breite, Länge und dem Maße unserer Herrin. […] Dann will ich das Werk in einzelnen Teilen, nicht zusammengefügt, forttragen, jene Hölzer erst dort zusammenfügen, sie am Standort von Zion niedersetzen und mit den Gewändern Zions bekleiden, dann Zion [die Bundeslade, Anm. des Verf.] nehmen, Erde aufgraben, und sie dort hinbringen, bis wir reisen und sie mit uns nehmen. Aber meinem Herrn König will ich es nicht sagen, bis wir weit weg gereist sind.«[215]

In einer Nacht-und-Nebel-Aktion lesen wir über den Raub der Lade. Der Engel des HERRN öffnet den Eindringlingen die Pforten zum Tempel und zum Allerheiligsten. »Sie fanden alle Türen offen, außen und innen, offene Türen bis zu der Stelle, wo er (Azarja) auf Zion, die Gesetzeslade Gottes, traf; und dann wurde diese in einem Augenblick fortgetragen, denn der Engel des Herrn wachte darüber;

wenn aber Gott nicht gewollt hätte, dann wäre sie damals nicht fortgetragen worden.«[216]

Sie stehlen die Lade und bringen sie in Azarjas Haus unter. Dann kehren Azarjas Brüder zurück in den Tempel und zimmern mit den Brettern vor Ort eine neue Lade zusammen. Als die Äthiopier Jerusalem verlassen, ist die Stadt in Aufruhr. Salomo wundert sich über den Lärm. Er bemerkt das Verschwinden der Lade und schickt Soldaten aus, um Menelik einzuholen und mit der Bundeslade zurückzubringen.[217] Doch Menelik wird durch einen Engel mit der Lade nach Äthiopien getragen, bevor seine Flucht vereitelt werden kann. Menelik lässt die Lade in Schlachten vorantragen. Das Königreich Äthiopien ist seitdem unbesiegbar. Makeda tritt als Königin ab und überlässt ihrem Sohn den Thron.

Seitdem besagen lokale Überlieferungen, die Bundeslade verweile in Äthiopien. Das Kebra Negest endet damit, dass die Juden als die Feinde Gottes dargestellt werden, die den Besitz der Bundeslade nicht verdienen.[218] Die Juden werden bei der Ankunft Christi vernichtet. Merkwürdig, dass ein solches Volk, das den Untergang der Juden herbeisehnt, von Gott auserwählt sein soll, die Bundeslade der Israeliten zu hüten.

Problematisch wird dieser Bericht über die Überführung der Lade nach Äthiopien, wenn wir uns vor Augen halten, dass kein Hohepriester jemals erlaubt hätte, die goldene Truhe mit ihren Cherubim aus dem Allerheiligsten zu entfernen, um durch eine Kopie ersetzt zu werden. Das Kebra Negest erwähnt Geheimfenster, die angeblich nur König Salomo kannte und durch die die Räuber der Lade eindrangen. Woher sie die Geheimfenster kannten, wird nicht erwähnt. König Salomo ließ seinen Tempel nicht errichten, um die Bundeslade stehlen zu lassen. Die Lade ist die Manifestation Gottes in Israel. Ihr wurde die größtmögliche Sicherheit entgegengebracht. Dass Menelik I. mit der Lade durch einen Engel nach Äthiopien geflogen wurde, ist ebenso unglaubwürdig. Wenn wir annehmen, dass seine Begleiter in der Lage gewesen wären, die Lade aus dem Tempel zu stehlen und durch ein Imitat zu ersetzen, dann hätten zumindest die Leviten Alarm geschlagen und die Eindringlinge verhaften lassen, bevor dieser Schwindel überhaupt durchgeführt werden konnte.

Noch problematischer wird es, wenn wir uns die Bibel ansehen und feststellen, dass die Bundeslade nach dem Besuch der Königin von Saba erneut erwähnt und beschrieben wird und im Jerusalemer Tempel verbleibt. Mit Sicherheit ist diese Lade nicht das Imitat von Meneliks Gefolgsleuten. Ferner hätten der Raub der Lade und der Abtransport durch Meneliks Begleiter in der Bibel Erwähnung gefunden. Doch weder ein Raub der Lade noch ein Imitat noch ein Menelik werden hier mit einem einzigen Wort erwähnt. Diese offenkundige Problematik der Behauptung über den angeblichen äthiopischen Besitz der Bundeslade durch den Raub von Meneliks Begleitern versucht der britische Journalist Graham Hancock in seinem Buch *Die Wächter des heiligen Siegels* durch das Verhalten des jüdischen Despotenkönigs Manasse zu umgehen.

Manasse herrschte im Südreich Juda zwischen 696 und 641 v. Chr. Er war gefürchtet für seine brutale Gewaltherrschaft, für seine Anbiederung an die assyrischen Könige Sanherib und Assurhaddon und berüchtigt für seine Wiedereinführung heidnischer Götzenbilder.[219] So berichtet die Bibel, dass Manasse im Salomonischen Tempel den Gott Baal aufstellen ließ, um ihn statt JHWH anbeten zu lassen.[220] Hancock folgert hieraus, dass die Hohepriester die Bundeslade vor Manasse in Sicherheit brachten, bevor der König sie zusammen mit den jüdischen Tempelschätzen einschmelzen konnte. Hancock glaubt, dass die Hohepriester die Lade zunächst auf die 1,2 Kilometer große ägyptische Insel Elephantine am Oberlauf des Nil brachten, wo sie sie in einen Tempel unterstellten, der JHWH und den Göttinnen Anat und Bethel geweiht war.[221] Die so genannten Elephantine-Papyri bestätigen, dass auf der Insel um 650 v. Chr. eine Garnison jüdischer Soldaten lebte. Der Tempel wurde um 410 v. Chr. zerstört und anschließend wieder aufgebaut.[222]

Hancock vermutet, dass die Lade von dort aus nilaufwärts Richtung Äthiopien gebracht wurde, wo sie anschließend auf der Insel Tana Kirkos im Tanasee mehrere Jahrhunderte in einem Kloster ruhte.[223] Auf der Insel bewachten äthiopische Juden, die so genannten Falascha, die Lade mehrere Jahrhunderte lang. Noch heute kursieren alte Legenden unter der Priesterschaft der Insel, die eine vermeintliche Anwesenheit der Bundeslade vermuten ließen. Von der Insel Tana Kirkos, so Hancock, sei die Bundeslade dann nach Lalibela in die Hauptstadt des alten äthiopischen Königreichs überführt worden. Lalibela mit seinen dreizehn kreuzförmigen Steinkirchen aus rotem Basaltgestein, die im 12. Jahrhundert an einem Stück aus den Felsen gehauen wurden, gehören zum Weltkulturerbe der UNESCO. Hancock will in ihrem Inneren Spuren der Templer entdeckt haben. Er folgert daraus, dass die Templer hier nach der Lade gesucht hätten. In der Kirche finden sich ein rotes Templerkreuz in einem Davidstern sowie die Darstellung des Felsendoms mit einem Kruzifix auf der Spitze – Symbol für die Besetzung des Tempelberges durch die Kreuzritter.

Hancock glaubt, die Templer hätten während ihres Aufenthaltes in Jerusalem mit dem äthiopischen König Lalibela gesprochen, der von 1160 bis 1185 in Jerusalem weilte und ihnen berichtete, dass sich die Bundeslade in Äthiopien befände. Darauf folgend seien die Templer nach Äthiopien gereist und hätten mit dem König einen Handel abgeschlossen. Graham Hancock geht sogar so weit zu behaupten, dass die Felsenkirchen der Stadt Lalibela – des ehemaligen Roha, die nach König Lalibela benannt und als neues Jerusalem errichtet wurde – mit Hilfe der Templer entstanden seien. Von Lalibela schließlich soll die Bundeslade nach Aksum gebracht worden sein, wo sie noch heute in der Kirche der heiligen Maria Zion stehe und von einem auserwählten Wächter beaufsichtigt würde.

Hancocks Theorie krankt jedoch an einigen logischen Denkfehlern: Wenn wir annehmen, dass eine Delegation der Templer nach Äthiopien reiste und die Lade dort fand, dann hätten sie den biblischen Schrein gewaltsam an sich genommen und nach Frankreich überführt. Die Templer waren Mönchsritter, die – gelinde gesagt – mit ihren Schwertern nicht schüchtern umgingen. Sie waren auf der Suche nach dem heiligsten Gegenstand der Menschheitsgeschichte. Die Templer fühlten sich, wie wir aus Bernhards von Clairvaux Lobrede auf die neue Ritterschaft wissen, als *die wahren Israeliten*. Die wahren Israeliten konnten ihre Existenzberechtigung nur durch den Besitz der Bundeslade erfahren. Die Felsenkirchen von Lalibela wurden erwiesenermaßen nicht von den Templern, sondern von äthiopischen Baumeistern errichtet. Die vermeintlichen Templerkreuze sind religiöse christlich-koptische Symbole, die auf eine aksumitische Herkunft schließen lassen.[224] In dem jüdischen Tempel auf der

Insel Elephantine wurde auch heidnischen Göttern gehuldigt. Sicherlich wäre ein solch blasphemischer Ort ebenso ungeeignet für die Lade gewesen wie der Salomonische Tempel, der kurzzeitig von Manasse durch heidnische Götzenbilder entweiht wurde. Ferner erwähnen die jüdischen Zeugnisse von Elephantine die Bundeslade mit keiner Silbe.

Der größte Schwachpunkt in Hancocks Theorie ist jedoch die Tatsache, dass die Bundeslade *nach* der Herrschaft von König Manasse erneut in der Bibel auftaucht. Wie wir bereits gesehen haben, weist König Josia die Leviten um 620 v. Chr. an, die Lade wieder in das Allerheiligste des Salomonischen Tempels zu stellen. Dies geschah zweiundzwanzig Jahre *nach dem Tod* Manasses. Offensichtlich ist, dass die Leviten die Lade aus Angst vor Manasses Götzenanbetung aus dem Allerheiligsten entfernten und versteckten. Doch König Josia wies sie nach Manasses Tod an, die Lade wieder an ihre vorgesehene Ruhestätte zu bringen. Ob sie Josias Anweisung befolgten, ist unklar. Möglicherweise ließen sie die Lade auch in ihrem Versteck, bis der Konflikt verklungen war oder sie aber erneut versteckten, nachdem sie in den Tempel zurückkehrte. Das Versteck für die Bundeslade, das König Salomo gemäß der Beschreibung in Buch 8, Kapitel 4,1 der Mischneh Torah unter dem Tempel anlegen ließ, war mit Sicherheit nicht schwer erreichbar, aber dennoch effektiv und nicht leicht auffindbar. Die Lade verblieb somit wahrscheinlich in ihrem Versteck unter dem Tempelberg.

Wie der Talmud bestätigt, blieb die Lade in diesem Versteck, bis die babylonischen Truppen von Nebukadnezar II. Jerusalem um 587 v. Chr. belagerten und schließlich plünderten. Danach schweigt die Bibel über das Schicksal der Lade, wie wir gesehen haben.

Tudor Parfitt, Professor für moderne jüdische Studien an der School of Oriental and African Studies der Universität London, überprüfte Hancocks Theorie und die Behauptung der äthiopisch-koptischen Kirche, dass die Bundeslade in Aksum sei.[225] Nach umfangreichen Recherchen in Aksum und Umgebung kam er zu dem Schluss, dass die sämtlichen äthiopischen Überlieferungen, die vor und nach dem Kebra Negest verfasst wurden, mit keinem Wort eine jüdische Bundeslade erwähnen. Dem Kebra Negest fehlt es zudem an der historischen Nähe zu den beschriebenen Ereignissen, denn es wurde erst am Beginn des 14. Jahrhunderts verfasst und teilweise aus dem Alten und Neuen Testament zusammengestellt. Parfitt beweist, dass sich die Bundeslade weder in Aksum noch in Äthiopien überhaupt befindet. Der Mythos entstamme dem Wunsch der Äthiopier, ein erhöhtes Selbstwertgefühl aus der Behauptung zu entwickeln, im Besitz der Lade zu sein. Daher finden sich in jeder äthiopischen Kirche Kopien der Gesetzestafeln, die als *tabot* bezeichnet werden und den vermeintlichen Anspruch der Äthiopier auf die Bundeslade dokumentieren sollen.[226]

Die christlich-koptische Kirche Äthiopiens behauptet bis heute, im Besitz der Bundeslade zu sein. So verkündete der Patriarch Abuna Paulos im Juni 2009 während eines Aufenthalts im Vatikan bei einer Pressekonferenz, die Bundeslade mit den mosaischen Gesetzestafeln befände sich in der Kirche Maria Zion in Aksum. »Ja, die Bundeslade befindet sich bei uns in Aksum«, sagte das Oberhaupt der äthiopischen Kirche und fuhr fort: »Äthiopien ist der Thron der Bundeslade, seit Hunderten von Jahren schon. Nach Gottes Willen ist sie zu uns gekommen und nach Gottes Willen wird sie auch bei uns bleiben.« Doch nach dieser überraschenden Aussage fügte er eine kleine Einschränkung hinzu: »Ich bin nicht hier, um zu sagen, was ich selbst gesehen habe, was ich weiß und was ich bezeugen kann.«[227]

Die Lade könne niemandem gezeigt werden, nur einem Priester, der sein ganzes Leben der Bewachung des göttlichen Schreins widme. Diese Information muss die Nachrichtenagentur *Adnkronos* falsch interpretiert haben, denn sie berichtete am 23. November 2009, dass die Bundeslade einige Tage nach der Pressekonferenz des Patriarchen der Weltöffentlichkeit präsentiert würde – und widerrief wenige Tage danach diese Behauptung. Zur Enttäuschung vieler Anhänger der äthiopischen Theorie wurde nichts dergleichen der Welt gezeigt.

Tatsächlich existiert nicht der geringste historische Hinweis für die einstige Existenz einer Königin von Saba oder ihres Sohnes Menelik. Der Archäologe Helmut Ziegert von der Universität Hamburg will im Jahr 2007 zusammen mit seinem Ausgrabungsteam einen

Teil des Palastes der Königin aus dem 10. Jahrhundert v. Chr. entdeckt haben, basierend auf mündlichen folkloristischen Überlieferungen.[228] Ziegert folgert, die Bundeslade ruhte auf einem bestimmten Steinaltar. Er glaubt, dass die Lade nach Äthiopien gebracht wurde, weil Jerusalem als ständig umkämpfter Ort für die Lade zu gefährlich geworden sei. In einem Interview, das er dem Magazin *National Geographic* im Jahr 2008 gab, verriet Ziegert, wie die Bundeslade, die in Aksum in der Kirche der heiligen Maria Zion ruhe, beschaffen sei: »Das ist ein 50 mal 50 cm großer Kasten aus Zedernholz. Darin liegen zwei jeweils einen Zentimeter dicke, quadratische Tafeln aus Stein, auf denen in Althebräisch eingraviert die Zehn Gebote stehen.«[229]

Diese Information habe Professor Ziegert über Umwege dem Wächter der Bundeslade entlocken können. Der Archäologe belegt damit endgültig die Absurdität der Theorie: Die Bibel berichtet, dass die Lade von Bezalel aus *Akazienholz* gefertigt wurde, nicht aus Zedernholz. Darüber hinaus stimmen die Dimensionen mit den biblischen Angaben nicht überein. Dass die vermeintliche Lade von Aksum aus Zedernholz gezimmert – und somit nicht authentisch – ist, deckt sich mit der Beschreibung des armenischen Pilgers Dimotheos. Er sah die Lade in Aksum im Jahre 1868 und beschrieb sie als indischen Ursprungs, die altäthiopische Schriftzeichen aufwies und seiner Schätzung nach aus dem 14. Jahrhundert stamme, jenem Zeitraum, in dem auch das Kebra Negest entstand.[230] Was immer der Patriarch der äthiopischen Kirche gesehen oder Professor Ziegert von dem Wächter der Lade gehört haben mag – es war mit Sicherheit nicht die echte Bundeslade. Vielmehr handelt es sich nur um eine christliche Imitation.[231]

7. Die Lade unter dem Tempelberg

Wir wissen nun, dass die Bundeslade nach dem Einfall der Babylonier im Jahr 587 v. Chr. in Jerusalem in einem Versteck unter dem Tempelberg blieb. In der Bibel wird sie danach nicht mehr erwähnt.

Im Buch des Propheten Jeremia lesen wir, dass er eine Zeit voraussagt, in der die Bundeslade keine Rolle mehr spielen wird, weil sie verschwindet: »Und es soll geschehen«, prophezeit Jeremia, »wenn ihr zahlreich geworden seid, und euch ausgebreitet habt im Lande, so soll man, spricht der HERR, in jenen Tagen nicht mehr reden von der Bundeslade des HERRN, ihrer nicht mehr gedenken oder nach ihr fragen und sie nicht mehr vermissen.«[232]

In anderen Worten: Sie wird nicht zerstört, sondern versteckt. Nach der Zerstörung Jerusalems durch die Babylonier schweigt die Bibel über die Bundeslade und erwähnt sie nur noch im Hebräerbrief und der Johannes-Apokalypse des Neuen Testaments. Das Allerheiligste des zweiten Tempels, den der judäische Statthalter und Enkel König Jojakims, Serubbabel, bis 516 v. Chr. errichten lässt und auch das Allerheiligste des Tempels des jüdischen Regenten Herodes, der um 19 n. Chr. begonnen und 63 n. Chr. fertiggestellt wird, bleiben leer. Unter den Ruinen des serubbabelischen wie auch des herodianischen Tempels begraben, schlummern heute die Überreste des Salomonischen Tempels. Die Überreste der Klagemauer, die wir heute sehen, stammen aus der Zeit des herodianischen Tempels.[233] Umso schwieriger ist es für Archäologen, den Nachweis über den Tempel Salomos zu erbringen.

Existierte der Salomonische Tempel also jemals? Ungenehmigte Ausgrabungen am Jerusalemer Tempelberg durch die islamische Verwaltung *Waqf* förderten im Jahre 2007 Tierknochen, Scherben von Keramikschüsseln und Krügen zutage. Die Tonscherben weisen Linienmuster auf, die typisch für die Zeit des ersten Tempels sind und auf das 8. bis 6. Jahrhundert vor Christus zurückdatiert werden konnten. Dieser – eher zufällige – Fund, der von den Archäologen Yuval Baruch, Ronny Reich, Israel Finkelstein und Sy Gitin untersucht und publiziert wurde, ist bemerkenswert.[234] Die Artefakte beweisen die Existenz einer Erdschicht aus der Zeit des Salomonischen Tempels, die darauf wartet, freigelegt zu werden.

Archäologische Ausgrabungen stellen sich jedoch für die israelische Altertumsbehörde IAA als problematisch heraus, da das Areal des Tempelberges unter der islamischen Verwaltung der *Waqf* steht; sie sind sogar strengstens untersagt. Grabungen wären ein Sakrileg und zögen kriegsähnliche Reaktionen nach sich. In den letzten Jahren mehrten sich die Vorwürfe der israelischen Altertumsbehörde, dass islamische Bauarbeiten am Tempelberg Relikte aus salomonischer und herodianischer Zeit durch Bulldozer und Planierraupen zerstören würden. So berichtete die israelische Zeitung *Haaretz* im Oktober 2006, von einer ersten Auseinandersetzung im Jahr 1999 zwischen den israelischen und islamischen Behörden, als auf dem Tempelberg durch illegale Bauarbeiten der *Waqf* an der unterirdischen el-Marwani-Moschee dreihundert Lasterladungen Erde und Schutt im Kidrontal entsorgt wurden, die sich als sehr aufschlussreich entpuppten. Unter der Leitung von Gabriel Barkay fanden israelische Archäologen neben zahlreichen Relikten aus der herodianischen Tempelära unter anderem ein Krugfragment aus der Zeit des Salomonischen Tempels, auf denen die althebräischen Zeichen »Heh«, »Ayin« und »Kof« zu lesen sind. Ferner wurde ein Pfeilkopf entdeckt, wie er von der babylonischen Armee von König Nebukadnezar II. verwendet wurde, die 587 v. Chr. in Jerusalem einfiel und den Tempel zerstörte.[235] Die islamische Verwaltung sorgte somit unabsichtlich für einen Beleg der Existenz des Salomonischen Tempels aus archäologischer Sicht und der Bekräftigung jüdischen Anspruchs auf Jerusalem.

Wenn der Salomonische Tempel wirklich existierte, wie diese Funde nahelegen, dann dürfte es möglich sein, den Standort des Salomonischen Tempels und sogar des Allerheiligsten zu lokalisieren. Genau das ist dem archäologischen Architekten Leen Ritmeyer gelungen. Ritmeyer rekonstruierte die ursprüngliche Fläche des Tempelberges zur Zeit König Salomos anhand der Überlieferungen in der Mischneh Torah und insbesondere anhand der Aussagen im Buch Middot aus dem Jahre 200 n. Chr., das sich mit jüdischen Maßen befasst. So wird hier angegeben, dass der ursprüngliche Tempelberg eine Fläche von 500 mal 500 Ellen umfasste, wobei eine Elle 2 Fuß, mithin etwa 57 Zentimetern entspricht, demnach also etwa 285 mal 285 Meter groß war. Weiter lesen wir, dass die größte Fläche im Süden des Tempelberges lag, die zweitgrößte im Osten, die drittgrößte Fläche vom Tempel aus gesehen im Norden und die kleinste Fläche im Westen. Ritmeyer begann seine Präzisionsmessungen auf dem Tempelberg und stellte fest, dass sich das Allerheiligste des

Tempels genau dort befand, wo heute der so genannte *es-Sakhra* liegt, jener Stein innerhalb des Felsendoms, der zerklüftet und ungefähr 1,80 Meter aus der Oberfläche des Tempelberges emporragt. Wenige Meter neben dem Felsen befindet sich eine rechteckige Senke im Boden, die sich exakt in der Mitte des vermuteten Allerheiligsten befindet. Diese Senke identifizierte Ritmeyer als den Ort, an dem die Bundeslade im Salomonischen Tempel stand, denn die rechteckige Ausformung weist die Maße von 80 mal 130 cm auf. Wir erinnern uns, dass die Bundeslade die Dimensionen von ca. ±131,25 cm Länge, ±78,75 cm Höhe und ±78,75 cm Breite hatte.[236] Ritmeyers Entdeckung ist daher eine weitere Sensation und kein Zufall. Nun steht nicht nur die Lage des Salomonischen Tempels fest, sondern auch die Existenz des Allerheiligsten, in dem die Bundeslade aufbewahrt wurde.

Der Felsendom wurde in der Zeit der Besetzung des Tempelberges durch die Templer als »Templum Salomonis« bezeichnet und zu einer Kirche umfunktioniert. Hugo von Payns und seine Gefolgsleute wussten durch ihre biblischen und talmudischen Studien der Mischneh Torah von der exakten Lage des Allerheiligsten. Somit war es ihnen möglich, nach dem geheimen unterirdischen Versteck zu suchen, das König Salomo anlegen ließ, um die Lade in Krisenzeiten verstecken zu lassen. Diese atemberaubende Geschichte scheint auch den Kreuzzugschronisten Fulcher von Chartres und Albert von Aachen durch die Templer und taldmudischen Überlieferungen zu Ohren gekommen sein. Albert von Aachen schreibt in der ersten Hälfte des 12. Jahrhunderts in seiner *Historia Hierosolymitanae expeditionis*:

> »[...] Mitten in dieser neu errichteten Kirche aber steht ein Felsblock, der von Natur aus dort gelegen, den dritten Teil eines Jochs in der Breite und zwei Ellen in der Höhe messend. Auf der einen Seite des Felsens führen Stufen in eine Höhle hinab, auf der anderen aber befindet sich nach dem wahrheitsgetreuen Bericht derer, die es mit eigenen Augen gesehen haben, ein kleines Türchen, das aber immer versiegelt ist. Dort sollen nach Meinung mancher Leute einige von den allerheiligsten Dingen bis auf den heutigen Tag aufbewahrt werden.«[237]

Die Schrift *Qualiter sita* eines anonymen Schreibers, die um 1103 entstand, berichtet, dass unter dem Felsendom die siebenarmige Menora, die Bundeslade, das Tabernakel und weitere Tempelschätze verborgen seien.[238] Hier reiht sich auch der zuvor erwähnte Kreuzzugschronist Fulcher von Chartres (1059–1127) ein, der ebenso berichtet, dass die Bundeslade und der Tempelschatz unter dem Felsen verborgen waren.[239] Auch wenn der Bericht des Albert von Aachen eine Tür zu einer Höhle im Felsendom erwähnt, deckt sich sein Text mit der Mischneh Torah und auch der um 100 n. Chr. entstandenen syrischen Baruchapokalypse, die erzählt, dass fünf Engel die Bundeslade und die Tempelschätze während des Einfalls der Babylonier in der Erde des Tempelberges versteckten.[240] Sicherlich wurden der Hohepriester und die vier Leviten mit dem Engelsattribut versehen, denn sie retteten das Allerheiligste vor den heidnischen Babyloniern: Vier Träger der Lade und der eingeweihte Hohepriester, der sie führte, brachten die goldene Truhe mit den Gesetzestafeln in einer der unterirdischen Höhlen in Sicherheit.

Eine andere Überlieferung wird dem jüdischen Geschichtsschreiber Eupolemos zugeschrieben, der 157 v. Chr auf Griechisch den Einfall der Babylonier in Jerusalem schildert.[241] Eupolemos schreibt von dem Raub der Tempelgeräte durch die Babylonier. Er erwähnt jedoch ausdrücklich nicht die Bundeslade. Die göttliche Truhe mit den Gesetzestafeln soll, laut Eupolemos, vom Propheten Jeremia im Felsen des Tempelberges versteckt worden sein. Im Talmud jedoch lesen wir, dass die Bundeslade durch Josia vor dem Angriff in Sicherheit gebracht wird.[242]

Somit können wir postulieren, dass die Lade nach dem Einfall der Babylonier zur Zeit der Templer um Hugo von Payns noch immer unter dem Tempelberg verborgen war.

8. Jäger des verlorenen Schatzes

Ein Artikel der New York Times beschäftigt sich im Frühjahr 1911 mit der illegalen Grabung des englischen Adeligen Montagu Brownlow

Parker unter dem Tempelberg. »Bundeslade von Engländern gefunden?«, schreit die Zeitung in großen schwarzen Lettern.[243]

Parker, der zweite Sohn des dritten Earl of Morley, ist ein Gentleman und Abenteurer, der sich zuvor in diversen militärischen Diensten den Rang eines Captains verdient hat und alle Privilegien des britischen Establishments genießt. Im Jahre 1908 trifft er auf den selbsternannten schwedischen Bibelforscher Valter Juvelius, der behauptet, im Buch Hesekiel das Geheimversteck der Bundeslade unter dem Tempelberg lokalisiert zu haben. Die Aussicht, den größten archäologischen Schatz der Menschheitsgeschichte zu entdecken, scheint Parker zu fesseln. Er beschließt, trotz aller Warnungen unter dem Tempelberg Grabungen anzustellen und die Forschungsergebnisse von Charles Wilson und Charles Warren des *Palestine Exploration Fund*, die in den 1860er-Jahren ein weitverzweigtes System von Tunneln, Zisternen und Höhlen offenbart hatten,[244] als Ausgangspunkt seiner eigenen Suche nach der Bundeslade zu nutzen. Seit jenen Tagen, in denen Wilson und Warren das unterirdische Terrain des Tempelberges teilweise unter haarsträubend lebensgefährlichen Bedingungen erkundet hatten, waren keine archäologischen Exkursionen mehr unternommen worden. Nach wie vor regieren die Türken über die Stadt. Grabungen unter dem Tempelberg glichen nun jedoch mehr denn je einem Selbstmordkommando. Die misstrauische Feindseligkeit der türkischen Verwaltung scheint Parker jedoch nicht abzuschrecken. Er begibt sich auf eine Sponsorenreise und sammelt die unglaubliche Summe von 125.000 Dollar.[245]

Im Sommer 1908 bricht er zusammen mit Valter Juvelius, Clarence Wilson, Captain R.G. Duff und Major Foley an Bord einer Jacht nach Palästina auf – ein Haufen von naiven, britischen Snobs, die nicht einmal die einfachsten archäologischen Grabungsmethoden beherrschen und mehr dem feuchtfröhlichen Feiern zugeneigt sind als der Erforschung der biblischen Geschichte.[246] In Palästina angekommen, graben Parker und seine Kollegen einige Monate die Tunnelsysteme frei, die zur Zeit der Warren-Expedition von 1867 mit Geröllmassen versperrt waren und Warren seinerzeit daran gehindert hatten, tiefer in das Innere des Tempelberges vorzudringen. Parkers Grabungen scheitern jedoch, und er kehrt enttäuscht nach England zurück.

Doch im Jahr 1911 bricht Parker mit einem Trupp von Tunnelbauingenieuren nach Jerusalem auf. Er besticht den türkischen Gouverneur Ahmed Bey mit 25.000 Dollar, und lässt sich mit seinen Leuten nachts während der islamischen Feier Nabi Musa, dem Mosesfest, in den Felsendom einsperren.[247] Parker kennt die Forschungsberichte von Charles Warren. Daher weiß er, dass direkt unter dem Stein *es-Sakhra* des Felsendoms eine Höhle existiert, die Charles Warren entdeckt und kartografiert hatte und die sich unter dem Allerheiligsten des Salomonischen Tempels befindet.

Parker und seine Kollegen heben die Steinplatten des Bodens mit Brechstangen an und steigen hinunter in das Höhlensystem des Tempelberges. Diese Kavernen münden in einen Kanal, der sich im Kidrontal entleert, wie Charles Warren durch seine Vermessungen bewies. Doch bevor Parker und seine Leute tiefer vordringen können, wird ein Wächter des Felsendoms auf den Lärm aufmerksam. Er erschreckt sich so sehr, dass er Parker und seine Leute für Geister hält und panisch davonrennt. Erst einige Zeit darauf meldet er das Eindringen der Engländer in den heiligen Berg – zu einem Zeitpunkt zu dem die englischen Schatzsucher längst das Weite suchen konnten. Die darauf folgende Flucht von Parker und seinen Kollegen ist eines Hollywood-Films nicht unwürdig, denn sie hetzen durch die Straßen Jerusalems, um sich anschließend auf die Jacht von Clarence Wilson zu retten und die Segel zu setzen. Doch die Folgen der Aktion sind dramatisch. Der bestochene Beamte wird kurzerhand von einem rasenden Mob islamischer Gläubiger umgebracht. Die anschließenden Krawalle in den Straßen Jerusalems sind der Intifada des Jahres 2000 nicht unähnlich, als Premierminister Ariel Sharon provokativ auf den Tempelberg marschierte, um den israelischen Anspruch auf Jerusalem zu unterstreichen.

Der Artikel in der New York Times schließt mit einer erstaunlichen Aussage des Rabbiners Solomon Schechter, des Begründers der United Synagogue of America und Präsidenten des jüdisch-theologischen Seminars von Amerika. Schechter bestätigte, dass die jüdischen Talmud-Gelehrten davon ausgehen, dass die Bundeslade unter dem ehemaligen Standort des Allerheiligsten des Salomonischen Tempels versteckt worden sei. Zur Zeit König Salomos sei ein Versteck angelegt worden für den Fall, dass die Bundeslade durch kriegerische

Angriffe oder Feuer in Gefahr geraten könnte. Unter dem Tempelberg, so Schechter, existierten viele unerforschte Kammern und Gänge.

Wer auch immer die Bundeslade im Jahr 587 v. Chr. vor den Babyloniern in jenem geheimen Versteck unter dem Tempelberg in Sicherheit brachte – wir können nun unabhängig von der Antwort auf diese Frage folgende erstaunliche Fakten zu Protokoll geben:

- Sowohl die Bundeslade als auch der Tempel Salomos existierten tatsächlich.
- Die Bundeslade wurde vor oder während der achtzehnmonatigen babylonischen Belagerung Jerusalems unter dem Tempelberg verborgen.
- Die Bundeslade war nie in Äthiopien.
- Weder für die Königin von Saba noch für ihren vermeintlichen Sohn Menelik I. existieren historische Belege.
- Die Bundeslade befand sich zur Zeit der Templergründung noch immer unterhalb des Tempelberges in einem Versteck, das bereits König Salomo anlegen ließ.
- Der Tempelberg ist durchzogen von einem Labyrinth aus Gängen, die größtenteils unerforscht sind.
- Wie wir bereits gesehen haben, gruben die Templer unter dem Tempelberg Tunnelsysteme frei und erkundeten Höhlen und Gänge unterhalb des Felsendoms und der Al-Aqsa-Moschee.
- Die Templer um Hugo von Payns fanden die Bundeslade möglicherweise unter dem Tempelberg.

Ich sitze noch immer im Café in Troyes und beschließe, ein Hotelzimmer in der Stadt zu suchen, bevor ich am nächsten Tag abreise. In Sichtweite ragt der Glockenturm der Kathedrale von Troyes empor. Ich frage mich, warum die Bischöfe der nordfranzösischen Städte, in denen gewaltige gotische Kathedralen entstanden, wie etwa in Chartres, Paris, Sens, Reims, Senlis oder Laon, auf dem Konzil von Troyes teilnahmen. Die Antwort sollte ich am nächsten Tag erhalten.

IV. DER TEMPEL GOTTES

»Si stuont reht als si wære gedræt.
ez enflüge od hete der wint gewæt,
mit sturme ir niht geschadet was.
vil türne, manec palas
dâ stuont mit wunderlîcher wer.«

Parzival, 226, 15–19
— Wolfram von Eschenbach

Es ist durchaus möglich, dass die Tempelritter um Hugo von Payns während ihres Aufenthaltes in Jerusalem nach der Bundeslade suchten. Bernhard von Clairvaux' Aufruf in seiner Lobrede auf die Tempelritter, *Liber ad milites templi*, in der er zur Sicherung der biblischen Stätten aufruft, legt dies nahe. Diese Theorie ist einleuchtender als die wilde Behauptung der Äthiopier, noch immer den göttlichen goldenen Schrein zu besitzen, ohne der Weltöffentlichkeit jeglichen Beweis dafür zu liefern. Die Templer-These ist jedoch gewagt, weil viele Unbekannte bei dieser Rechnung im Spiel sind, die offen lassen, ob die Bundeslade die Jahrtausende überdauerte. Physikalisch war es möglich, wie wir gesehen haben. Aber ist es auch historisch der Fall?

Es blieb Hugo von Payns und seinen Gefolgsleuten nichts anderes übrig, als ihre eigene Hypothese, die sie nach dem Studium der Toratexte mit Hilfe der Rabbiner von Troyes vielleicht aufstellten, archäologisch zu überprüfen. Sie könnten wie wir erkannt haben, dass die antike und mittelalterliche Quellenlage mehrheitlich davon ausgeht, dass die Bundeslade bei der Belagerung Jerusalems durch die Truppen Nebukadnezars im Jahre 587 v. Chr. nicht vernichtet, sondern von den Hohepriestern unter dem Tempelberg in Sicherheit gebracht worden war. Dort lagerte sie vielleicht noch immer, als Hugo von Payns und seine Gefolgsleute ihr Quartier in Jerusalem bezogen.

Einer der ersten Autoren, die vermuteten, dass die Templer um Hugo von Payns nach der Bundeslade suchten, war der Franzose Louis Charpentier (1905–1979). In seinem Buch *Die Geheimnisse der Kathedrale von Chartres* fragte Charpentier, ob der mögliche Fund der Bundeslade durch die Templer etwas mit der Entstehung der gotischen Kathedralen Nordfrankreichs zu tun haben könnte[248]. Er belegte seine Behauptungen jedoch größtenteils nicht, was seiner Glaubwürdigkeit nicht zuträglich war. Seine Hauptfrage jedoch war: Brachten die Templer die Bundeslade nach Frankreich und hat dieser heimliche Transport des heiligsten aller biblischen Artefakte irgendwelche historischen und auch kunsthistorischen Spuren und Zeichen hinterlassen? Daher wollen wir nun prüfen, ob Charpentiers These vom Fund der Lade durch die Templer richtig ist. Charpentiers Vorschlag für eine Antwort auf diese Frage ist denkbar einfach – und durchaus logisch. Wenn die Templer die Bundeslade fanden und sie nach Frankreich brachten, dann müssten schriftliche Aufzeichnungen oder Monumente über die Jahrhunderte hinweg überdauert haben, die dieses bemerkenswerte Ereignis festhielten. Wie wir ferner gesehen haben, dokumentierten zumindest die Versromane von Christian von Troyes und Wolfram von Eschenbach den möglichen templerischen Besitz eines »Grals«, der erstaunlich deckungsgleiche Eigenschaften der jüdischen Bundeslade mit den beiden Gesetzestafeln aufweist. Wir wissen auch, dass Bernhard von Clairvaux in seiner Lobrede auf die neue Ritterschaft merkwürdige Anspielungen auf die Templer als die »wahren Israeliten« der Nachwelt hinterlassen hat. Wir wissen von der Aufbewahrung eines bedeutenden Reliquienschatzes in Clairvaux. Die Zisterzienser und – sehr wahrscheinlich auch die Templer – waren demnach im Besitz von wichtigen Reliquien. Eine noch präzisere Frage lautet: Würden die Templer der Nachwelt Informationen darüber in verschlüsselter Form hinterlassen, wo sie die Lade versteckten? Würden Archäologen und Forscher in der Lage sein, ihre Botschaften zu entschlüsseln?

Wir müssen uns eingestehen, dass bislang keine schriftlichen Quellen entdeckt wurden, die unmissverständliche Aussagen von Hugo von Payns oder anderen Brüdern des Templerordens enthalten, wie etwa: »Wir fanden die Bundeslade!«. Was in den Gängen des vatikanischen Geheimarchivs schlummert und darauf wartet, von zukünftigen Forschern entdeckt zu werden, ist zurzeit pure Spekulation. So können wir nur nach archäologischen und kunsthistorischen Spuren suchen. Charpentier schlug vor, die gotischen Kathedralen Frankreichs nach diesen Spuren zu untersuchen. Genau das wollen wir nun tun.

In seinem Buch *Die Geheimnisse der Kathedrale von Chartres* schrieb Louis Charpentier, die Templer seien für die Entstehung des gotischen Baustils maßgeblich verantwortlich gewesen. Charpentier: »Genau genommen taucht die Gotik nach dem ersten Kreuzzug auf, und zwar nach 1128, dem Jahr der Rückkehr der neun ersten Tempelritter. Zwölf Jahre später errichtet Suger, der Abt von St. Denis, ein gotisches Gewölbe über den romanischen Grundmauern seiner Abtei.«[249]

Um die Gotik und ihren möglichen Bezug zum Schatz der Templer zu verstehen, müssen wir uns die Persönlichkeit des Abtes Suger etwas genauer ansehen.

1. Abt Suger von St. Denis

Suger wurde 1081 in St. Denis in eine Familie geboren, die achtzehn Kilometer nördlich von seinem Geburtsort Ländereien besaß und der *minores milites* zuzurechnen war, also einem gesellschaftlichen Stand, der dem unteren Rittertum angehörte, jedoch höher gestellt war als die Bauern der Zeit. Die Aufzeichnungen über das Leben Sugers, die auf den Mönch und engen Vertrauten Sugers, Wilhelm von St. Denis, zurückgehen, erwähnen, dass der kleine Suger zwei Brüder hatte – Radulphus und Petrus – und im Jahr 1091 von seinem Vater Helinandus als Oblate an das Benediktinerkloster von St. Denis übergeben wird.[250] Seine Bildung erwirbt Suger an der Klosterschule von St.-Denis-de-L'Elstrée. 1104 trifft Suger auf Ludwig VI., den Sohn des französischen Königs Philipp I. Zwischen ihnen sollte sich eine tiefe freundschaftliche Beziehung entwickeln. 1107 entsendet Abt Adam von St. Denis den aufstrebenden Mönch Suger in die Normandie, wo er im wirtschaftlich heruntergekommenen Kloster Berneval-le-Grand, unweit der Küstenstadt Dieppe, für Ordnung sorgen soll. Ferner ist dieser Abstecher eine willkommene Gelegenheit, sich administrative Fähigkeiten anzueignen, die Suger so berühmt machen sollten. Am 9. März 1107 weiht er zusammen mit Papst Paschalis II. das Benediktinerkloster La-Charité-sur-Loire ein. 1109 übernimmt Suger die Leitung der Propstei Toury-en-Beauce bei Chartres. Seine Aufgaben werden immer verantwortungsvoller, das Vertrauen des Papstes, aber auch des Königs, wächst. Sein diplomatisches Geschick wird geschätzt. So gelingt es Suger, den jahrzehntelang schwelenden Streit zwischen St. Denis und dem Bischof von Paris zu schlichten, sodass die Abtei durch ein Schutzprivileg von Papst Paschalis II. dem Anspruch des Pariser Bischofs entzogen wird.

Im April 1107 kommt es zu einer Zusammenkunft zwischen Suger, Papst Paschalis, König Philipp I. und dessen Sohn Ludwig VI., genannt »der Dicke«. Über den Inhalt der Debatte herrscht Ungewissheit, gemäß den Aufzeichnungen Sugers behandelte man nicht näher definierte kirchliche Angelegenheiten. Suger ist zu diesem Zeitpunkt noch nicht zum Priester geweiht. Dennoch lastet bereits in jungen Jahren ein enormer diplomatischer Druck auf seinen Schultern. Seine Karriere erinnert in vielerlei Hinsicht an den Lebenslauf des ehrgeizigen Zisterziensermönchs Bernhard von Clairvaux, der früher zum Abt ernannt wird, als die zisterziensischen Vorschriften es erlauben. Suger und Bernhard werden sehr enge Freunde werden – ein besonderer Umstand, dem wir erneut auf dramatische Weise begegnen werden. Nach 1107 sind regelmäßige Kontakte Sugers zum Papsttum dokumentiert.

Am 28. Januar 1122 trifft er auch auf Papst Calixtus II., der ihn zusammen mit Abt Hugo IV. von Saint-Germain-des-Prés in Paris in Bitonto, Italien, empfängt. 1122 kommt es zum Konkordat zwischen Heinrich V. und Papst Calixtus II., infolge dessen der Papst es dem König gestattete, der Wahl der Bischöfe beizuwohnen. Der gewählte Bischof musste seinen Lehnseid auf den König schwören. Im Gegenzug musste der König die Investitur abgeben und dem Papst das alleinige Recht einräumen, Bischöfe zu ernennen. In Italien versucht Suger – mehr oder weniger erfolgreich – im Investiturstreit zwischen dem deutschen Kaiser und dem Papst zu vermitteln. Der Kaiser hatte seine klerikale Macht eingebüßt. Suger sorgte mit seiner Freundschaft zu König Ludwig VI. dafür, dass die Kirche und der König zusammenarbeiteten.

Am 11. März 1122 wird Suger zum Priester geweiht, einen Tag darauf, an einem Sonntag, empfängt er die Ordination zum Abt von St. Denis. Suger vermag es, die Schulden der Abtei innerhalb weniger Jahre auszugleichen, mit ihm zieht eine wirtschaftliche Blüte in St. Denis ein.

1124 poltert König Ludwig VI. in die Abtei von St. Denis und bittet den Abt um klerikalen Beistand, denn die Truppen des deutschen Kaisers Heinrich V. sind an den Grenzen des Reichs aufmarschiert.[251] Ludwig VI. ruft zur Unterstützung im Kampf gegen Heinrich V. auf. Im Schatten der Reliquien des Schutzpatrons und ersten Bischofs von Paris, des heiligen Dionysius, nimmt er die Fahne der Grafschaft des Vexin auf, dessen Vogt er ist – ihm gehört auch die Stadt Gisors – und schwört seinen Eid auf die Abtei. Sicherlich ist diese Geschichte ein Versuch Sugers, die französischen Könige an St. Denis zu binden – eine Form der Propaganda.[252] Zwar ist es zweifelhaft, dass diese hollywoodreife Inszenierung tatsächlich stattfand, doch wird die Fahne von St. Denis fortan als Kriegsbanner getragen und als »Oriflamme« der französischen Könige in die Geschichte eingehen. Dem Ruf des Königs folgen unter anderem unser alter Bekannter, der Templergründer Graf Hugo I. von Champagne, sowie Theobald V. von Blois, Herzog Hugo II. von Burgund, Wilhelm II. von Nevers, Rudolf von Vermandois und Karl von Flandern.[253] Die Grafen trommeln ihre Truppen zusammen. Kaiser Heinrich V. ist von der Heeresmacht so eingeschüchtert, dass er seine Armee zurückzieht.

Am 25. Oktober 1131 wird der Sohn des Königs zum Thronfolger Ludwig VII. ernannt, nachdem der erste Sohn Philipp durch einen Reitunfall stirbt. Suger interveniert auch hier. Er salbt Ludwig VII. auf Geheiß von Papst Innozenz II. zum König. Am 17. Juni 1137 begleitet Suger seinen jugendlichen Freund Ludwig VII. gemeinsam mit Bischof Gottfried von Chartres nach Bordeaux in Aquitanien, wo er der Vermählung des zukünftigen Königs mit Eleonore von Aquitanien, Tochter des im Frühjahr 1137 verstorbenen Wilhelm X. von Aquitanien, beiwohnt. Im August 1137 stirbt König Ludwig VI. und räumt durch seinen Tod unfreiwillig den Thron. Die diplomatischen Dienste Sugers sind nun ein fester Bestandteil am Hofe des Königs.

Doch Suger scheint ein ehrgeiziges Ziel zu verfolgen, denn er hat bereits seit dem Jahr 1125 stattliche Summen zusammengetragen, um die Abteikirche zu renovieren.[254] Wie er in seinem Werk *De consecratione* schreibt, beabsichtigt Suger nun, die Abteikirche von St. Denis umzubauen.[255] Der Bau dient seit 625 den Merowingern unter Dagobert I. als Grabstätte für die französischen Könige – die Karolinger wie die Kapetinger sollten, beginnend mit Hugo Capet, auf dieses Prestige zurückgreifen. Doch die Kirche ist einfach zu klein für die Gottesdienste. Frauen, Kinder, alte Menschen werden erdrückt und durch Menschenmassen totgetreten. Suger schreibt:

»Man hätte zuweilen sehen können – welch seltsamer Anblick –, dass jenen, die sich hineinzugehen drängten, um die heiligen Reliquien, Nagel und Krone des Herrn, zu verehren und zu küssen, ein derartiger Widerstand seitens der zusammengedrängten Menge entgegenstand, dass unter den unzähligen Tausenden von Menschen aufgrund der eigenen Bedrängnis keiner einen Fuß bewegen konnte und infolge des eigenen Eingezwängtseins keiner etwas anderes vermochte, als wie eine marmorne Statue dazustehen, starr zu sein und, was allein übrigblieb, laut zu schreien.«[256]

Wenige Monate danach kommt es am 9. Juni 1137 zu einem ausgesprochen bemerkenswerten Ereignis, das die Geschichte Europas verändern sollte: Unter der Anwesenheit des Thronfolgers Ludwig VII. und der wichtigsten Erzbischöfe und Bischöfe Frankreichs beginnt die Grundsteinlegung des Westportals der Abteikirche. Kunsthistoriker gehen jedoch heute davon aus, dass die Arbeiten am Westportal bereits um 1135 begannen.[257] Am 9. Juni 1140, genau drei Jahre später, wird die Westfassade eingeweiht. Die Arbeiten gehen schnell voran: Bereits am 14. Juli 1140 wird der Grundstein für die Errichtung des Ostteils der Kirche gelegt. Dies stellt eine Besonderheit dar. Üblicherweise wurde beim Kathedralenbau der Ostteil zuerst begonnen, damit noch während der Bauphase bereits erste Messen abgehalten werden konnten. Vermutlich war der marode Zustand des Westportals für den dortigen Erneuerungsbeginn verantwortlich. Suger schreibt: »Mit Eifer betrieben wir also unter großem Aufwand drei Jahre hindurch, mit einer vielköpfigen Schar von Arbeitern, sommers wie winters, die Vollendung des Werkes, damit wir nicht vor Gott mit Recht beklagen mussten: ›Deine Augen sahen meine Unvollkommenheit.‹«[258]

Der Umbau der Ostanlage von St. Denis nimmt genau genommen drei Jahre und elf Monate in Anspruch und endet am 11. Juni 1144. Auch zu dieser feierlichen Einweihung sind König Ludwig VII., seine Gemahlin Eleonore von Aquitanien und der gesamte Klerus versammelt. Es hagelt großzügige Spenden, die Bischöfe geben sogar ihre Ringe. Graf Theobald II. von Champagne spendet Hyazinthe und Rubine.[259] Seltsamerweise nennt Suger keine weiteren adeligen Spender, nur Graf Theobald II. von Champagne – und König Ludwig VII., der »strahlende und durch Maserung gezeichnete Smaragde« überreicht.

Von nun an ist die Abtei von St. Denis, der erste Bau in gotischem Stil, ein architektonisches Statussymbol für das französische Königtum. Während Heinrich V. im deutschen Reich noch immer romanisch und damit horizontal bauen lässt – hier sticht besonders

Bild 15: Die Abtei von St. Denis

der 1130 begonnene Dom von Worms hervor –, wandelt sich die Kirchenbauweise in Frankreich zu einer vertikalen, gen Himmel strebenden Architektur des Lichts. Die Familie der Kapetinger, die von 987 bis 1328 die Könige von Frankreich stellen, verfügt nun über einen Kirchenbau, der ihrer Macht und ihrer Nähe zum Klerus besonderen Ausdruck verleiht. Suger erhöht den heiligen Dionysius in seiner Schrift *De administratione* zum Schutzpatron des gesamten Königreichs.[260] Er schwärmt von ihm als einen Mann »vornehmsten Eifers, voll der Frömmigkeit« und als »berühmten Beschützer der Kirchen«.[261]

Suger bittet König Ludwig VII., er möge für Einweihungsfeierlichkeiten fernab der Öffentlichkeit sorgen, damit ein würdiger Ablauf der Prozession gewährleistet ist.[262] »Als wir daher den König der Franken, Ludwig [VII.], der ruhmreich und [zugleich] zutiefst demütig war, demütig gebeten hatten, er möge durch seine Fürsten und Adeligen die entgegendrängende Menge von dieser Prozession fernhalten, antwortete er in noch tieferer Demut, das werde er gerne persönlich und durch die Seinen tun«, schreibt Abt Suger.[263]

Hier wird deutlich, welchen Einfluss Suger auf den König ausübt. Ludwig VII. gehorcht seinen Anweisungen – diese Autorität sollte neben Suger in dieser Zeit nur noch Bernhard von Clairvaux erlangen. Das Volk bei einer Kircheneinweihung fernzuhalten, war keineswegs üblich und selbstverständlich, waren doch Abteikirchen wie St. Rémi in Reims bei ihrer Einweihung dem Volk offen zugänglich. Hinter verschlossenen Türen muss die Reaktion des Königs und des Adels auf die Einweihung der Abteikirche mit ihren riesigen

Fensterfronten aus Buntglas und den Kirchenschätzen überwältigend erschienen sein.[264] Die Kirchenschätze von St. Denis geben Anlass für Bernhard von Clairvaux, seinen Unmut gegenüber all dem zur Schau gestellten Reichtum zu äußern. Gleichzeitig wettert Bernhard speziell gegen die cluniazensische Romanik.[265]

Abt Suger war nicht unbeeindruckt von Bernhards politischen und religiösen Interventionen, denn der Abt von Clairvaux galt als größter und einflussreichster Denker seiner Zeit. Auch im künstlerischen Bereich setzt Bernhard grundlegende Impulse, die Suger beim Bau von St. Denis aufgreift.[266] So kann sich Suger dem zisterziensischen Gedanken der reformerischen Benediktinerauslegung nicht entziehen. Die streng asketische Lebensweise, die sich auch in kargen, doch großen Bauten wie der Abtei Pontigny niederschlägt, widerspricht jedoch keineswegs der üppig ausgestatteten Kirche von St. Denis.[267] Bernhard ist ebenso königsergeben wie Suger, gilt jedoch in seiner Weisheit noch mehr als geistliche Verkörperung Frankreichs. Der Briefwechsel zwischen Suger und Bernhard von Clairvaux belegt einen regen Ideenaustausch, der sich architektonisch niederschlägt.

Bernhard von Clairvaux ist es auch, der – auf dem Gipfel seines Ruhms – am 31. März 1146 auf Geheiß von Papst Eugen III. im burgundischen Vézelay zum zweiten Kreuzzug aufruft, um das Fürstentum Edessa – in der heutigen Türkei und Teilen Syriens – zurückzuerobern, das am 24. Dezember 1144 von Imad ad-Din Zengi eingenommen wurde. Papst Eugen III. ernennt Ludwig VII. zum alleinigen Heerführer.[268] Am 16. Februar 1147 beruft Ludwig VII. einen feierlichen Hoftag in Étampes ein, um Stellvertreter zu bestimmen, die während seiner Abwesenheit die Amtsgeschäfte fortführen sollen. Suger ist gar nicht begeistert. Er lässt den König in einer Protestnote wissen, dass er sein Unterfangen, in den Nahen Osten zu ziehen, zutiefst misstrauisch begegne.[269] Doch der französische Adel, den Ludwig VII. um militärischen Beistand bittet, kneift schlichtweg. Andere Belange sind plötzlich vermeintlich wichtiger: Nachdem Ludwig VII. neben Abt Suger den Grafen Wilhelm II. von Nevers als seine Regenten bestimmt, lehnt Wilhelm II. mit den Worten ab, er gedenke – plötzlich – in den Orden der Kartäuser einzutreten. Daher könne er keine Staatspolitik betreiben.

Bild 16: In Vézelay rief Bernhard von Clairvaux 1146 den zweiten Kreuzzug aus.

Bernhard von Clairvaux stimmt am 18. Februar 1147 in einem Brief an Papst Eugen III. eine hymnische Lobesrede auf Abt Suger an, der während Ludwigs Abwesenheit das Land mit ruhiger Hand führt wie kaum ein anderer Regent vor ihm:

>»Ich kenne den Menschen und weiß, dass er in den Belangen dieser Welt treu und klug, im geistlichen Leben voll Feuer, hier wie dort aber demütig ist und, was das Schwierigste ist, ohne Tadel lebt. Beim König gilt er wie einer aus der römischen Kurie, bei Gott wie einer aus der Kurie des Himmels.«[270]

Suger ist also für Bernhard der richtige Mann in Frankreich. Doch das Unternehmen »Kreuzzug Nr. 2« steht unter keinem guten Stern. Ludwig VII. interessiert das jedoch nicht, denn die Worte des Papstes Eugen III. und Bernhards von Clairvaux sind ihm Befehl. So ernennt Ludwig VII. neben Abt Suger kurzerhand zwei andere Stellvertreter: Erzbischof Simson von Reims sowie den Grafen Rudolf von Vermandois. Die Aufzeichnungen belegen jedoch, dass nur Abt Suger in Ludwigs Abwesenheit faktisch das Land regierte.[271]

Bernhard von Clairvaux ist tief beeindruckt von Abt Suger. Von nun an entflammt eine tiefe Freundschaft zwischen ihnen. Beiden gemeinsam ist ihre Verehrung des französischen Königs – und der Geschichte der Israeliten.

Der sechsundzwanzigjährige König Ludwig VII. bricht am 8. Juni 1147 von St. Denis gen Osten auf. Ihm schließt sich das Regiment des Präzeptors der Templer, Eberhard von Barres, an.[272]

Suger sorgt als königlicher Regent dafür, dass der Klerus, vor allem Papst Eugen III., der Königsfamilie der Kapetinger um König Ludwig VII. sehr wohlgesonnen ist. Die tiefe Geistlichkeit, der sich Ludwig VII. – wie schon sein Vater zuvor – versprochen fühlt, berührt ihn zutiefst. Keine einzige Entscheidung Sugers als Regent ist von Papst Eugen III. beeinflusst. Der Abt von St. Denis genießt volles Vertrauen von Klerus und Königtum.[273] Als das Land vom König gen Jerusalem verlassen wird, veranstalten einige Grafen und Barone Aufstände, um sich mit Waffengewalt königliche Besitztümer und Ländereien anzueignen. Suger wirbt erfolgreich adelige Vasallen wie Gottfried von Anjou, Theobald von Blois, Wilhelm III. von Nevers, Dietrich von Flandern an, die das Schwert für ihn und König Ludwig VII. schwingen, um Plünderern und Raubrittern Einhalt zu gebieten. Auch konsultierte er in dieser Krisenzeit regelmäßig Bischöfe um Rat.[274] So kann er seine Regentschaft nur mit entschlossener Hand fortführen.

Die finanzielle Seite der Administration scheint Suger auch dann im Griff zu haben, als der Kreuzzug von König Ludwig VII. gewaltige Summen von königlichen Geldern verschlingt und Suger gezwungen ist, den Templerorden, die Johanniter und andere Geldgeber anzupumpen.[275]

Als Bernhard von Clairvaux in Speyer den Kreuzzug predigt, beschließen auch König Konrad III. und sein welfischer Konkurrent Welfus VI., dem Aufruf zu folgen. Bernhard verteidigt vehement die deutschen Juden, als der zisterziensische Mönch Radulf zu Pogromen aufruft und es anschließend zu blutigen Massakern kommt. Dies ist ein Umstand, auf den wir später noch zu sprechen kommen werden. Es schließen sich die Heere von König Roger I. von Sizilien, Kaiser Manuel I. Komnenos von Byzanz sowie König Géza II. von Ungarn an.

Das wiederum gefällt Papst Eugen III., dem ein rein französischer Kreuzzug vorschwebt, überhaupt nicht. Eugen III. befürchtet, dass die Vielzahl der beteiligten Könige das Unternehmen durch widerstreitende Absichten zunichte machen könnte.[276] Exakt so geschieht es. Der Kreuzzug endet im Desaster. Die Armee des türkischen Befehlshabers Anar reibt die Heere am 25. Juli 1147, nach zweitägiger Belagerung, in Damaskus auf.

Ludwig VII. sucht erneut die Hilfe des 1149 zum Templergroßmeister ernannten Eberhard von Barres, dessen Truppe sich mit dem Heer von König Ludwig VII. im Gebirge von Kleinasien bei Chones vereint und somit eine sichere Heimkehr nach Frankreich ermöglicht.[277] Als der König in Frankreich ankommt, sind dank Abt Sugers rigoroser Haushaltspolitik alle Schuldenlöcher gestopft, die der Kreuzzug in die königliche Schatulle geschlagen hat.[278]

Doch dessen ungeachtet beabsichtigt Suger im Jahr 1150, einen letzten politischen Coup zu landen: einen dritten Kreuzzug ins Heilige Land. Eugen III. steht diesem Vorhaben angesichts des vergangenen Desasters äußerst skeptisch gegenüber. Im Herbst 1150 erkrankt Suger an einer schweren fiebrigen Infektion. Dem Tode nahe, tauschen Bernhard von Clairvaux und Suger letzte Briefe aus. Bernhard schreibt »Seinem liebsten und engsten Freund Suger, durch Gottes Gnade Abt von Saint Denis, wünscht Bruder Bernhard den Ruhm, der von innen ist, und die Gnade, die von oben kommt.«

Bernhard rät Suger, dem Tod mutigen Auges entgegenzusehen. Sugers Bitte, Bernhard noch einmal vor seinem Tod sehen zu dürfen, erwidert der Abt von Clairvaux mit der Aussage, dass er noch nicht wisse, ob er kommen könne, dass er sich jedoch bemühen werde. Der Grund ist offensichtlich: Auch Bernhard ist bereits im hohen Alter und sehr kränklich. »Aber was auch immer sein mag«, fährt Bernhard von Clairvaux fort, »ich habe dich von Anfang an geliebt und ich werde dich lieben ohne Ende. Voll Zuversicht sage ich: Bis zum Ende kann ich den nicht verlieren, den ich so geliebt habe. Er geht mir nicht verloren, sondern voraus.«[279]

Suger stirbt am 13. Januar 1151. Bernhard von Clairvaux und König Ludwig VII. verlieren ihren besten Freund. Zu dieser Zeit ist Abt Sugers großartiges architektonisches Erbe von St. Denis bereits das Vorbild für die Kathedralen von Sens im Burgund und Senlis nordöstlich von Paris.

2. Der Tempel Gottes

Abt Suger sah in König Salomo ein Vorbild. Die Abteikirche von St. Denis ist seine gotische Interpretation des Salomonischen Tempels von Jerusalem, in dessen Allerheiligsten die Bundeslade aufbewahrt wurde. So wie König Salomo den Tempel gemäß dem Versprechen Gottes an seinen Vater David errichten ließ, sah sich Abt Suger als neuer Salomo.[280] »Ich ziehe gewöhnlich Vergleiche vom Kleinsten zum Größten, dass mehr noch als unsere Mittel für dieses Werk auch Salomos Schätze für den Tempel nicht ausreichen könnten, wenn sie nicht derselbe Urheber desselben Bauwerks seinen Dienern reichlich bereitstellte«, schreibt Suger in *De consecratione*.[281] Seinen Freund Ludwig VII. betrachtet Suger gar als König David.[282] Doch Suger geht noch weiter. In seiner Diskussion über die Bundeslade sieht Suger nicht nur das königliche Geschlecht der Kapetinger, sondern auch die Geistlichen von St. Denis in der Abstammung von David.[283] Mehr noch betont Suger, er müsse für seine Mönche sorgen, wie für die Rinder, die den Karren der Bundeslade ziehen.[284]

St. Denis ist daher mehr als nur eine gewöhnliche Abteikirche und mitnichten ein Abbild des Himmlischen Jerusalem. Die Deutung der gotischen Kathedrale als eine Verkörperung des Himmlischen Jerusalems geht auf das 1950 erschienene Buch *Die Entstehung der Kathedrale* des österreichischen Kunsthistorikers und nationalsozialistischen Mitläufers Hans Sedlmayr zurück. Sedlmayrs Prämisse entstand jedoch schon in den 1930er-Jahren, als er Professor für Kunstgeschichte an der Universität Wien wurde. Seitdem spukt die gotische Kathedrale als Abbild des Himmlischen Jerusalems in den kunsthistorischen Werken umher und wurde von den meisten Gelehrten unkritisch übernommen.[285]

Dass diese Deutung aus kunsthistorischer Sicht unsinnig ist, belegt allein die Beschreibung des Himmlischen Jerusalem in der Apokalypse des Johannes. Das Himmlische Jerusalem wird in der Offenbarung mit einer Fläche von 12.000 Stadien angegeben, wobei die Gebäude ebenso hoch sind.[286] Ein Stadion misst 185 Meter.[287] Dieses Himmlische Jerusalem entspräche demnach einem quadratischen Würfel. Keine einzige gotische Kathedrale gleicht jedoch einem quadratischen Würfel. Ganz im Gegenteil entspricht diese quadratische Form eher dem Allerheiligsten des Salomonischen Tempels, das 20 Ellen hoch, breit und lang war.

Wie der renommierte Kunsthistoriker Professor Wilhelm Schlink von der Universität Freiburg feststellt, wird auch das Himmlische Jerusalem in mittelalterlichen Schriften wie der *Bible Moralisée* aus dem Jahr 1179 *ausschließlich* als Stadt dargestellt, jedoch nicht als Kathedrale. Ganz im Gegenteil bezieht sich sogar die alleinige Darstellung eines gotischen Bauwerks in den Mauern von Jerusalem in der *Bible Moralisée* auf die göttliche Rettung des Salomonischen Tempels.[288]

Christliche Bauherren haben sich seit Kaiser Justinian I., der die Hagia Sophia in Konstantinopel errichten ließ, bis heute auf König Salomo berufen und sich als sein Nachfolger betrachtet.[289] Sie bauten im Gehorsam Gottes. So wie Gott das Universum konstruierte, errichteten sie für Gott ein neues Haus, wie einst König Salomo. Eine höhere Mission war undenkbar in jenen Zeiten. Otto von Simson hebt in seinem Standardwerk *Die gotische Kathedrale* die Tatsache hervor, dass der Salomonische Tempel in mittelalterlichen Schriften der Steinmetzzünfte eine herausragende Rolle spielt. Der Tempel Salomos, so von Simson, wurde durch die göttlichen Maße als Prototyp des christlichen Kultbaus angesehen und die Erscheinung der christlichen Kirche in der Liturgie mit dem Tempel geheiligt.[290] So sind die ersten drei Lektionen des römischen Breviers dem Bericht über Salomos Weihung seines Tempels und Gottes Segnung des Tempels gewidmet.[291] In der Liturgie erfüllt sich also die göttliche Verheißung der Kirche – *ecclesia* – im Tempel Salomos.

Bereits der Pariser Augustinerchorherr Richard von St. Viktor (1110–1173) – einer der berühmtesten Theologen des Mittelalters und ein enger Freund Bernhards von Clairvaux – interpretierte in seinem Kommentar zum Buch Ezechiel *De Salomone et templo* die Kirche als Tempel Salomos. Für Richard von St. Viktor verband die Wendeltreppe im Salomonischen Tempel die unterste mit dem mittleren und oberen Stockwerk und war seiner Ansicht nach identisch mit den spiralförmigen Treppenaufgängen in Glockentürmen von Kirchen, die – wie die Westfassade von St. Denis – dreigeschossig gebaut wurden.[292]

So ist es angesichts dieser Tempelauslegung und des mittelalterlichen Bibelverständnisses nicht verwunderlich, dass die christliche Kirche im Mittelalter viele Merkmale des Salomonischen Tempels entlehnte: der siebenarmige Leuchter Menora und die Cherubim aus dem Allerheiligsten ebenso wie das *eherne Meer* im Vorhof des Salomonischen Tempels, das von zwölf Rindern getragen und aus Bronze gegossen war und sich heute noch in Gestalt des Taufbeckens wiederfindet. Auch die Draperien unter der Sockelzone der Obergaden – also den Fensterfronten über den Seitenschiffen der Kathedralen – entsprechen dem Zaun aus Vorhängen vor der Stiftshütte, die an Pfosten aufgehängt waren, in der die Israeliten während ihrer Wanderung durch die Wüste die Bundeslade aufbewahrten. Die Bronzesäulen Jachin und Boas an der Vorhalle des Salomonischen Tempels stellen die Doppelturmfassade der gotischen Kathedralen dar.[293]

Die amerikanischen Kunsthistoriker Jacqueline Frank und William Clark zeigen in einer Studie aus dem Jahr 2002, dass frühe biblische Beschreibungen des Salomonischen Tempels Doppeltürme und Zinnen erwähnen, wie sie eine gotische Kathedrale aufweist.[294] Der jüdische Geschichtsschreiber Flavius Josephus beschreibt in seinem Werk *Jüdische Kriege*, der Tempel habe eine goldene Tür gehabt[295] – die Tür des Hauptportals der Westfassade der Abteikirche von St. Denis bestand aus vergoldeter Bronze. Ferner beweisen Frank und Clark, dass die Geometrie von St. Denis eindeutig mit den Dimensionen des Salomonischen Tempels korrespondiert. So führte Abt Suger mit dem erweiterten Umbau der Abteikirche von St. Denis eine Dreiteilung ein, die von den meisten Kathedralenbauern übernommen wurde und auf den Maßen des Salomonischen Tempels beruht: Der Tempel war in eine Vorhalle, das Heiligtum für die Schätze und das Allerheiligste für die Bundeslade eingeteilt. Die Abteikirche von St. Denis ist ebenso in Vorhalle, Langhaus und Altarraum mit seinen kreisförmig angeordneten Kapellen aufgegliedert. Der Salomonische Tempel hatte, wie St. Denis, zwei Altäre.[296] In beiden Bauwerken sind die Altäre nur über Stufen zu erreichen, weil der Altar im Allerheiligsten höher gelegen war.[297] Frank und Clark folgern, dass Abt Suger den so genannten Märtyreraltar in der Abteikirche von St. Denis an exakt der gleichen Stelle errichten ließ, an der im Salomonischen Tempel die Bundeslade stand.[298] Es ist mithin nicht zu bestreiten: Der Salomonische Tempel diente Abt Suger als Vorbild.[299]

So stellt sich nun die berechtigte Frage, ob wir in der Abteikirche von St. Denis möglicherweise Hinweise finden, die den Schluss zulassen, dass Abt Suger in das Geheimnis des Templerschatzes eingeweiht war, wenn er in der Tradition von König Salomo handelte. Ist es möglich, in St. Denis Hinweise auf den templerischen Besitz der Bundeslade zu finden? Sehen wir uns doch Abt Sugers architektonisches Erbe etwas genauer an.

3. Die Bundeslade von St. Denis

Die Abteikirche von St. Denis[300] befindet sich etwa sechzehn Kilometer nördlich der Pariser Innenstadt, umgeben von einem Einkaufszentrum, Hochhäusern und Bürogebäuden. Es ist Dienstag. An diesem ungewöhnlich heißen, wolkenlosen Frühlingsmorgen liegen junge Paare auf dem Rasen, der die Kathedrale umgibt.

Ich nähere mich der Westfassade, die in drei halbkreisrunde Eingangsportale und drei Bauzonen gegliedert ist. Die Rundbögen der Portale weisen auf einen romanischen Ursprung hin. Die so genannten Blendarkaden der zweiten Zone über den Eingangsportalen, die zur Verzierung dienen, sind von den Steinmetzen als Spitzbögen herausgearbeitet worden. Meine Beobachtung bestätigt die schriftliche Aufzeichnung Sugers, der berichtet, dass die Bauarbeiten der Erneuerung der Abteikirche von St. Denis am Westportal begannen.

In der oberen Zone erblicke ich über dem Mittelportal eine Fensterrose, links und rechts daneben jeweils vier rundbogige Blendarkaden mit Heiligenfiguren. Darunter sind jeweils zwei Fenster in Spitzbogenform untergebracht. Der obere Rand der Westfassade ist komplett mit einem Zinnenkranz umgeben – so wie der Salomonische Tempel in den biblischen Beschreibungen des Alten Testaments.

Die Geschichte der Gotik zu erklären, ist hier nicht die Aufgabe, doch sei angemerkt, dass selbst ästhetisch ansprechende architektonische Details statische Aufgaben erfüllten. Nichts wurde dem Zufall überlassen, jeder Teil der Kathedrale hatte eine Funktion. So rufe ich mir die Geschichte des Spitzbogens ins Gedächtnis: Tatsächlich tauchte der erste Spitzbogen bereits in den islamischen Bauwerken Palästinas auf, noch bevor Abt Suger die Bauarbeiten in St. Denis beginnen ließ.[301] Als markantestes Beispiel seien nur der Felsendom und die Al-Aqsa-Moschee auf dem Tempelberg in Jerusalem genannt, die 691 bzw. 705 n. Chr. errichtet wurden.[302] Gotische Elemente tauchten bereits Ende des 11. Jahrhunderts im Burgund in der benediktinischen Klosteranlage Cluny auf, die um das Jahr 910 gegründet wurde. Otto von Simson stellt fest, dass Cluny als größte Klosteranlage des Mittelalters bautechnisch vertikal, also gen Himmel strebend, errichtet wurde – ein architektonisches Attribut, das erst spätere gotische Kathedralen Frankreichs charakterisierte.[303] Die dritte Erweiterung der Abtei Cluny – Cluny III genannt – wurde um das Jahr 1089 unter dem Benediktinerabt Hugo durchgeführt; hier erschien der Spitzbogen erstmals auf europäischem Boden. Der Gebäudekomplex wurde immer großräumiger und strebte in die Höhe, sodass die Abteianlage die Dimensionen von Alt-Sankt-Peter in Rom übertraf – ein Grund, warum Bernhard von Clairvaux diese Gigantomanie Clunys kritisierte, die jeder architektonischen Schlichtheit der Zisterzienser spottete.

Die gotische Architektur ist hauptsächlich benediktinischen Ursprungs, doch spielen islamische und auch zisterziensische Einflüsse zweifellos eine bedeutende Rolle. So liegt es nahe, dass Mönche, die an der Errichtung Clunys beteiligt waren und die Kreuzfahrer auf ihrem Eroberungszug Jerusalems begleiteten, von dem Knowhow der islamischen Bauwissenschaft profitiert haben. Jedoch erfolgte – wie im Falle von St. Denis – nach dem Aufkommen des Spitzbogens kein klarer architektonischer Schnitt: Gotik und Romanik standen zunächst sogar in Konkurrenz zueinander. Zahlreiche Kirchen, die romanische Eigenschaften aufwiesen und aus bautechnischen Gründen erneuert werden mussten, wurden gotisch weitergebaut. So geschah dies zuerst in St. Denis. Bis zur Einführung der gotischen Bauweise zeichneten sich romanische Basiliken durch so genannte Rundtonnengewölbe mit rechteckigem Grundriss, dicke, gedrungene Wände und kleine Fenster aus. Es war dunkel in diesen

Kirchen. Cluny bildete mit der Kirche St. Madeleine im burgundischen Vézelay, wo Bernhard von Clairvaux im Jahr 1146 den zweiten Kreuzzug predigte, eine der wenigen Ausnahmen.

Abt Suger beschloss, die vorhandenen Fundamente des Baus von König Dagobert aus dem 7. Jahrhundert zu nutzen, um eine bautechnische Revolution durchzuführen. Die massiven Mauern der romanischen Kirchen wurden durch filigrane, nach oben strebende Wände ersetzt, die in Joche unterteilt waren. Joche markierten die Wandabschnitte, die sich im Kreuzrippengewölbe abschlossen. Sonnenlicht durchflutete nun die Abteikirche durch große Fensterfronten. Der Kunsthistoriker Hans Jantzen sprach von einer diaphanen Struktur:[304] Eine gestaltete Mauer oder Wand wird lichtdurchlässig.

Die Kreuzrippengewölbe bündelten die hohen Wände. Strebepfeiler und so genannte Fialen hoben an den Außenfassaden die Schubkräfte der Mauern auf. Fialen sind spitz zulaufende Türmchen, die Gewicht auf die Strebepfeiler der Gebäude ausüben und somit eine ausgewogene Statik ermöglichen. Erst das statische Gleichgewicht aus hohen Wänden und Kraft abfangenden Strebepfeilern ermöglichte es, das Rundtonnengewölbe durch spitzbogig zulaufende Kreuzrippen zu ersetzen. In anderen Worten: Die Konstruktion einer Kathedrale ist von höherer Geometrie und profunden Statikkenntnissen abhängig.

Die Westfassade der Abteikirche hat nur noch einen rechten Turm. Der linke, nördliche Glockenturm wurde 1837 bei einem Gewitter durch einen Blitzschlag schwer beschädigt. Der Architekt François Debret ließ jedoch bei dem Wiederaufbau schwerere Steine verwenden als den Sandstein, aus dem die Abteikirche ursprünglich gebaut wurde. So drohte das Gewicht des Nordturms das Gebäude der Westfassade zum Einsturz zu bringen – und der Turm wurde wieder abgebaut.[305]

Ich nähere mich den Eingangsportalen der Westfassade und begutachte die figurenbestückten Bögen der Archivolten und die mit biblischen Szenen verzierte, treppenförmig abgegliederte Rahmenumgrenzung der Portale, das so genannte Gewände. Ein durchgehendes Programm der drei Portale erschließt sich mir nicht sofort, denn ich blicke auf figurenlose Gewände. Die Skulpturen, die dort einst zu sehen waren, wurden während der Französischen Revolution im

Jahre 1789 von rasenden Mobs mit Hämmern und Brecheisen zertrümmert und weggesprengt.[306] Ein ähnliches Schicksal sollten auch einige der schönsten gotischen Kathedralen Frankreichs während der Revolution erfahren, wie etwa die Kathedralen von Châlon-sur-Marne in der Champagne oder Noyon in der Picardie. Zeichnungen aus dem Jahr 1729, die von Bernhard von Montfaucon veröffentlicht wurden, stellen Königsfiguren der Merowinger dar.[307] Die Portalanlage wurde während des 19. Jahrhunderts durch François Debret mehr oder weniger fachgerecht restauriert.[308]

Die gegenwärtigen ikonografischen Darstellungen, die ich jetzt an den Portalen sehe, sind bis heute Gegenstand kunsthistorischer und archäologischer Debatten. Es ist nicht sofort ersichtlich, welcher Teil aus der Zeit Sugers stammt oder erst während der Restaurierungsarbeiten hinzugefügt wurde. Der Kunsthistoriker Martin Büchsel etwa schreibt das linke Portal der alleinigen Fantasie des restaurierenden Bildhauers Joseph-Sylvestre Brun zu, der im 19. Jahrhundert seine Arbeiten ausführte. Es gelang jedoch der amerikanischen Kunsthistorikerin Pamela Z. Blum in akribischer Detektivarbeit, jene Partien der Portale herauszufiltern, deren Restaurierung auf ursprünglichen Arbeiten aus der Zeit Sugers basieren. Somit steht fest, dass die Ikonografie vollständig auf Abt Suger zurückgeht und, wenn überhaupt, über die Jahrhunderte nur geringfügig verändert wurde.[309]

Das Mittelportal zeigt das Jüngste Gericht, mit dem in der Mitte thronenden Jesus Christus, der die Arme ausbreitet; mit der rechten Hand segnet er, mit der linken weist er ab. Hinter ihm befindet sich ein Kreuz, das zwei Engel halten. Das Bild ruft mir schmerzhaft in Erinnerung, dass das Kreuz ein Folterinstrument und Leidenswerkzeug war. Zwei andere Engel halten einen Nagel und die Dornenkrone, die so genannten Arma Christi. Die zwölf Apostel, in ekstatischen Haltungen gezeigt, flankieren Jesus Christus. In unmittelbarer Nachbarschaft erkenne ich die Jungfrau Maria und den Jünger Johannes als Fürbittende. Links und rechts zu Jesu Füßen erheben sich die Toten aus ihren Sarkophagen. Unterhalb des Tympanons sind am inneren Gewände in senkrechter Anordnung zur Portaltür die klugen und törichten Jungfrauen links wie rechts sichtbar. Die Tür zum Paradies öffnet sich den klugen Jungfrauen. Unterhalb des linken Fußes des Herrn ist ein Mönch zu sehen, der mit einer bittenden

Geste zu Jesus Christus aufsieht. Sein Haar weist eine Tonsur auf. Es ist Abt Suger.[310]

Ich sehe mir nun das rechte, südliche Portal an. Das Tympanon stellt die letzte Kommunion des heiligen Dionysius und seiner Gefährten vor dem Martyrium dar. Dionysius wurde um 250 n.Chr. durch Papst Fabianus in Rom nach Gallien geschickt, um dort das Christentum zu verkünden und nach den Überlieferungen Gregors von Tours um 251 n.Chr. als Bischof in Paris zu wirken. Der römische Statthalter war erzürnt über die Missionarsversuche des heiligen Dionysius und ließ ihn und seine beiden Gefährten Rusticus und Eleutherius kurzerhand köpfen. Einer Legende zufolge habe Dionysius sein Haupt aufgehoben und sei kopflos sechs Kilometer weit gegangen, um dort zu sterben, wo der fränkische König Dagobert I. im Jahr 625 n.Chr. die romanische Abteikirche errichtete, die Abt Suger restaurieren und in gotischem Stil erweitern ließ.

Christus überreicht in dieser Darstellung dem heiligen Dionysius die Hostie. Larcia, die Dionysius an die Römer verriet und in einem Anfall von Selbsterkenntnis zur Christin wird, ist zur Linken des Heiligen dargestellt – zu seiner Rechten begegnet uns hingegen der Statthalter Fescennius, der sein gnadenloses Urteil über Dionysius ausspricht. Ganz oben im Scheitel der Archivolte erscheint der heilige Dionysius mit einer Bischofsmitra in seinen Händen, der von einem Engel die Märtyrerkrone erhält. Seine Henker sind zu seinen Füßen in Stein gemeißelt.

Eine Busladung von japanischen Touristen umzingelt mich nun, die sich für mehrere Fotos in Reih und Glied vor dem rechten Portal aufstellen. Ich habe Mühe, weiterhin die Darstellungen zu untersuchen. Daher beschließe ich kurzerhand, mir das linke, nördliche Portal anzusehen. In der äußeren Archivolte erkenne ich Jesus Christus, der in einer Aureole des himmlischen Lichts erscheint, umgeben von zwei Engeln. Er händigt Mose zu seiner Rechten die beiden Gesetzestafeln aus. Zur Linken Jesu identifiziere ich Aaron. Er hält den grünenden Stab, der ihn als Auserwählten des Stammes Levi zum Hohepriester ausweist. Diese Darstellungen beruhen auf dem ursprünglichen Plan Sugers.[311]

Die Deckungsgleichheit der Worte *Virgo* für Jungfrau und *Virga* für den grünenden Aaronstab, der vor und in der Bundeslade aufbewahrt wurde, scheint das gesamte Programm der Portalanlage widerzuspiegeln. Der grünende Aaronstab des Alten Testaments steht für die Saat der Pflanze Jesus, in der Symbolsprache *flos* genannt, die Maria in sich trägt. Diese so genannten *typologischen* Entsprechungen zwischen Altem und Neuem Testament finden sich in St. Denis allenthalben. Die Typologie stellt Ereignisse und Personen des Alten Testaments dem Neuen Testament gegenüber. So entspricht Moses etwa Jesus Christus – die Bundeslade als Symbol für den Bund Gottes mit den Israeliten parallelisiert der Jungfrau Maria, die Jesus Christus als das neue göttliche Gesetz in sich trägt.

Unterhalb Jesu Christi erkenne ich die Bundeslade mit ihren Tragestangen und einem betenden Engel über ihr. Links von der Bundeslade erscheint König David mit der Harfe, rechts neben der Lade sein Sohn Salomo, der den Tempel trägt. Am Fuße des Tympanons, oberhalb der Portaltür, ist der Tempel Salomos zu sehen. Zu seiner Rechten erscheint der babylonische König Nebukadnezar II., der Jerusalem brandschatzt. Links neben dem Tempel werden die

Bild 17: Die Bundeslade im linken Portal der Westfassade von St. Denis.

Israeliten in Ketten abgeführt und durch die babylonischen Truppen ins Exil deportiert. Die Gewände links und rechts der Portaltür sind mit Reliefs der Tierkreiszeichen geschmückt. Links oben ist die Jungfrau zu sehen, gefolgt vom Stier, dem Widder, den Fischen und so weiter. Die Jungfrau scheint in St. Denis eine entscheidende Rolle zu spielen. Das vermerke ich in meinem Notizbuch.

Pamela Blum wies anhand von mittelalterlichen Überlieferungen des Schriftstellers *Pseudo-Dionysios Areopagita* nach, dass Abt Suger für das linke Portal eine unzweideutige typologische Aussage über die Rolle der christlichen Kirche im Umfeld des Salomonischen Tempels und der mosaischen Gesetze vorsah.[312] Dieser unbekannte Autor, der sich das Pseudonym *Dionysios Areopagita* gab, beeinflusste die Theologie des Mittelalters immens und wurde ab dem 9. Jahrhundert mit dem Schutzpatron der Abteikirche von St. Denis und ersten Bischof von Paris, dem heiligen Dionysius, gleichgesetzt.

Der Salomonische Tempel wird zur Kirche, genauer, zu St. Denis. Das mosaische Gesetz des Alten Testaments äußert sich im Neuen Testament im Gesetz Christi. Der grünende Stab Aarons ist gleichbedeutend mit der Saat der Blume Christi, die seine Mutter, die Jungfrau Maria, in sich trägt. Die Bundeslade zwischen David und Salomo, die ich in der Archivolte des linken Portals erblicke, ist demnach ebenso eine typologische Entsprechung für die Jungfrau Maria. So entspringt das linke Portal keineswegs der Fantasie des Restaurators, sondern basiert auf einer strikt mariologisch ausgerichteten Konzeption Abt Sugers. In anderen Worten: Es ging Suger um die Verehrung der Jungfrau Maria.[313]

Hier in St. Denis zeigt sich ein erster architektonischer Ausgangspunkt des Marienkults, den Bernhard von Clairvaux bis zur Besessenheit betrieb und den die Tempelritter übernahmen. Wir erinnern uns daran, dass sich der Templerorden der Verehrung der heiligen Jungfrau Maria verschrieben hatte. Doch man muss Sugers Programm der Portale vor allem umgekehrt sehen: Die jungfräulichen Zeichen in St. Denis weisen auf die Bundeslade hin.

Bild 18: Die Anmut der Abteikirche von St. Denis stellt manche Kathedrale in den Schatten.

Die japanischen Touristen werden nun von einer französischen Schulklasse mit schätzungsweise dreißig schwer pubertierenden Gymnasiasten verstärkt, die damit beschäftigt sind, ihre Lehrerin mit lautem Geschwätz und Gelächter in den Wahnsinn zu treiben.

Als ich in die Vorhalle – den Narthex – der Abteikirche flüchte, empfängt mich angenehme Kühle. Eine eigenartige Stimmung erfasst mich, als ich durch die Vorhalle das Mittelschiff betrete. In diesem Teil der Kirche befanden sich um 775 zwei – damals allerdings baufällige – Chorumgänge, die unter der Regie von Abt Fulrad vollendet worden waren. Suger ließ die östliche Apsis niederreißen und durch die gegenwärtige Apsis ersetzen.[314]

Ich lasse meine Blicke durch die Abteikirche schweifen. Das Langhaus des Mittelschiffs der Königsbasilika wird von zwei Seitenschiffen flankiert, deren Arkadengänge links und rechts durch sechs Pfeiler unterteilt sind: zwölf Pfeiler für die zwölf Apostel, aber auch für die zwölf Stämme Israels. Über den Bögen der Arkaden befindet sich ein Triforium, das durch Reihen von Buntglasfenstern mit Heiligendarstellungen verziert ist. Das Triforium befindet sich generell in gotischen Kathedralen unterhalb der Fensterfront der Obergaden. In St. Denis wurde ein begehbares Triforium um 1231 unter den Obergaden angebracht und sorgt seitdem für ein noch intensiveres Licht im Langhaus, dem Raum für die gläubige Bevölkerung, die den Gottesdiensten beiwohnt.

Als ich mich dem rechten Seitenschiff nähere, stelle ich fest, dass jeweils ein Joch des Mittelschiffs zwei Seitenschiffjoche und somit ein Verhältnis von 1:2 bilden. Kunsthistoriker nennen das ein *gebundenes System*.[315] Suger verwendete das Vierungsquadrat, das sich am Schnittpunkt aus Mittelschiff und Querschiff bildet, als Grundprinzip des gesamten Baus, bei einem Verhältnis von 1:1. Jedes Joch korrespondiert demnach mit einem südlichen – rechten – und nördlichen – also linken – Joch.

Das Lichtspiel der Mittagssonne, deren Strahlen durch die bunten Bleiglasfenster auf die Steinplatten des Bodens fallen, ist magisch. Der Chor im Osten erstrahlt in überwältigendem Farbfeuerwerk, rubinrot, smaragdgrün, saphirblau und dazwischen überirdische Farbschattierungen von mystischer Schönheit. Die Kirche wirkt ungewöhnlich hell durch die bodennahen Fenster und die Obergaden. St. Denis ist ein Tempel des Lichts. Ich fotografiere wie berauscht. Abt Suger muss die Wirkung dieses Lichtspiels bis ins letzte Detail durchgeplant haben. Kein Wunder, dass die anwesenden Adeligen, die Bischöfe und König Ludwig VII. bei der Einweihung der Abteikirche überwältigt waren, ist doch bekannt, dass selbst der Abendmahlskelch Sugers mit Edelsteinen besetzt war, die das hereinströmende Licht in alle Spektralfarben brachen. In meiner Fantasie sehe ich gestandene Männer mit Tränen in den Augen in einer weihrauchgeschwängerten Abteikirche in die Knie gehen und ehrfürchtig zu Gott beten, ekstatisch liturgische Choräle anstimmend.

Ich nähere mich dem südlichen Querhaus. Hier beginnen die Grabmäler der Könige Frankreichs. Ich entdecke die Grabplatte von König Philipp dem Schönen, der die Verhaftung aller Tempelritter in Frankreich am 13. Oktober 1307 befahl.

Zu meiner Überraschung stelle ich fest, dass ich die im Osten liegende Apsis, den halbkreisförmigen Altarraum, dem neun Kapellen angeschlossen sind, nur betreten kann, wenn ich ein Ticket für die Krypta löse. Also kaufe ich draußen eine Eintrittskarte für sieben Euro, betrete die Kirche wieder durch das Südportal und steige die Stufen hinauf, um mir die Fenster der Kapellen der Chorapsis anzusehen.

Hier oben befinden sich einige Gräber der Merowingerkönige. Ich setze mich auf einen der Stühle und blicke mich im Altarraum um. Wieder umgeben den Bereich zwölf Säulen. Dreigliedrige Dienstbündel wachsen zum Scheitelpunkt des Gewölbes empor. Auf dem Altar steht ein vergoldeter Reliquienschrein mit Knochen des heiligen Dionysius. Ob die Knochen authentisch sind, bleibt dahingestellt. Ich sehe mich um, um zu überprüfen, ob mich jemand beobachtet. Dann übertrete ich die Absperrung und nehme den Altar in Augenschein. Ich stelle

Bild 19: Die Apsis von St. Denis erstrahlt in überirdischem Licht.

mich vor den Altar und blicke mit dem Rücken zur Apsis ins Langhaus des Mittelschiffs der Basilika und dann nach links zu den Kapellen. Das farbige Sonnenlicht, das durch die Fenster der Kapellen dringt, fällt von der linken Seite auf den Boden des Altarraums.

Suger beschreibt dieses Naturspiel als *lux mirabilis et continua clarissimarum vitrearum,* als wunderbares, ununterbrochenes Licht, das die gesamte Kirche in göttlicher Helligkeit durchströmt und die Schönheit des Innenraums durchwandert.[316] Dieses einzigartige Schauspiel wurde nur möglich, weil die Buntglasfenster im Kapellenkranz der Apsis mehr Fläche einnehmen als das gotische Mauerwerk.[317] Suger maß den Fenstern besonders große Bedeutung bei, was sich auch in den Kosten für die Handwerker und die verwendeten Materialien widerspiegelte, die viel höher waren als andere Baumaßnahmen in der Abteikirche.[318] Allein für die Pflege der Fenster beschäftigte Suger einen Meister und ließ für die Herstellung Arbeiter aus fremden Ländern kommen.[319] Suger betrachtete die Fenster nicht nur als mystisches Element für die Liturgie, sondern vor allem als Kostbarkeit des Kircheninnenraums, die sehr kompliziert und kostspielig war in ihrer Herstellung sowohl durch pigmentierte Farbaufträge auf das Glas als auch durch Farbbeimischungen während des Glasschmelzvorgangs. Diesen Prozess der Buntglasherstellung beschreibt bereits Rogerus von Helmarshausen, ein Benediktinermönch, der um 1070 geboren wurde und 1125 starb und zwischen 1100 und 1107 im Kloster Helmarshausen an der Weser wirkte.[320] Dabei erschließt sich der Sinn von Sugers glasmalerischer Ikonografie keineswegs nur durch die Ansicht des Fensters, sondern auch in seinen programmatischen Titeln, die der Abt den Fenstern gab.

In meinen Augenwinkeln erstrahlt ein Medaillon in einem Fenster der Kapelle des heiligen Peregrinus in hellblauem Licht. Der Anblick ist beinahe hypnotisch. Wie fremdgesteuert vom überirdischen Gleißen husche ich über die Abgrenzung zum Altarbereich und nähere mich dem Fenster, in der Hoffnung, hier mehr oder weniger unzweideutige Hinweise auf die Bundeslade zu finden.

Suger maß diesem Fenster in der Kapelle des heiligen Peregrinus besondere Bedeutung zu. Das markante Bild ganz oben ist Teil des so genannten »anagogischen Fensters«, das in fünf runde Medaillons unterteilt ist. Das untere Medaillon zeigt Jesus zwischen der Darstellung der christlichen Kirche – ecclesia – und der Sinagoga, der jüdischen Synagoge, dem Tempel, in Gestalt von zwei Frauen. Doch noch etwas fällt mir auf: Über den Leib Jesu verteilt finden sich sieben zu einem Geflecht verbundene Punkte. Als ich das Bild genauer betrachte, schwanke ich zwischen einer Darstellung des ptolemäischen Sonnensystems mit den fünf Planeten, Sonne und Mond oder der jüdischen Kabbala. Jesus berührt ecclesia und sinagoga mit seinen Händen auf den Köpfen der Frauen. Die Kabbala ist das Synonym für die Offenbarung Gottes und der Zehn Gebote auf dem Berg Horeb. Ich werfe einen Blick in mein Notizbuch.

Aufgeschlüsselt im kabbalistischen Baum könnten hier die göttlichen Emanationen der Sephiroth zu sehen sein. Auf das Bild angewandt, sind hier Binah (Verstand), Gewurah (Macht), Hod (Glanz), Chokmah (Weisheit), Chesed (Gnade), Nezach (Ewigkeit) und Tipherath (Schönheit) zu sehen. Sieben von zehn kabbalistischen Symbolen erscheinen in St. Denis im anagogischen Fenster. Aber dann erkenne ich, dass es acht Symbole sind: Kether, die Krone, wird von Jesus auf dem Kopf getragen. Malchuth, die Herrschaft oder das

Königreich, und Jesod, die Grundlage, fehlen. Jesus Christus verkörpert laut Suger all diese Attribute. Jesus Christus ist der Sohn Gottes. Die Synagoge des Judentums wird durch ihn zur Kirche. Da jedoch die beiden wichtigsten Attribute der Kabbala fehlen, interpretiere ich, dass Jesus keineswegs die Grundlage für die christliche Herrschaft bildet.

Das Bild scheint eine offensichtliche und eine subtile Botschaft zu vereinen: Christus entspringt aus dem Judentum, die Kirche entspringt aus der Synagoge, dem Salomonischen Tempel. Doch Christus vermag es nicht, seine Herrschaft zu begründen, denn die beiden wichtigsten Aspekte der Kabbala fehlen. Ich notiere den merkwürdigen Aspekt, dass sich die Kunstgeschichte anscheinend uneins ist über die Bedeutung der sieben Kreise, in mein Notizbuch. Weiter oben im Fenster erkenne ich Mose, der die göttlichen Gesetzestafeln in den Händen hält. Eine solche Darstellung ist eher unspektakulär.

Doch dann stockt mir der Atem, denn ich sehe im obersten Medaillon des anagogischen Fensters eine Darstellung der Bundeslade mit Tragestangen. Links und rechts von der Bundeslade erscheint ein winziger Spruch:

FEDERIS:EX.ARCA.CRUCE./XRI.SISTITUR.ARA.

FEDERE. MAIORI. VULT. IBI. VITA./MORI.

Ich versuche zu übersetzen: »Aus der Lade des Bundes wird durch das Kreuz Christi der Altar errichtet; für einen größeren Bund wird das Leben hier sterben.«

Offensichtlich meinte Suger, dass aus dem Tempel die Kirche, aus dem Judentum das Christentum hervorgeht. Suger maß diesem Fenster besondere Bedeutung bei, denn er erwähnt es ausdrücklich in seiner Schrift *De administratione*.[321] An den vier Enden der Bundeslade sind Räder montiert. Die vier Evangelisten erscheinen in den Ecken als Mensch, Adler, Löwe und Stier. Auf der Bundeslade steht ein grünendes Kreuz, das von Jesus Christus gehalten wird. Zwischen Kreuz und Christus befindet sich ein gelber Vorhang. Unterhalb der Bundeslade erkenne ich zwei Schriftzüge in Grün und Gelb. Ich lese: *Quadrigae Aminadab.*

Mein Herz beschleunigt sich. Der gelbe Vorhang ist nichts anderes als der Vorhang, der das Heilige von dem Allerheiligsten des

Bild 20: Das so genannte anagogische Fenster mit der Bundeslade.

Salomonischen Tempels trennte. Auf St. Denis projiziert, ist also das Langhaus vom Chorraum getrennt.[322] Die Apsis, jener Bereich in St. Denis, in dem der Märtyreraltar steht, ist das Allerheiligste des Salomonischen Tempels.

Der Schriftzug *Quadrigae Aminadab* bezieht sich auf das Haus des Aminadab in Kirjat-Jearim. In Aminadabs Haus wurde die Bundeslade zwanzig Jahre von ihm und seinem Sohn Eleasar gehütet. Die *Quadriga* ist der Karren Aminadabs, auf dem die Lade von König David nach Jerusalem gebracht wurde. In mir keimt die unbestimmte Ahnung auf, dass St. Denis zwar aus architektonischer Sicht eine Hommage an den Salomonischen Tempel darstellt. Doch das Haus Aminadabs war nur eine Zwischenstation der Bundeslade. Vielleicht auch St. Denis. Suger, der die Wichtigkeit dieses Fensters mit der Darstellung der Bundeslade betonte, *ist* Aminadab und Salomo zugleich. Er betrachtete sich als Hüter der Lade, deren Schutz er als Bauherr der Abteikirche von St. Denis besonders betonte.[323]

Ich ziehe wieder mein Notizbuch zurate. Ich erinnere mich daran, dass Suger eine unzweideutige Anspielung auf die Bundeslade machte. Nach einigem Blättern finde ich die Passage. In *De ordinatio* offenbart Suger sein besonderes Augenmerk für die Bundeslade der Israeliten, als er schreibt:

»Wir, Suger, wie auch immer Abt von St. Denis, glauben, dass es sowohl für alle Gläubigen als auch besonders für alle, die ein leitendes Amt in der Kirche bekleiden, vor Gott ehrenvoll und nützlich ist, Fürsorge zu treffen für diejenigen, die im Dienst für Gott den Allmächtigen stehen, ihnen Mühe und Schweiß ihres Eifers mit jeglicher Art von Hilfsmitteln, sei es geistlicher, sei es weltlicher Art, zu erleichtern, sie mit Mitteln zum Unterhalt zu versorgen, auf dass sie auf ihrem Wege nicht ermatten [...]; zumal ihnen durch Gottes Weisung bedeutet wurde, auf welche Weise sie mit Rinds- und Kuhhäuten die Bundeslade Gottes hegen und schützen sollen, um stürmische Regengüsse und Widrigkeiten jeder Art abzuhalten.«[324]

Mit Sicherheit meinte Suger seinen Satz nicht allegorisch, denn er weist darauf hin, dass seine typologischen Bilder nur den *litterati* zugänglich seien: den Betrachtern, die sie wortwörtlich verstehen können.[325] Skizziert Suger vielmehr den Transport der Bundeslade von Jerusalem nach Paris bei Nacht und Nebel und Wind und Regen durch die Templer, wenn er schreibt, dass die Lade mit Rinds- und Kuhhäuten gehegt und geschützt wurde, um stürmische Regengüsse und Widrigkeiten jeder Art abzuhalten?

Wenn dem so ist, dann müsste es hier in St. Denis noch weitere Hinweise auf den Transport der Lade in die Königsbasilika von St. Denis geben. Hinweise, die eindeutig sind, um jeden Zweifel daran zu beseitigen, dass die Templer die Bundeslade in Jerusalem fanden und nach Frankreich überführten.

Ich klappe mein Notizbuch zu und untersuche sämtliche Kapellenfenster der Apsis. Doch zu meiner Enttäuschung werde ich nicht weiter fündig. Das anagogische Fenster mit der Darstellung der Bundeslade bleibt hier oben im Altarraum eine Ausnahme. Ich fotografiere das Fenster und wende mich der Treppe zum Langhaus zu. Ich sehe einige Besucher die Stufen der Krypta hinuntersteigen und ich beschließe kurzerhand, mir die Unterkirche von St. Denis anzusehen. Viel verspreche ich mir nicht davon.

Inzwischen ist die Abteikirche gefüllt mit Besuchergruppen aus allen möglichen Ländern. Ich vernehme spanische, italienische, deutsche Sprachfetzen. Eine Gruppe von kichernden französischen Schulmädchen stolpert die Treppen zum Chorraum hinauf und rennt mich beinahe um. Als ich wieder am Südportal angelangt bin, steige ich die Stufen zur Krypta hinunter. Die Temperatur sinkt um einige Grad, und ich erschauere.

Während ich durch die spärlich beleuchteten Gänge der Krypta gehe, ziehe ich wieder mein Notizbuch zurate. Die Krypta weist ebenso wie der obere Chor einen Kapellenkranz auf. Der amerikanische Archäologe und wohl berühmteste Experte auf dem Gebiet der Abteikirche von St. Denis, Sumner McKnight Crosby, wies durch Berechnungen und Abmessungen des Chorraums und der Krypta nach, dass sich Abt Suger auf das kosmologische System des römischen Astronomen Claudius Ptolemäus bezieht. Die sieben Halbkreise, die ich gerade abschreite und die in der Krypta die Kapellen bilden, stellen die mittelalterliche Auffassung des Sonnensystems dar: Mond, Merkur, Venus, Sonne und dann die drei Planeten, Mars, Jupiter, Saturn.[326] Die Konstruktion der Apsis erfolgte also unter der Zuhilfenahme kosmologischer Dimensionen. Den Mittelpunkt bildet die Erde, sie korrespondiert mit dem Märtyreraltar im oberen Chorraum. Das ptolemäische System basierte noch auf der Annahme, dass die Sonne um die Erde kreist. McKnight Crosby folgerte, Abt Suger habe das Wissen über das ptolemäische System durch den Abt Thierry von Chartres erhalten müssen, der in seiner Schrift *Heptateuchon* die Lehre des Ptolemäus als Grundlage aller astronomischen Forschung ansieht. Die ursprüngliche arabische Schrift über die ptolemäische Wissenschaft wurde offiziell erst 1175 ins Lateinische übersetzt. Doch Suger muss durch Abt Thierry von Chartres bereits um 1140 an das ptolemäische Wissen gelangt sein.[327]

Mir wird nun deutlich vor Augen geführt, wie Abt Suger bei der Errichtung und Erweiterung seiner Abteikirche astronomisches und geodätisches Wissen einsetzte. Ein äußerst wichtiger Aspekt, dem wir noch beim Bau der Kathedralen Frankreichs begegnen werden.

Ich untersuche die Kapitelle der Säulen. Sie zeigen nach Erkenntnissen von Pamela Blum drei verschiedene Motivreihen, die zusammen ein ikonografisches Programm bilden: Szenen aus dem Alten Testament, Szenen aus dem Leben des heiligen Benedikt von Nursia und Szenen aus dem Leben Sugers in Bezug auf den heiligen Dionysius.[328] Die insgesamt sieben Benediktszenen sind nicht zugänglich, weil eine Absperrung den Besucher daran hindert, den Raum zu betreten, in dem die Königsgräber untergebracht sind.

Die Benediktszenen kann ich jedoch ausschließen. Als ich den nordöstlichen Bereich des Chorumgangs der Krypta erreiche, entdecke ich auf einem Kapitell die Darstellung einer Mönchsprozession. Der vordere Mönch trägt einen Stab mit einem Kreuz. Es hat die Form eines Tatzenkreuzes der Templer. Hinter ihm prozessieren zwei weitere Mönche. Sie tragen einen Schrein mithilfe von zwei Stangen. Unterhalb des Kastens, der ein Satteldach aufweist und damit wie ein Reliquienschrein anmutet, schwingt ein Weihrauchgefäß. Ich schließe daraus, dass hier sehr wahrscheinlich die Weihe der Abteikirche gemeint ist. Der Schrein bezieht sich vielleicht auf den heiligen Dionysius. Andererseits fehlt hier die typische Darstellung eines Pilgers, der ehrfürchtig unter dem Schrein kriecht und die Gebeine des Heiligen verehrt. Mich erstaunt sehr, dass diese Darstellung einer Prozession vermeintlich eindeutige Eigenschaften der Tempelritter und der Bundeslade aufweist. Abt Suger sah sich jedoch als Wächter der Lade und König Ludwig VII. als König David, wie wir gesehen haben.

Bild 21: Mönche tragen ein Templerkreuz sowie ein Objekt, das der Lade stark ähnelt.

Ich gehe weiter. Eine amerikanische Familie bewundert ehrfürchtig die Grabplatten der Kapetinger aus poliertem schwarzem Granit. In einem Seitenarm zeigt ein Schild an, dass hier archäologische Ausgrabungen stattfinden. Sarkophage aus dem 7. Jahrhundert werfen unheimliche Schatten im Dämmerlicht. Ich frage mich, was hinter den Gemäuern der Abteikirche noch alles verborgen sein könnte.

Ich untersuche jeden Winkel, jede Säule, jedes Kapitell. Bis auf die Darstellung des seltsamen Schreins und des templerartigen Kreuzes fällt mir nichts weiter auf. Ich habe mich bereits mit meiner eher ärmlichen Ausbeute abgefunden. Als ich neben der Tafel mit allen königlichen Abkömmlingen der Merowinger, Karolinger, Kapetinger und Valois stehenbleibe und meinen Blick nach rechts wende, stockt mir der Atem. Ich reibe mir die Augen.

Ich erblicke einen Kasten in Gestalt eines Hauses, auf dem Dach sind links und rechts zwei Erhebungen zu sehen: die Bundeslade, dargestellt als Haus, wie es im Mittelalter üblich war. Es erinnert mich an die Darstellung der Mönche auf dem Kapitell, die einen Kasten tragen. Der Karren wird von einem Pferd oder Ochsen gezogen. Genau ist es nicht erkennbar. Doch links daneben sehe ich einige Köpfe in den Stein gemeißelt. Sie blicken auf den Kasten. Ihre Köpfe haben Mönchsfrisuren. Ich zähle sie durch.

Bild 22: Sind dies die neun Templer um Hugo von Payns mit der Bundeslade?

Es sind exakt neun Köpfe. Kein Zweifel. Neun Köpfe von Mönchen oder Rittern.

In meinem kunsthistorischen Führer erfahre ich, dass es sich angeblich um die Überführung der Relikte des St. Edmund (841–869), König von East Anglia, handeln soll. Aber meine Zweifel wachsen, da St. Dionysius keine Bezüge zum Märtyrer St. Edmunds aufweist, außer dass beide enthauptet wurden. Auch hatte die Abtei von St. Denis keine direkten Beziehungen zur Benediktinerabtei von Bury-St.-Edmunds, wo sich das Grab von St. Edmunds befindet. Es ist mir schleierhaft, wie diese Deutung zustande kommt.

Für eine templerische Darstellung sprechen die neun Köpfe, der Schrein auf dem Ochsenkarren in Anlehnung an Aminadab und dass dieses Kapitell aus dem ersten Drittel des 12. Jahrhunderts stammt. Doch es ist eine Mutmaßung.

»Auf nach Chartres«, schreibe ich dennoch in mein Notizbuch.

4. Der Siegeszug der Gotik

Der Weg nach Chartres führt mich über den Außenring von Paris auf die Autobahn A10. Stresshormone schütten sich in meinem Gehirn aus, als mich ein Sattelschlepper schneidet und nur Zentimeter an der Motorhaube meines Wagens vorbeischrammt. Dummerweise ist Chartres in St. Denis noch nicht ausgeschildert. Unterhalb von Versailles fange ich an, laut zu fluchen. Mein Navigationsgerät dreht im Dickicht der Pariser Autobahntunnel durch, und ich bin gezwungen, der irreführenden Beschilderung zu folgen. Irgendwann bremse ich mit kreischenden Reifen ab, um die Abfahrt Richtung Orléans zu erwischen, sodass mir beinahe ein Franzose hinten auffährt, der mir wild hupend den Mittelfinger zeigt. Ich ignoriere das mir durch ein heruntergefahrenes Fenster entgegengerufene »Merde! Idiot!« und versuche mich zu konzentrieren. Erst als ich an Versailles vorbeifahre und die irrsinnige Hektik des Pariser Verkehrs hinter mir lasse, kehrt zu meiner Verärgerung der Empfang der GPS-Satelliten zurück. Meine Vermutung, über Orléans nach Chartres zu fahren, wird mit der kalten Gleichgültigkeit des Navigationscomputers bestätigt. Während ich nach und nach die Vororte mit ihren Plattenbauten, Industriegebieten, Autohändlern und Supermärkten im Rückspiegel verschwinden sehe, führt mich mein Weg mehr und mehr durch die sanft-hügelige Landschaft der Île-de-France. Hier und da werden endlos erscheinende Felder durch kleine Wäldchen und Dörfer entlang der Autobahn gesäumt.

Ich atme durch und versuche mich zu entspannen. Immer wieder gehen mir die Erkenntnisse der vergangenen Tage durch den Kopf. Ist die Suche nach dem Schatz der Templer mehr als nur ein Hirngespinst? Gewiss ist die Faktenlage noch immer nicht eindeutig. Die Templer fanden vielleicht die Bundeslade mit den Gesetzestafeln. Ein gewaltigerer Schatz ist nicht vorstellbar, weder in finanzieller noch in religiöser Hinsicht. Der Besitz der Bundeslade durch die Templer bedeutete, den direkten Draht zu JHWH, zu Gott. Wenn jemand durch Zufall dieses biblische Artefakt fände, würde diese Sensation die Entdeckungen des Grabes von Pharao Tutenchamun und sämtlicher Schichten Trojas weit in den Schatten stellen. Ein Blick in die biblische Truhe und insbesondere auf die Gesetzestafeln, die Mose nach seinem Abstieg vom Berg Horeb erneut in Stein haute, nachdem er die göttlichen Originale aus Wut über die frevelhafte Anbetung des goldenen Kalbs durch die Israeliten zertrümmerte, würde offenbaren – ja, was eigentlich? Dass der Gott der drei großen Weltreligionen einfach nur der Fantasie der Hebräer, eines Volkes in Not, entsprang, das vierzig Jahre durch die Wüste Sinai irrte? Oder würde die Entdeckung der Lade offenbaren, dass Gott das Volk Israel tatsächlich *auserwählte*? Dass wir Mythologie nicht kritiklos hinnehmen dürfen, sondern sie wörtlicher nehmen sollten, als es die Wissenschaft uns vorschreibt? Was würde nach der Entdeckung der Bundeslade geschehen?

Ich konzentriere mich auf den Verkehr – und die Fakten.

Louis Charpentier, ein Hobby-Historiker und Journalist, entwickelte seine eigene Idee vom Templerschatz. Charpentier regte in seinem Buch *Die Geheimnisse der Kathedrale von Chartres* an, dass die Templer um Hugo von Payns in Jerusalem die Bundeslade gefunden haben könnten. Ferner glaubte er, dass sie in Jerusalem auf geheime Dokumente gestoßen sein könnten, in denen die Mysterien der antiken Baukunst erläutert werden, auf denen die Konstruktion des Salomonischen Tempels und daher auch das Prinzip der Gotik basiert. Dass sie möglicherweise die Bundeslade fanden, ist wahrscheinlicher als ominöse Dokumente.

Charpentier schreibt, die Gotik tauche zuerst nach der Rückkehr von Hugo von Payns und seinen Gefolgsleuten um 1128 auf. Die Architektur des Mittelalters ging zwar schon früher mit Spitzbögen schwanger, wie wir bereits gesehen haben. Doch der Durchbruch ereignete sich erst mit Abt Sugers Plan, einen Tempel zu errichten, der auf den völlig neuen architektonischen Attributen *Spitzbögen, Kreuzrippengewölbe* und *Strebebögen- und pfeilern* basierte. Erst diese drei Zutaten ermöglichten die großen Fensterfronten in Bodennähe, die Obergaden und durchbrochenen Triforien, die für den überirdisch erscheinenden Lichteinfall in den Chor und das Langhaus der Abteikirche verantwortlich waren. Doch braucht man dafür Templer?

Charpentier weist in seinem Buch darauf hin, dass die größten Kathedralen Frankreichs nach 1140 entstanden, zu einer Zeit, als der Templerorden von den Päpsten seine wichtigsten Privilegien erhalten hatte und somit eine Art Staatsbank bildete. Nur der Templerorden hatte demnach die finanziellen Möglichkeiten, um solch gigantische Projekte wie den Bau von Kathedralen, der Jahrzehnte an Bauzeit und ungeheure Summen verschlang, zu verwirklichen.

Bedauerlicherweise existieren keine schriftlichen Dokumente aus der Templerzeit, die diese Vermutung belegen könnten. Charpentier spekuliert: »Dieses Aufsprossen von Kathedralen war *gewollt*. Es war gewollt von einer Organisation, die das nötige Wissen besaß, die fachkundige Baumeister zur Verfügung hatte und außerdem die Mittel, jene zu bezahlen. Dabei muss es sich offensichtlich um Angehörige des geistlichen Standes gehandelt haben. Aber die Weltgeistlichkeit – Bischöfe, Domherren, Priester – besaß weder solche Wissenschaft noch solche Mittel, besonders die Benediktiner und Zisterzienser hatten zugleich das Wissen, das Geld und die Baumeister, aber sie behielten alles ihren eigenen Abteien vor. Weder Cluny noch Cîteaux haben Chartres erbaut. Wir geraten von einem Rätsel ins andere.«[329]

Es stimmt: 1145 gestattete Papst Eugen III. den Templern, ihre eigenen Kirchen zu bauen. Das Wort Kirche ist dabei ein weites Feld und schließt Kathedralen ein. Der oberste Bauherr einer Kathedrale war der Bischof der jeweiligen Stadt. Die ersten gotischen Kathedralen entstanden im Burgund, in der Île-de-France, in der Champagne und in der Picardie, exakt jenem nordöstlichen Gebiet Frankreichs, das die Dichter Christian von Troyes und Wolfram von Eschenbach in ihren Gralsepen beschrieben. Es war das Gebiet der Templer, denn nicht ein einziger Gründer des Ordens stammte aus südlichen oder westlichen Regionen Frankreichs.

St. Denis war eine Abteikirche und damit kein Bischofssitz. Die erste Kathedrale, von deren Kanzel der Bischof *ex cathedra* predigte, wurde in Sens, unweit von Troyes, um 1140 gebaut. Sie wurde dem Märtyrer Stephanus geweiht.

Die Geschichte um Stephanus ist auf den ersten Blick nur eine weitere biblische Legende. Schauen wir uns diese Geschichte jedoch genauer an, so werden wir auf einen sehr interessanten Aspekt aufmerksam: Der heilige Stephanus ist der erste Märtyrer, der für seinen Glauben an Jesus Christus sterben musste. Seine Leidensgeschichte ist mit der Bundeslade verbunden, auch wenn er anmerkt, dass Gott nicht in einem Haus wohnen soll. Die *Legenda aurea* des Jakobus de Voragine berichtet von seiner Verteidigungsrede, in der er hochachtungsvoll von den mosaischen Gesetzen und der Lade des Herrn spricht:

>»Zu dem letzten rechtfertigte er sich wegen der vierten Lästerung wider die Stiftshütte und den Tempel, und pries die Stiftshütte um vier Dinge: dass sie von Gott geboten ward, dass sie im Gesicht von ihm ward kund getan, dass sie von Moyse ward gemacht, und dass in ihr ward die Lade des Zeugnisses. Der Stiftshütte aber sei nachgefolgt der Tempel.«[330]

St. Stephanus – frz. Étienne – war einer der ersten sieben Diakone, die von den Aposteln Jesu eingesetzt wurden, und damit ein Apostel der zweiten Generation. Im Neuen Testament wird nur die Gestalt des *Stephanus* im Zusammenhang mit der Bundeslade erwähnt. So ist Stephanus der Schutzheilige der Bundeslade. Wenn er in seiner Verteidigungsrede anmerkte, dass Gott nicht in einem Haus wohnen sollte, gleichzeitig aber die mosaischen Gesetze und die Lade lobt, so weist ihn das als Namensgeber für die erste Kathedrale des Abendlandes aus – ein äußerst bemerkenswerter Widerspruch. Der heilige Stephanus wurde am südlichen Querhaus der Kathedrale von Chartres im so genannten Märtyrerportal abgebildet. Diese Darstellung wird von Kunsthistorikern beinahe als identisch mit jener Vorgängerdarstellung des Stephanus an der Kathedrale von Sens gesehen. Warum wurde also der heilige Stephanus, der Märtyrer und Schutzpatron der Bundeslade, jener Apostel, der aussagte, dass Gott nicht in einem Haus wohnen solle, als Namensgeber für die erste Kathedrale – das Haus Gottes – auserwählt?

Warum wurde in Sens die erste gotische Kathedrale errichtet, im Burgund, dem Land, aus dem die Templergründer Hugo von Payns, Graf Hugo I. von Champagne und Andreas von Montbard, der Onkel des Bernhard von Clairvaux, stammten?

Nach Sens scheint sich eine wahre Explosion des Kathedralenbaus zu ereignen: 1150 folgt Notre-Dame de Noyon in der Picardie, im gleichen Jahr die Kathedrale von Langres im Burgund, 1153 folgt Notre-Dame de Senlis nördlich von Paris, 1157 Notre-Dame de Laon, 1163 Notre-Dame de Paris, 1194 Notre-Dame de Chartres und Notre-Dame d'Évreux, 1195 St. Étienne de Bourges, 1220 Notre-Dame de Sées, 1218 Notre-Dame de Coutances, 1220 St. Étienne de Metz, 1230 St. Étienne de Châlons-sur-Marne in der Champagne. Um 1220 schließlich wird die größte Kathedrale Frankreichs in Amiens in der Picardie eingeweiht. Sugers gotische Abteikirche löste demnach eine rege Bauaktivität aus und es fällt auf, dass die Kathedralen bis auf wenige Ausnahmen entweder der heiligen Jungfrau Maria oder aber dem Märtyrer Stephanus geweiht sind. Wir erinnern uns: Die Jungfrau Maria als Mutter Jesu, das Symbol für den neuen Bund mit Gott, gilt als die typologische Entsprechung zur Bundeslade, dem Symbol für den alten Bund der Hebräer mit JHWH. Wie wir ebenfalls gesehen haben, ist Stephanus der Schutzpatron der Bundeslade schlechthin. Warum begegnen wir der Jungfrau, die von Bernhard von Clairvaux stark verehrt und von den Templern als Schutzpatronin verehrt wurde sowie dem heiligen Stephanus? Chartres scheint der Schlüssel zu einem tieferen Verständnis zu den Antworten auf diese Fragen zu sein.

Ich bezahle die Mautgebühren und fahre auf die Nationalstraße 10 Richtung Chartres ab. Als ich einen Hügelkamm passiere, erblicke ich am Horizont über den Rapsfeldern der Beauce die majestätische Silhouette der Kathedrale von Chartres. Das monumentale Bauwerk wurde auf einem Hügel errichtet, der sich in einem Tal befindet, und ist eine Pilgerstation auf dem Weg nach Santiago de Compostela. Der Anblick muss für die Gläubigen des Mittelalters überwältigend gewesen sein. Ich halte am Straßenrand, um eine Fotografie anzufertigen. Nach zwanzig Minuten biege ich auf die Rue Jean Mermoz, nähere mich im schlimmsten Feierabendverkehr dem Stadtzentrum und beschließe, ein Zimmer im nächstbesten Hotel zu suchen.

5. Die Kathedrale von Chartres

Doch angesichts der Osterferien sind alle Hotels belegt. Chartres ist nach Santiago de Compostela, Rom und Sainte Madeleine in Vézelay immer noch eines der beliebtesten Pilgerziele Europas. Diesen Aspekt hatte ich völlig übersehen bei meiner Planung. Erst nach einigen Stunden der Suche erbarmt sich eine nette, ältere Dame in der Rue du Muret und vermietet mir für zwei Tage ein Zimmer.

Am nächsten Tag breche ich frühmorgens zur Kathedrale auf. Glockengeläut hallt durch die Luft und kündet das Ende der Frühmesse an diesem Freitagmorgen an. Der Himmel ist wolkenlos, und die Temperatur ist ungewöhnlich warm für diese Tages- und Jahreszeit. »Freitags stehen auf dem Labyrinth keine Stühle«, hatte meine Vermieterin mit einem Augenzwinkern gesagt, bevor ich aufbrach.

Ich nähere mich dem Nordportal der Kathedrale. Bis auf wenige Ausnahmen zeigt die Apsis einer Kathedrale gen Jerusalem – also nach Osten. Nicht so Chartres. Die Kathedrale weist eine Abweichung von 43 Grad auf, 5 Grad nördlicher als der Sonnenaufgangspunkt während der Sommersonnenwende zum 21. Juni.[331] Im Allgemeinen wird diese Abweichung damit erklärt, dass Chartres auf einer druidischen Kultstätte des Volksstammes der Karnuten errichtet wurde – der Name Chartres leitet sich von der römischen Bezeichnung der Siedlung Carnotum ab. Diese Kultstätte wies angeblich bereits diese Ausrichtung auf. Alle nachfolgenden Kirchen wurden daher ab dem vierten Jahrhundert mit dieser Abweichung errichtet. Die Kirchen und Kathedralen von Chartres scheinen von Beginn an unter keinem guten Stern zu stehen: 594 brennt diese aus Holz gebaute Kirche nieder. 743 brandschatzen die Truppen des aquitanischen Herzogs Hunold die Kleinstadt Chartres. Dabei geht auch die Kirche in Flammen auf.[332] 858 wird die erneut aufgebaute Kirche von den Wikingern angezündet und brennt bis auf die letzte Holzbohle nieder. 876 weiht der Bischof von Chartres die erstmals aus Stein gebaute Kathedrale ein. Ein Enkel Karls des Großen, Karl der Kahle, schenkt der Kathedrale zu diesem Anlass die Tunika der heiligen Jungfrau Maria, die 0,45 mal 5,35 Meter lang ist und die sie angeblich während der Geburt ihres Sohnes Jesus getragen haben soll. Karl der Große soll den Stoffballen während seines Kreuzzugs gegen Jerusalem zum Geschenk erhalten haben. Die Legende will, dass der Chartreser Bischof den normannischen Angreifern unter Rollo im Jahr 911 den Marienschleier entgegenhält, und diese nach dem Anblick des Stofftuches gottesehrfürchtig das Weite suchen. Im Jahr 962 brennt die Kathedrale abermals. Es sind bewegte Zeiten: Brandschatzung und Plünderung sind an der Tagesordnung.

Doch unter Fulbertus von Chartres erlebt die Stadt einen intellektuellen und wirtschaftlichen Höhenflug, der erst Mitte des 13. Jahrhunderts enden soll. Fulbertus gründet als Kanzler des Bischofs die Schule von Chartres. Er wird 1006 zum Bischof geweiht. Fulbertus erweitert die Bibliothek und führt das philosophische Konzept der Scholastik ein, das auf den griechischen Philosophen Aristoteles zurückgeht und dessen wissenschaftliche Beweisführung auf vorheriger Abwägung logischer Argumentationen – der Deduktion – beruht und im Grunde die Anhäufung von theoretischem Wissen ist, das Jahrhunderte später solch große Humanisten wie Erasmus von Rotterdam scharf kritisieren sollten. Die Schule von Chartres wird unter Fulbert zum einflussreichsten philosophischen Zentrum nördlich der Alpen. Die angeschlossene Kathedralbauhütte setzt Maßstäbe in ganz Europa.

Alle philosophische Weisheit ist jedoch machtlos gegen rohe Gewalt: Im Jahr 1020 brennt die Kathedrale ein weiteres Mal ab und wird unmittelbar darauf im romanischen Stil neu errichtet.[333] Am 10. April 1028 stirbt Fulbertus von Chartres.[334] Jahrzehnte vergehen, ohne dass die

Bild 23: Die Kathedrale von Chartres

Kathedrale Schaden nimmt. Am 5. September 1134 lodert die Stadt wieder, auch die Kathedrale wird nicht verschont. Als Ursache kann Brandstiftung nicht ausgeschlossen werden. Der Bau kommt jedoch verhältnismäßig glimpflich davon. Unmittelbar darauf werden die beiden Türme der Westfassade errichtet.

Um 1140 wird Thierry der neue Rektor der Schule von Chartres. Wie wir bereits gesehen haben, versorgte er Abt Suger mit dem Wissen des ptolemäischen Weltbildes für den Bau der Chorapsis und der Krypta von St. Denis. Von nun an floss das astronomische Wissen des Morgenlandes in die Geheimnisse der Baukunst des Abendlandes ein. Das Westportal von Chartres gewinnt an Gestalt. 1146 predigt Bernhard von Clairvaux in Chartres den zweiten Kreuzzug. Es scheint zunächst, als ob dem Fulbertus-Bau ein besseres Schicksal widerfahren würde. Doch am 10. Juni 1194 geschieht das Unfassbare. Ein Brand, der in der Stadt Chartres wütet, greift auf die Kathedrale über. Einige Fenster und die Westfassade mit ihren Türmen überleben die Katastrophe.[335] Die Krypta der Fulbertus-Kathedrale – die so genannte Unterkirche – bleibt jedoch vollständig erhalten. Das Gewand der heiligen Jungfrau Maria wird wie durch ein Wunder verschont. Dieses »Wunder« war für die Menschen jener Zeit Anlass genug, an die göttliche Vorsehung zu glauben, die ihnen gebot, ein neues, viel schöneres Gottesgebäude zu errichten.

Wie in einer Art Trotzreaktion beginnt kurz darauf der Neubau der Kathedrale im gotischen Stil, basierend auf den Überresten der Brandkatastrophe von 1194. Dabei war es dem bis in heutige Tage unbekannten Baumeister ein Anliegen, den neuen gotischen Bau an die Proportionen der Krypta der Fulbertus-Kathedrale anzupassen.[336]

Als ich das Nordportal erreiche, hole ich meinen Armeekompass und eine Frankreichkarte aus meiner Leinentasche. Ich setze mich auf die Stufen des Portals, entfalte die Karte auf den Steinen und norde sie mit dem Kompass ein. Die letzten Besucher der Frühmesse verlassen das Nordportal und verschwinden in die Altstadt. Meine Kompassmessung bestätigt eine Abweichung der Kathedrale von 43 Grad.

Aber nicht nur das. Auf der Karte entdecke ich, dass die Apsis der Kathedrale von Chartres exakt nach St. Denis weist. Ein Zufall, der sich durch die Abweichung der alten Baufundamente erklärt, auf deren Steinen man die jetzige Kathedrale errichtete? Ich glaube es nicht.

Bevor ich mich erheben kann, um mich in die Kathedrale zu begeben, mache ich eine faszinierende Entdeckung. Ich nehme mein Maßband aus der Tasche und verlängere die Linie Chartres über St. Denis. Zu meiner Überraschung komme ich in Laon aus, bekanntlich eine der ältesten Kathedralen Frankreichs. Die Apsis von Chartres weist also nicht nur nach St. Denis, sondern auch nach Laon. Nur zum Spaß lege ich das Maßband an Sens und über Chartres. Ich schüttle ungläubig den Kopf, denn ich komme in Sées in der Normandie aus. Sées ist eine Kleinstadt mit knapp 4.500 Einwohnern. Zur Zeit der Errichtung dieser Kathedrale im 12. Jahrhundert dürfte Sées nur einige hundert Menschen und einige wenige Häuser gezählt haben. Die heutige Kathedrale entstand um 1210, nachdem der Vorgängerbau um 1174 durch die Truppen des englischen Königs und Herzogs von Anjou, Heinrich II., niedergebrannt worden war. Notre-Dame de Sées ist beinahe unbekannt und ein Juwel der normannischen Gotik.

Ich lege das Maßband an Amiens an und verlängere es über St. Denis. Ich komme exakt in Notre-Dame de Paris aus. Aber es geht noch weiter. Chartres, St. Denis und Laon bilden eine Achse, wie auch Amiens, St. Denis und Notre-Dame. Der Schnittpunkt dieses Kreuzes ist immer St. Denis. Außer Chartres haben diese vier Kathedralen eines gemeinsam: eine Darstellung der Bundeslade am Westportal. In Chartres ist die Bundeslade am Nordportal angebracht. Das Nordportal von Chartres zeigt gemäß der Abweichung von 43 Grad genau Richtung St. Denis. Mir wird klar, dass hier eine geodätische Korrelation besteht, St. Denis bildet den Mittelpunkt.

Ich erinnere mich plötzlich an Louis Charpentiers These, die Notre-Dame-Kathedralen stellten das Sternbild der Jungfrau dar. Diese Möglichkeit wurde unabhängig von Charpentier durch E. Ann Matter, Professorin für religiöse Studien an der Universität Pennsylvania, untersucht.[337] Aber ist all das nicht nur Zufall?

Und wie ist diese exakte Ausrichtung ohne moderne geodätische Messungen durch Theodoliten, geschweige denn ohne GPS-Satellitennavigation möglich? Warum ließen die Bauherren der Kathedralen ihre Gotteshäuser in jenen Städten bauen, die auf den Himmel projiziert angeblich das Sternbild der Jungfrau darstellen sollen?

In der heißen, kargen Einöde Kastiliens befindet sich in einem zerklüfteten Canyon die Kirche St. Bartolomé. Sie wurde bereits 1170 errichtet, um 1230 jedoch umgestaltet. Unter den Sandsteinen des Dachgiebels sind noch immer die Tatzenkreuze zu sehen, die die Tempelritter in dieser Region hinterließen, und in einem runden Fenster fällt ein umgedrehtes Pentagramm, ein Drudenfuß, als Schmuck auf. Für spanische Archäologen Anlass genug, die merkwürdige Kapelle einer genaueren Untersuchung zu unterziehen. Geodätische Vermessungen haben in den 1990er-Jahren ergeben, dass die Kapelle von Kap Finisterre im Westen und Kap Creús im Osten jeweils exakt 527,127 Kilometer entfernt sind.[338] Dies ist anhand einer einfachen geometrischen Rekonstruktion nachvollziehbar: Verbindet man auf einer Landkarte Kap Finisterre im Westen und Kap Creús im Osten mit einer Linie und zieht vom Mittelpunkt aus eine vertikale Gerade in den Süden Spaniens exakt durch die Stadt Jaén, erhält man zur großen Verwunderung diese exakte Entfernung. Von St. Bartolomé aus sind es außerdem genau 190 Kilometer zum Golf von Biscaya im Norden sowie 190 Kilometer bis zum Fluss Tajo bei Madrid. Die Templer errichteten die Kirche als christliches Zentrum ihres von Mauren befreiten Landes. St. Bartolomé wurde also durch äußerst genaue Landvermessungen der Templer mittels Astrolabium dort positioniert, wo sie heute noch in der kastilischen Wildnis bewundert werden kann.

Das Astrolabium geht auf den griechischen Astronomen Hipparchos (190–120 v. Chr.) zurück. Arabische Astronomen, die seinerzeit der Wissenschaft Europas weit voraus waren, verfeinerten die Messtechnik anhand der Sterne. In Spanien dürften Astrolabien durch die Mauren bekannt gewesen sein. Doch erst durch die Templer gelangte das Wissen um diese Vermessungstechnik nach dem ersten Kreuzzug in das Abendland. So handelt es sich bei der exakten Entfernung der Kirche St. Bartolomé keineswegs um einen Zufall. Ebenso scheint es sich mit den gotischen Kathedralen Nordfrankreichs zu verhalten. Eine Ausrichtung der Kathedralen nach Sternbildern könnte auf Geodäsiekenntnisse der Templer schließen lassen.

Ich nehme Charpentiers Buch *Die Geheimnisse der Kathedrale von Chartres* zur Hand und schlage nach. Charpentier wie auch Ann Matter postulieren, dass die Kathedralen von Bayeux, Rouen, Abbeville, Amiens, Reims, Paris, Chartres und Évreux das Sternbild der Jungfrau darstellen. Chartres würde in diesem Fall dem Stern Gamma Virginis entsprechen, besser bekannt als *Porrima*. Ich ziehe meine Sternenkarte des nördlichen Himmels zurate. Doch das Sternbild Jungfrau kann ich aus Charpentiers Abbildung einfach nicht rekonstruieren, selbst mit dem größten Wohlwollen nicht.

Am Mittag sitze ich immer noch auf den Stufen und frage mich, wo ich den entscheidenden Fehler mache. Zumindest hatte Charpentier damit recht, dass die Kathedralen Nordfrankreichs ein Sternbild darstellen. Es ist jedoch nicht so einfach, wie Charpentier es dem Leser glauben machen wollte. Gemäß der Darstellung der Jungfrau auf meiner Sternenkarte rekonstruiere ich nach und nach etwas völlig anderes als Charpentier. *Wenn überhaupt,* dann stellen die Kathedralen von Metz, Toul, Châlons-sur-Marne, Meaux, Sens und Bourges *einen Teil* des Sternbildes der Jungfrau dar. Diese Kathedralen wurden sämtlich dem Märtyrer Stephanus geweiht.

Dann sehe ich mir die Notre-Dame-Kathedralen an. Ich fahre mit dem Finger über die Karte, steuere jede einzelne Stadt mit einer Kathedrale an, die der Jungfrau Maria geweiht ist. Ich zeichne mit einem Stift die Kathedralen auf der Sternenkarte ein. Ich verspreche mir nicht viel davon, und beginne in Bayeux und Coutances in der Normandie, fahre mit dem Finger weiter nach Sées, Chartres, Paris, Senlis. Bislang kann das alles Zufall sein, sage ich mir. Aber dann kann ich auch Amiens, St. Omer an der Kanalküste, sogar Tournai in Belgien, Cambrai, Noyon, Laon und Reims zuordnen und einzeich-

Sternbild Jungfrau

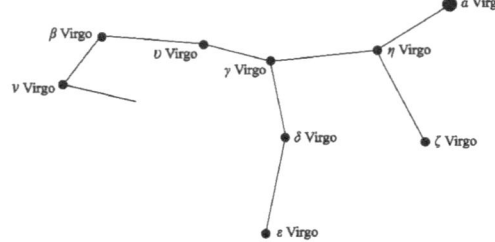

α Virgo
β Virgo
υ Virgo
γ Virgo
ν Virgo
η Virgo
ζ Virgo
δ Virgo
ε Virgo

Stephanus-Kathedralen

- Notre-Dame-Kathedralen
† Stephanus-Kathedralen

St. Omer
Tournai
Cambrai
Amiens
Noyon
Laon
Bayeux
Rouen
Reims
Metz
Coutances
Senlis
St. Denis
Évreux
Meaux
Toul
Paris
Chalons-en-Champagne
Sées
Chartres
Sens
Auxerre
Langres (Mammés)
Bourges

Sternbild Drache

λ Draconis
κ Draconis
χ Draconis
ε Draconis
δ Draconis
ζ Draconis
α Draconis
η Draconis
ξ Draconis
ν Draconis
ι Draconis
υ Draconis
γ Draconis
β Draconis

Notre-Dame-Kathedralen

- Notre-Dame-Kathedralen
† Stephanus-Kathedralen

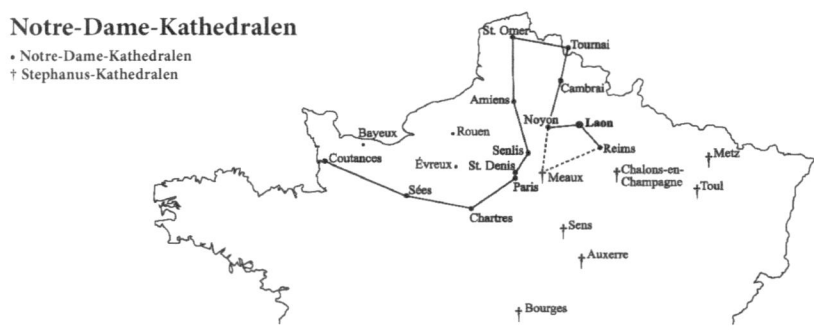

St. Omer
Tournai
Cambrai
Amiens
Noyon
Laon
Bayeux
Rouen
Reims
Metz
Coutances
Senlis
St. Denis
Évreux
Meaux
Chalons-en-Champagne
Paris
Toul
Sées
Chartres
Sens
Auxerre
Bourges

nen. In Meaux überschneiden sich die Notre-Dame- und Stephanus-Kathedralen. Doch kein Zufall?

Die Erkenntnis ist interessant: Die Notre-Dame-Kathedralen, die ich auf die Sternenkarte eingezeichnet habe, bilden die Konstellation des Sternbilds Drache – und keineswegs der Jungfrau. Und ganz gegensätzlich setzt sich ein Großteil der Sternenkonstellation der Jungfrau aus Stephanus-Kathedralen zusammen. Die Jungfrau steht auf dem Drachen. Dieses Motiv ist der Apokalypse des Neuen Testaments entnommen. Der siebente Engel stößt in die siebente Posaune und kündet das Reich des Herrn Jesus Christus an. Nachdem das Reich Christi verkündet wird, tut sich der Tempel Gottes im Himmel auf. »Und die Lade seines Bundes wurde in seinem Tempel sichtbar; und es geschahen Blitze und Stimmen und Donner und Erdbeben und ein großer Hagel«.[339] Dann lesen wir, wie die Jungfrau, die Mutter Gottes, Satan in Gestalt des Drachen besiegt. In der Apokalypse erfahren wir unter dem Kapitel *Die Frau und der Drache*:

>»Und es erschien ein großes Zeichen am Himmel: eine Frau, mit der Sonne bekleidet, und der Mond unter ihren Füßen und auf ihrem Haupt eine Krone von zwölf Sternen. Und sie war schwanger und schrie in Kindsnöten und hatte große Qual bei der Geburt. Und es erschien ein anderes Zeichen am Himmel, und siehe, ein großer, roter Drache, der hatte sieben Häupter und zehn Hörner und auf seinen Häuptern sieben Kronen, und sein Schwanz fegte den dritten Teil der Sterne des Himmels hinweg und warf sie auf die Erde. Und der Drache trat vor die Frau, die gebären sollte, damit er, wenn sie geboren hätte, ihr Kind fräße.«[340]

Bundeslade, Jungfrau und Drache sind untrennbar miteinander verbunden. Diese Bibelpassagen erinnern mich jedoch auch noch an etwas völlig anderes, und ich hebe erstaunt die Augenbrauen: Der letzte Templergroßmeister Jakob von Molay ritzte im Gefangenenturm der Burg Gisors die Graffiti von Jungfrau und Drache in den Stein der Wände. Möglicherweise wollte Jakob von Molay der Nachwelt hinterlassen, wo sich das Versteck der Bundeslade befindet.

Der Schluss liegt nahe, dass die Kathedralen Nordfrankreichs nicht ohne Grund in den Sternbildern Drache und Jungfrau angeordnet wurden. Andererseits muss ich einsehen, dass ich die Kathedralen von Èvreux und Rouen, die ebenfalls der Jungfrau Maria geweiht sind, in dieser Drachendarstellung der Jungfrauen-Kathedralen nicht berücksichtige. Ferner würde die Kathedrale von Langres, die dem heiligen Mammès geweiht ist, anstelle von Toul besser in das Schema der Stephanus-Kathedralen passen. Noch bin ich nicht überzeugt.

Mit ist aber bewusst, dass ich nach dieser Symbolik suchen sollte, denn die Erklärung »Zufall« wird hier arg strapaziert. Diese konzeptuelle Anordnung der Kathedralen geht keineswegs auf den römischen Städtebau oder heidnische Kultstätten zurück, sondern auf einen übergeordneten Plan der Kathedralenbauer des 12. und 13. Jahrhunderts. Doch welcher Plan ist hier gemeint? Wozu wurden Städte ausgewählt, in denen Marienkathedralen in der Sternenkonstellation des Drachen und die Stephanus-Kathedralen in der Konstellation der Jungfrau gebaut wurden?

Zu meinem Erstaunen bildet die Kathedrale von Laon den Kopf des Sternbildes des Drachen: Gamma Draconis ist der hellste Stern dieses Sternbildes. Chartres entspricht auf der Sternenkarte dem Stern Alpha Draconis. Gamma Draconis trägt eigentlich den arabischen Namen *Etamin*: der Kopf des Drachen. Alpha Draconis hingegen heißt mit seinem arabischen Namen *Thuban*, was so viel wie *Basilisk* bedeutet. Ein Basilisk ist ein Mischwesen aus geflügeltem Drachen und Hund oder auch einem anderen Tier.

Ich frage mich jetzt, in welchem Ausmaß sich die Templer, die Bankiers des Mittelalters, bei der baulichen Planung wie auch bei der Finanzierung der Kathedralen verantwortlich zeichneten. Die Finanzierung solch gigantischer Bauprojekte wäre ohne ihre monetäre Hilfe nicht möglich gewesen. Zwar stellten der Klerus und der Bischof in Chartres nach dem Brand von 1194 für den Neubau bescheidene Mittel zur Verfügung und die tiefgläubige Bevölkerung gab, was sie geben konnte. Doch das alles war nur ein Bruchteil dessen, was der Bau der Kathedrale von Chartres über viele Jahrzehnte hinweg verschlang. Die großartige Baukunst der Steinmetze von Chartres und anderer Kathedralen verlangte großzügige Bezahlungen.

Das Nordportal, auf dessen Stufen ich sitze, wurde um 1204 begonnen und ungefähr um 1215 fertiggestellt, zu einer Zeit, als Wilhelm von Chartres der fünfzehnte Großmeister des Templerordens war. Wenn die Templer den Bau der Kathedralen, die ein Abbild des Salomonischen Tempels darstellen, finanzierten und ihren Einfluss auf die Bauhütten ausübten, dann müssten sie in der Tat Spuren hinterlassen haben, die Aufschluss darüber geben, wo die Bundeslade versteckt wurde. Vielleicht hier in Chartres.

Der Autor Louis Charpentier irrte also mit seiner Behauptung, dass die Marienkathedralen das Sternbild Jungfrau darstellen. Doch irrte er auch mit seiner These, dass die Templer ihre Handschrift an den gotischen Kathedralen, und vor allem in Chartres, hinterließen? Ich stopfe meinen Krempel in die Umhängetasche, stehe auf und mache mich auf die Suche.

Das Westportal

Die Westfassade von Chartres weist drei spitzbogige Portale auf. Im Tympanon des mittleren Portals erkenne ich den Heiland Jesus Christus, den Weltenrichter. Die rechte Hand ist zur Segnung erhoben, die linke hält das Buch des Lebens. Unter dem Heiland sind die Apostel in geometrischer Perfektion aufgereiht. Wie in St. Denis ist hier augenscheinlich eine Menge Typologie am Werk. Die Ereignisse des Alten Testaments manifestieren sich in den Ereignissen des Neuen Testaments. Mose entspricht Jesus. Ihn finde ich am rechten Gewände des linken Portals, ganz außen anhand der Gesetzestafel, die er in der Hand hält. Unterhalb der Apostel erblicke ich am linken Gewände des Mittelportals die Königin von Saba, König David und König Salomo.

In den Archivolten des rechten Portals der Westfassade erkenne ich die Darstellung der Geometrie des Euklid, rechts daneben die Arithmetik des Boethius und darunter die Astronomie des Ptolemäus. Hier haben wir wieder eine Anspielung auf das ptolemäische Weltbild. Es scheint jedoch, als ob die Steinmetze eine tiefere Botschaft in die Portale einmeißeln mussten: nämlich die Botschaft der sieben freien Künste. Der Baumeister der Kathedrale war in die Geheimnisse der Schule von Chartres eingeweiht, denn ebenfalls am rechten Portal finde ich die Dialektik des Aristoteles und die Rhetorik des Cicero. Darunter sind Grammatik und Donatus sowie Musik und Pythagoras erkennbar. Ich ahne, dass der Baumeister der Kathedrale den Betrachter ermutigt, die Ikonografie nicht nur typologisch, sondern auch wörtlich-historisch zu interpretieren. Diese Darstellungen gehen auf den Bischof Gottfried von Lèves zurück, einen Freund von Bernhard von Clairvaux.[341]

Wie St. Denis ist die Westfassade der Kathedrale von Chartres in drei Zonen unterteilt. Über den drei Portalen befinden sich drei Fenster, darüber eine Rose. Der linke, nördliche Glockenturm ist höher als der südliche, rechte Turm. Ohne Türme bildet der untere Bau einen soliden Block, der mich an die biblische Beschreibung des Salomonischen Tempels erinnert.

Der Innenraum

Als ich die Vorhalle der Kathedrale betrete, fällt mir der zum Chor ansteigende Steinboden auf. Die Erklärung, dass das Wasser abfließen konnte, nachdem man den Boden nach dem Gottesdienst reinigte, ist heute nicht mehr haltbar. Andere Erklärungen sind jedoch weniger plausibel. Die einstige Düsternis der Kathedrale, die sich über die Jahrhunderte hinweg durch den Ruß von Millionen angezündeter Kerzen auf das Mauerwerk und die Bleiglasfenster legte, ist grellem, beinahe künstlich wirkenden Steinen gewichen, deren Poren Restauratoren mit Sandstrahlgebläsen freilegten.

Auch wenn mir Mystik fern liegt, bin ich enttäuscht, dass aufgemalter Falschmarmor im Chor diese einstige unheimliche Ursprünglichkeit, die zur Zwiesprache mit Gott einlädt, durch modernen Firlefanz zerstört. Wer immer dafür verantwortlich war, hat die Kathedrale heller gemacht, als sie es im Mittelalter je war und das heilige Konzept der Kathedrale nicht verstanden. In Chartres wurde das Verhältnis 1:1 angewandt und die Proportionen des Vierungsquadrats auf die übrigen Baubereiche der Kathedrale übertragen, das absolute Maß. Ich notiere: »Das Langhaus ist in sechs Joche aufgeteilt, auf beiden Seiten insgesamt zwölf Pfeiler wie in St. Denis.« Ein Joch des Seitenschiffs entspricht einem Viertel der Vierung. Über den Arkaden sehe ich unterhalb der Lichtgaden geschlossene Triforien.

Die Stühle sind aus dem Langhaus entfernt worden, sodass mich der Anblick des Labyrinths überrascht. Ich schreite das Labyrinth entlang und mache mir dabei Notizen. Es weist 113 Zacken, 11 konzentrische Windungen und 28 Umkehrpunkte auf. Schwarzer Marmor, der in weißen Kalkstein eingelassen ist. Dann messe ich mit meinem Maßband nach. Das Labyrinth misst 12,885 Meter im Durchmesser. Ich überschlage die zurückgelegte Entfernung. Die Weglänge beträgt schätzungsweise 261,5 Meter. Es sind 273 weiße Platten. Die Konstruktion des Labyrinths geht vermutlich auf den Baumeister Villard de Honnecourt zurück, der ein Bauhüttenbuch von dreiunddreißig Seiten Umfang hinterließ und zwischen 1200 und 1210 unter anderem in Chartres wirkte. Eine seiner Zeichnungen entspricht bis auf wenige Abwandlungen dem Labyrinth von Chartres.

Ich stelle mich in die Mitte des Labyrinths, wo Metallbolzen eingelassen sind, die bis zur Französischen Revolution eine runde Kupferplatte festhielten, auf der vermutlich ein Minotaurus und Theseus standen – eine Anspielung auf den Kampf des Königs von Athen mit dem Minotaurus im Labyrinth. Früher war auf der Kupferplatte der Name des Baumeisters eingraviert. Doch man weiß nicht im Geringsten, wer für den Bau von Chartres verantwortlich war.

Dann wende ich mich um und sehe mir die Westrose an. Ich notiere: »Darstellungen des Jüngsten Gerichts mit filigranem Maßwerk, im Fenster darunter der Baum Jesse, Mose, König David, König Salomo, ganz oben Jesu. Die jüdischen Wurzeln des Heilands.« Ich überschlage die Dimensionen der Westrose. Sie korrespondiert in ihrer Größe mit dem Labyrinth. Als ich in meinem Notizbuch nachschaue, sehe ich, dass sie ebenfalls einen Durchmesser von 12,885 Metern aufweist. Der Gang durch die Windungen und Zacken weist auf eine Suche hin. Das Labyrinth bezieht sich aber vor allem auf die Apokalypse. Ich erinnere mich an die Bibelpassage, in der die Jungfrau auf dem Drachen steht und dann die Bundeslade erscheint. Das Labyrinth weist vielleicht den Weg zu der Erkenntnis, dass die Kathedralen der Schlüssel zur Lade sind. Es ist sehr wahrscheinlich auch eine Allegorie für die Suche nach dem, was hier in Chartres verborgen liegt oder lag: die Anwesenheit Gottes in Form der Bundeslade, die jüdischen Wurzeln Jesu in Gestalt von König David und seinem Sohn Salomo, wie es am Westportal dargestellt ist.

Erste Besucher und Touristen treten in die Kathedrale ein. Eine Kölnerin flüstert ihrem Ehemann zu: »Is dat hier jrößer ahls Cölle?«, worauf der kleine, ergraute Mann mit gezwirbeltem Kaiser-Wilhelm-

Bart und Nickelbrille antwortet: »Dat kann isch dir nit sajen, Hätzblättche, aber et is superjeil!« Kinder stürmen zum Labyrinth und beginnen, den Weg abzuschreiten. Ihre Eltern weisen sie energisch darauf hin, nicht so einen Lärm zu machen, und setzen dann zaghaft selbst ihre Füße ins Labyrinth. Eine Reisegruppe aus Italien nimmt auf den Bänken Platz, die vor dem Labyrinth stehen, und lauscht ihrer Führerin, die mit gedämpfter Stimme das viergliedrige Kreuzrippengewölbe erklärt.

Ich suche schnellstens das Weite, montiere die Kamera und das Stativ und untersuche die Fenster nach ikonografischen Besonderheiten. Die gesamte Südfassade des Langhauses ist übersäht mit Darstellungen von Spenden der Handwerkerzünfte, die Chartres erbauten. Mal wird ein Fenster gespendet, mal Steine, Holz oder andere Materialien. Ein Fenster weist die komplette Bautätigkeit der Kathedrale auf, von der Konstruktion mit Winkelmaß und Zirkel bis zum Dachgiebel und Schlussstein. Ich entdecke in diesem Fenster die Darstellung eines Kastens, der an zwei Stangen von zwei Männern getragen wird. Ich fotografiere.

Im südöstlichen Teil des südlichen Querhauses identifiziere ich die Darstellung des heiligen Dionysius, der die Oriflamme an den Ritter Jean III. Clément du Mez übergibt, der das Fenster gestiftet hat.[342] Die Haut des Ritters Clément ist bräunlich, sein Gewand, das er über der Rüstung trägt, hingegen blau. Auf seiner Brust ist ein weißes Tatzenkreuz zu sehen: das Zeichen der Templer. Jean III. Clément du Mez war ab dem Jahr 1225 Marschall von Frankreich, der Stellvertreter des Befehlshabers der königlichen Armee Philipps II., des Sohnes von König Ludwig VII. Ritter Jean III. Clément starb um 1260. Unterhalb des heiligen Dionysius und Ritter Jean III. Clément fotografiere ich ein blaues Wappen, das ebenfalls ein weißes Tatzenkreuz aufweist. Das Tatzenkreuz auf dem Mantel weist

Bild 24: Ritter Clément als Templer

190

Ritter Clément als Templer aus. Diese Darstellung spielt auf die Nähe des Königsgeschlechts der Kapetinger zum Templerorden an. Und auf die enge Beziehung von Chartres zu St. Denis.

Der von 1519 bis 1714 entstandene Chor ist eine eindrucksvolle Steinmetzarbeit und zeigt in vierzig Reliefs das Leben Jesu Christi, von seiner Geburt bis zur Kreuzigung und Auferstehung. Ich gehe weiter und erreiche die Apsis mit ihren Kapellen. Im Chor entdecke ich hoch oben ein Fenster, auf dem zwei Männer einen goldenen Reliquienschrein tragen, darunter ist ein weißes Tuch zu sehen. Die offizielle kunsthistorische Erklärung deutet das Tuch als Tunika Mariens. Dennoch hat der Schrein eine verblüffende Ähnlichkeit mit der Bundeslade. Bestärkt wird diese Vermutung durch die erstaunliche Tatsache, dass das Fenster dem Schutzpatron der Bundeslade, dem Märtyrer Stephanus, geweiht ist. Dass es sich wahrscheinlich nicht um einen Reliquienschrein handelt, wird durch den fehlenden Pilger deutlich, der, darunter kauernd, die Reliquie mit gefalteten Händen verehrt. Die grünende Pflanze unter dem Kasten weist hier auf die Bundes-

Bild 25: Die Lade im Stephanus-Fenster?

lade hin. Ich erinnere mich, dass Moses Bruder Aaron den grünenden Stab als Zeichen sah, auserwählt zu sein, um die Bundeslade zu bewachen.

Die fünf Fenster unterhalb der Maßwerkrose des Nordportals stellen sich als ebenso aufschlussreich heraus. Hier finde ich die Darstellung des Hohepriesters Melchisedek, der im ersten Buch Mose (Genesis) 14,17–19 den biblischen Urvater Abraham weiht und ihm Wein und Brot reicht. Rechts daneben befinden sich David, Marias Mutter Anna, Salomo und Moses' Bruder Aaron, erkennbar an dem grünenden Aaronstab und den zwölf Edelsteinen auf der Brustplatte seines Hohepriestergewandes. Ich erkenne Nebukadnezar II. durch mein Teleobjektiv unterhalb von Melchisedek. Der babylonische König steht vor einem heidnischen Götzenstandbild. Unterhalb von

König Salomo entziffere ich den Namen Jerobeam, den König des israelitischen Nordreichs, der nach Salomos Tod herrschte und in Bet-El und Dan goldene Kälber anbeten ließ.

Das Maßwerk der Rose wird links und rechts von jeweils vier abgestuften spitzbogigen Fenstern eingerahmt, die Darstellungen der goldenen Bourbonenlilie auf dunkelblauem Grund enthalten. Daneben befindet sich eine gelbe Burg auf rotem Grund als Wappen der Stifterin des Fensters, Blanca von Kastilien, Ehefrau des französischen Königs Ludwig VIII. Ebenso erscheinen die Bourbonenlilien zwölffach in der Rose, eine Anspielung auf die zwölf Stämme der Israeliten und die zwölf Propheten des Alten Testaments. In einem weiteren Ring sind zwölf Könige der Israeliten abgebildet – Manasse, Achas, Osias, Abia, Salomo, David und andere. Am äußeren Rand kann ich dann auch in zwölf Halbkreisen um die Rose herum die zwölf Propheten der Israeliten ausmachen. Die Königsfamilie der Kapetinger bekräftigt mit diesem Rosenfenster im nördlichen Querhaus, dass sie in der Linie der Israeliten steht. Sie unterscheiden sich daher kaum von den Templern, die Bernhard als die »wahren Israeliten« betrachtete. Seitdem der Templergroßmeister Eberhard von Barres König Ludwig VII. das Leben rettete und ihn mit seiner Truppe sicher nach Frankreich eskortierte, waren die Kapetinger mit dem Mönchsritterorden eng befreundet. Das setzte sich auch unter der Regentschaft von Ludwig VIII. fort.

Das Südportal

Nachdem ich noch einige Stunden in der Kathedrale zubringe und Dutzende Fotografien anfertige, verlasse ich die Kathedrale durch den Ausgang des südlichen Querhauses. Hier werde ich regelrecht erschlagen von der Ikonografie des Portalprogramms, das sich der Darstellung des Jüngsten Gerichts widmet. Nachdem ich eine Stunde die gesamten Plastiken abgesucht und analysiert habe, stolpere ich am rechten Gewände des linken Portals des südlichen Querhauses über die Darstellung des heiligen Georgs, den Drachentöter. Er hat lockige Haare, einen Vollbart, trägt ein Kettenhemd und darüber eine Mönchskutte. In der rechten Hand hält Georg die Lanze, mit der er der Legende nach den Drachen tötete. Seine linke Hand stützt sich auf einen Schild; als ich etwas zur Seite gehe, entdecke ich darauf ein Templerkreuz. Die Templer mussten einen Bart tragen, es gehörte zu ihrer Uniform. Georg ist also als Templer dargestellt.[343] Und das an dem so genannten Märtyrerportal, an dem auch der heilige Stephanus am linken Gewände in den Türsturz eingearbeitet wurde, dem einige der wichtigsten gotischen Kathedralen Nordfrankreichs geweiht sind. Ich notiere diese neuen faszinierenden Erkenntnisse.

Mit dem heiligen Georg verbinde ich einige verblüffende Fakten: Er wurde im 3. Jahrhundert geboren, starb vermutlich im Jahr 303 in Lydda, Palästina, und wurde sehr schnell zu einem der größten Märtyrer des Christentums, weil er unter dem römischen Kaiser Diokletian infolge der brutalen Christenverfolgung hingerichtet wurde. Die Legende vom Drachentöter kam jedoch erst im 12. Jahrhundert auf, nachdem die Zisterzienser den heiligen Georg in das Legendar des Ordens aufnahmen.[344] Dementsprechend erschien die Ikonografie des Georgs als Drachentöter erst zwischen 1112 und 1119 zuerst auf einer Münze aus Antiochien.[345] Zu einer Zeit also, als Bernhard die Abtei Clairvaux gründete, die Heere des ersten Kreuzzugs Jerusalem eroberten und der Templerorden sich in Jerusalem gründete. Die um das Jahr 1298 verfasste *Legenda aurea* des Jacobus de Voragine berichtet, der heilige Georg sei den Kreuzrittern bei der Erstürmung von Jerusalem erschienen.[346] Hier lesen wir:

»[...] als die Christen auszogen, Jerusalem zu erobern, erschien einem Priester ein herrlicher Jüngling, der sprach, er sei Sanct Georg, der Christen Herzog; und mahnte ihn, dass sie seine Gebeine mit sich führen sollten gen Jerusalem, so wollte er mit ihnen sein.

Da sie nun vor Jerusalem lagen, und nicht wagten auf Leitern die Stadt zu erstürmen; denn die Saracenen widerstunden mit Macht: siehe, da erschien ihnen Sanct Georg in weißer Rüstung mit einem roten Kreuze geziert, und winkte ihnen, dass sie ihm kühnlich sollten nachfolgen und die Stadt gewinnen. Also fassten sie einen Mut und nahmen die Stadt und erschlugen die Saracenen.«[347]

Die Legende des heiligen Georgs als Drachentöter tauchte demnach erst auf, als sich Hugo von Payns und seine Gefolgsleute auf dem Tempelberg niederließen. Danach wurde Georg sehr schnell zum Schutzheiligen des Mönchsritterordens. Seine Fahne war seitdem das rote Kreuz auf weißem Grund. So ist der heilige Georg in Templertracht mit rotem Kreuz auf einem weißen Schild in einer nordwestfranzösischen Bibelhandschrift zu sehen, wie er zu Pferd Sarazenen bekämpft.[348] Der heilige Georg ist daher der Inbegriff des Templers. Durch Georg entsteht hier in Chartres der eindeutige Bezug zum Drachen. Doch zu seinen Füßen sehe ich keinen Drachen. Eine weitere Auffälligkeit.

Ich möchte noch einen letzten Blick auf das Nordportal werfen, das um 1205 geplant wurde. Viel verspreche ich mir nicht davon. Zumindest ist es auffällig, dass hier einige templerische Anspielungen bestehen. Doch den entscheidenden Hinweis dafür, dass die Bundeslade in Chartres war, konnte ich bislang nicht finden. Die Sonne ist noch immer erbarmungslos heiß. Ich bin müde, mein Magen knurrt und die Brasserie »La Reine de Saba« gegenüber dem Südportal scheint mich mit Sirenengesängen zu betören. Mir steht der Sinn nach einem kühlen Bier und einer zünftigen Mahlzeit. Ich beschließe, das Nordportal nur flüchtig anzusehen.

Doch das Bier muss warten – denn es kommt völlig anders.

Das Nordportal

Wind pfeift mir um die Ohren, als ich die Stufen zum nördlichen Marienportal emporsteige, das Szenen aus dem Leben der heiligen Jungfrau Maria und dem Alten Testament zeigt. Die Portale sind überdacht, die Archivolten bis in den letzten Winkel mit biblischen Figuren besetzt. Dabei diente das Westportal der Kathedrale von Laon als Vorbild für das Nordportal von Chartres. Tatsächlich waren um 1205–1220 die gleichen Planer und Steinmetzmeister am Werk.[349]

Die Fassade des nördlichen Querhauses ist in drei Portalzonen eingeteilt. Die Plastiken und filigranen Steinmetzarbeiten konnten durch die steinerne Überdachung die widrigen Witterungsverhältnisse über all die Jahrhunderte hinweg überstehen.

Ich stehe vor dem mittleren Portal. Im Tympanon erkenne ich Maria und Jesus, die unter einem Baldachin thronen. Zwei Engel umgeben sie. Die gekrönte Maria wird von ihrem Sohn gesegnet. Die Archivolten sind angefüllt mit Darstellungen von Engeln, der Wurzel Jesse – der israelitische Stammbaum Jesu und Mariens –, den Propheten sowie Figuren aus dem Alten Testament: Hinweise auf die jüdische Abstammung Jesu. Am linken Gewände des Portals identifiziere ich den Priesterkönig Melchisedek mit dem Weihekelch in den Händen. Rechts daneben blickt der Patriarch Abraham gen Himmel, gen JHWH gewandt. Ich erkenne ihn an dem Messer, das er in der linken Hand hält, mit dem er seinen Sohn Isaak auf dem Berg Morija als Zeichen seiner Ergebenheit für JHWH opfern will. Die Steinmetze positionierten Isaak vor Abraham.

Mose in der Mitte der fünf, in wallende Gewänder gekleidete Skulpturen hält in der linken Hand eine der beiden göttlichen Gesetzestafeln. In seinem Armwinkel lehnt eine dünne Säule, deren oberes Ende mit der Darstellung eines Akanthusblattes verziert ist. Auf der Spitze der Säule thront ein Basilisk, ein Mischwesen mit Drachenflügeln und einem unfreundlich dreinblickenden Hundekopf. Seine Zähne sind sorgsam herausgearbeitet. Es ist eine Darstellung der so genannten *ehernen Schlange*. Die Israeliten begannen während des Auszugs aus Ägypten mit ihrem Schicksal zu hadern und nörgelten ob ihres Durstes und der eintönigen Speise. Gott sandte Schlangen unter die Israeliten und wies Mose an, eine Stange aus Kupfererz anzufertigen, um die sich eine Schlange windet. Wer von den Schlangen gebissen wurde und die eherne Schlange ansah, der wurde von Gott nicht mit dem Tod geschlagen.[350]

Die eherne Schlange wurde im Mittelalter nur in den seltensten Fällen als Drache dargestellt. Ich erinnere mich an eine ähnliche Darstellung in Reims, doch die Schlange war eindeutig als eine solche zu erkennen. Keine Spur von einem Drachen. Da die eherne Schlange aus typologischer Sicht die Kreuzigung Christi darstellt, wurde sie im Mittelalter oft als Schlange gestaltet, die sich um Jesu Kreuz windet. Moses' Gesicht ist gen Nordosten gewandt, die rechte Hand verharrt vor seinem Brustkorb. Ich mustere die Gestalt Mose weiter. Doch der entscheidende Hinweis offenbart sich mir nicht.

Ich suche weiter. Moses' Bruder Aaron trägt keinen Priesterschurz mit Edelsteinen, sondern hält ein Schaf und ein Schlachtermesser –

Bild 26: Mose, Nordportal von Chartres

Symbol für seine Opferung der Lämmer im Stiftszelt. David hält eine Lanze und trägt eine Krone.

Ich wende mich dem linken Gewände des rechten, so genannten Hiob-Salomo-Portals zu. Hier stechen die Plastiken von König Salomo und der Königin von Saba hervor. Unter den Füßen König Salomos kauert unter einem Baldachin der grinsende Narr Markolf. Seine Gestalt geht auf die nordfranzösische Handschrift *Dialogis Salomonis et Marcolfi* zurück, die im 12. Jahrhundert entstand. In dieser Schrift ist Markolf listig und ausgesprochen hässlich und erscheint mit seiner ebenso hässlichen Frau am Hofe Salomos.

König Salomo wettet mit ihm: Wenn Markolf alle Rätsel, Weisheiten und Sprüche des Königs beantworten kann, erhält er eine großzügige Belohnung. Markolf lässt sich auf den Wettbewerb ein, er pariert die Fragen des Königs, indem er die Wortwahl und die Aufgaben des Königs *sehr wörtlich* nimmt. Durch diese wortwörtlichen Deutungen gelangt er zu den notwendigen Erkenntnissen.[351] Eine Aufforderung der Erbauer des Nordportals, ähnlich wie Abt Suger, die biblischen Zitate wörtlich zu nehmen und nicht nur typologisch-allegorisch zu interpretieren.

In der altfranzösischen Schrift *Salman und Morolf,* die um 1175 entstand, ist der listige Morolf ein Vasall des Königs Salomo, ja sogar sein Bruder. Morolf ist Salomos Berater, doch der König misstraut seinen Ratschlägen. In den Versen 488 und 561 werden die ausgezeichneten Beziehungen des listigen, närrischen Markolfs/ Morolfs zu den Tempelrittern beschrieben.[352] Markolf wird kunsthistorisch gleichgesetzt mit Hiram-Abiff, dem Erbauer des Salomonischen Tempels. Dieser Aspekt führt nun zu der berechtigten Annahme, dass der Salomonische Tempel in Chartres seine spektakuläre

Wiedergeburt findet.[353] Er führt ferner zu der Schlussfolgerung, dass die Templer gleichbedeutend sind mit Hiram-Abiff. Die Templer sind also die Erbauer des neuen Salomonischen Tempels von Chartres.

Die Königin von Saba steht auf den Schultern ihres Dieners, eines Mohren. Es ist eine äußerst seltene Figur eines Afrikaners an einem gotischen Gebäude.

Ich notiere die neuen Erkenntnisse und untersuche anschließend die Säulen des Nordportals. An einem Reliefzylinder auf der rechten Seite des mittleren Vorhalleneingangs finde ich die Darstellung eines Kampfes. Soldaten mit Lanzen. Einer von ihnen trägt ein Kettenhemd. Verwickelt in einen verzweifelten Kampf. Ich identifiziere diese Szene als den Raub der Bundeslade durch die Philister in der Schlacht von Aphek, wie es im ersten Buch Samuel veranschaulicht wird.

Die Szene beschreibt, wie Samuels Enkel Hofni und Pinhas getötet werden. Die Lade ist nun ohne Wächter, und sie wird von den Philistern nach Ashdod entführt. Die nächste Szene zeigt das umgestoßene, kopflose Götzenbild Dagon. Die Lade schlägt die Philister mit Beulen, sodass sie beschließen, den Schrein Gottes zurückzugeben mit fünf nachgebildeten Pestbeulen und fünf goldenen Mäusen als Sühnegeschenken. Ich sehe die Steinmetzarbeit von einer kleinen

Bild 27: Morolf, Berater König Salomos und Freund der Templer *Bild 28: Reliefzylinder mit Bundeslade am Nordportal von Chartres*

197

Maus, dem Mannakrug und dem Stab Aarons und der Gesetzestafel in der Lade. Darunter ist ein Spruch in einer unüblichen Mischung aus Unzialschrift und Capitalis Monumentalis verewigt:

HIC AMITITUR ARCHA CEDERIS

Bild 29a: Das Nordportal von Chartres …

Eine Säule weiter ist ein Kasten zu sehen, der auf einem Karren ruht und von Ochsen gezogen wird, dem ein Engel voranschreitet. Die Lade erinnert eher an eine Truhe, denn sie hat Beschläge in Form von Bourbonenlilien und ein Schloss. Nachdem die Philister die Lade freiwillig zurückgeben, wird sie nach Beth-Shemesh zurückgebracht. Darunter sind die Worte eingemeißelt:

ARCHA CEDERIS

Ich krame das Buch von Louis Charpentier aus meiner Tasche hervor. Er übersetzte diese Zeilen mit »Archa cederis: hier lässt man gehen, durch die Bundeslade wirst Du wirken«.[354] Doch ich kann Charpentiers Übersetzung nicht im Geringsten nachvollziehen. Tatsächlich ist sie blanker Nonsens.

Stattdessen stelle ich fest, dass der verantwortliche Steinmetz zwei vermeintliche Fehler in die beiden Sprüche eingearbeitet hat: Erstens wird die Bundeslade in der lateinischen *Vulgata* stets »Arca Foederis«

Bild 29b: ... eröffnet mehrdeutige Interpretationsmöglichkeiten.

genannt, also »Lade des Bundes«, und nicht »Archa Cederis«. Da aber »Archa Cederis« zweimal vorhanden ist, dürfte es sich um keinen Fehler des Steinmetzes gehandelt haben. Es war also volle Absicht, den Terminus »Archa Cederis« zu verwenden. Es ist auf jeden Fall keine Anspielung auf »Zeder«, da die Lade nicht aus Zedernholz gefertigt war, sondern aus Akazienholz, und Zeder im Lateinischen »Cedrus« bedeutet.

Mich packt nun der Ehrgeiz, diesen sonderbaren Spruch zu entschlüsseln. Zweitens ist das »T« im Spruch »Hic Amititur Archa Cederis« zu einer Art »C« mit einer geschwungenen Tilde darüber herausgearbeitet. Vielleicht eine Ligatur für den Doppelbuchstaben »TT«, denn »Amititur« mit einem »T« kommt im Lateinischen nicht vor. Sehr wahrscheinlich ist das jedoch nicht, da für den Steinmetzmeister genug Platz vorhanden war, um ein doppeltes »T« in den Stein zu arbeiten. Da das nicht geschah, ist ein »C« offensichtlicher. Demnach hieße es

HIC AMICITUR ARCHA CEDERIS

»Amititur« wie auch »Amicitur« sind das Partizip des Futurs, das kein äußerliches Merkmal zwischen Aktiv und Passiv kennt. Ersetze ich »Amititur« durch »Amicitur«, ergibt der Spruch eine völlig andere Bedeutung:

Demnach bezöge sich »Hic Amititur Archa Cederis« auf den Verlust der Lade durch den Raub der Philister in der Schlacht von Aphek. Das Wort »hic« für »hier« ist äußerst unüblich für eine biblische Darstellung. Es hätte »dort«, also »illa«, heißen müssen, denn das beschriebe den Ort Aphek. »Hic Amicitur Arca Foederis« bezöge sich jedoch auf den Ort Chartres selbst: »Hic« für »hier« oder »hiesig«, also Chartres.

Das Wortspiel ist so raffiniert, dass es zweifellos das Werk eines gewitzten Klerikers war, der sich mit allen Tricks des mittelalterlichen Lateins und sämtlichen Bibelstellen des Alten und Neuen Testaments auskannte. So sah es auch der weltberühmte britisch-deutsche Kunsthistoriker Peter Lasko.[355]

Bild 30: Die Bundeslade mit den Gesetzestafeln, dem Manna-Krug und dem Stab Aarons.

Mir bleibt der Atem weg, und ich schüttle ungläubig den Kopf.

Dieser Spruch könnte darauf hindeuten, dass die Bundeslade entweder in Chartres war oder aber nach Chartres kommen sollte. Möglicherweise wurde die Lade aber auch in Chartres »abgetreten« – cedere – und an einen anderen Ort gebracht. Eine unrealistische Vorstellung?

Als ich mich umwende, erblicke ich im Mittelportal wieder Moses mit der drachenbewehrten Säule in seinem Arm. Ich nähere mich dem Gewände und sehe mir die Gestalt des Moses näher an. Seine rechte Hand verharrt über dem Brustkorb. Dann sehe ich, dass der Zeigefinger abgebrochen ist. Der Richtung zufolge weist er mit dem Zeigefinger auf den Kopf des Drachen.[356]

Plötzlich verstehe ich: Moses zeigt auf den *Kopf des Drachen.* Hiermit ist das Sternbild des Drachen gemeint. Chartres entspricht Alpha Draconis. Den Stern kannte man in Arabien unter dem Namen *Thuban,* daher *Basilisk* oder drachenartiges Mischwesen. Ich sehe den Basilisken jetzt vor mir. Die Erbauer von Chartres kannten sich also nicht nur in der ptolemäischen Astronomie aus, sondern auch mit den arabischen Bezeichnungen der

Bild 31: Die Bundeslade wird im Nordportal als Truhe auf Rädern dargestellt.

Sterne. Gamma Draconis entspricht der Kathedrale von Laon. Jetzt endlich ist es an der Zeit für ein kaltes Bier.

Als ich in der Brasserie gegenüber der Kathedrale sitze, versuche ich, die faszinierenden Erkenntnisse über den Verbleib der Bundeslade in meinem Notizbuch unterzubringen:

- Abt Suger, ein enger Freund Bernhards von Clairvaux und König Ludwigs VII., ließ die Abteikirche von St. Denis als Abbild des Salomonischen Tempels errichten.
- Die Abteikirche von St. Denis weist Darstellungen der Bundeslade auf, über die Abt Suger in seinen Schriften riet, dass sie historisch-wörtlich genommen werden sollten.
- Suger berichtet in seiner Schrift *De ordinatio,* wie die Lade vor Regen geschützt wird. Vielleicht beim Transport nach Frankreich.
- Hugo von Payns und seine acht Gefolgsleute des Templerordens könnten in der Krypta von St. Denis zusammen mit der Lade abgebildet sein. Dies ist plausibler als St. Edmund.
- Die Kathedralen von St. Denis, Chartres und andere sind ein Abbild des Salomonischen Tempels.

- Die Notre-Dame-Kathedralen bilden auf der Landkarte mit etwas Wohlwollen das Sternbild des Drachen ab.
- Die Stephanus-Kathedralen bilden auf der Landkarte wieder mit etwas Wohlwollen das Sternbild der Jungfrau ab.
- Vieles spricht dafür, dass die Templer bei der Finanzierung und Planung von Chartres verantwortlich waren.
- Das Nordportal von Chartres wurde in der gleichen Zeit errichtet wie das Westportal von Laon. Es waren die gleichen Planer am Werk.
- Am Nordportal von Chartres deutet die Inschrift HIC AMICITUR ARCHA CEDERIS an, dass die Bundeslade in Chartres *war* oder nach Chartres kommen *sollte*.
- Der Stern Alpha Draconis entspricht Chartres. Er heißt auf Arabisch *Thuban*: demnach *Basilisk,* ein drachenartiges Mischwesen.
- Die Statue des Moses am Nordportal von Chartres zeigt mit dem rechten Zeigefinger auf die Darstellung der ehernen Schlange, die als Basilisk gestaltet worden ist.
- Der hellste Stern des Sternbildes Drache ist Gamma Draconis, auf Arabisch *Etamin:* »Der Kopf des Drachen«.
- Projiziert auf die Erde, entspricht Gamma Draconis der Notre-Dame-Kathedrale von Laon.

»Auf nach Laon« schreibe ich mein Notizbuch.

V. Die Letzte Spur

»An den grâl was er ze sehen blint,
ê der touf het in bedecket:
sît wart im vor enblecket
der grâl mit gesihte.
nâch der toufe geschihte
ame grâle man geschriben vant,
swelhen templeis diu gotes hant
gæb ze hêrren vremder diete,
daz er vrâgen widerriete
sînes namen od sîns geslehtes,
unt daz er in hulfe rehtes.«

Parzival, 818, 20–30
— Wolfram von Eschenbach

1. Das Geheimnis des *Bahumet*

Ich beschließe, den Außenring von Paris zu meiden, und nehme stattdessen die Nationalstraße N191 über Étampes, vorbei an dem alten Templerort Savigny-le-Temple, und fahre dann auf die N36 Richtung Meaux. Dort mache ich einen kleinen Zwischenstopp und sehe mir die Kathedrale aus dem 13. Jahrhundert an. Aus Meaux stammte der dritte Templergroßmeister Eberhard von Barres, der König Ludwig VII. aus dem Nahen Osten sicher nach Frankreich begleitete.[357] Als der Templerorden auf dem Generalkapitel in Paris 1147 von Papst Eugen III. das rote Kreuz auf dem weißen Mantel verliehen bekam, ist Eberhard von Barres zugegen. Zusammen mit König Ludwig VII. legt er die militärische Strategie für den zweiten Kreuzzug fest. Doch nach der blutigen Niederlage von Damaskus sind der König und seine Truppen gezwungen, die Rückkehr anzutreten. Eberhard rettet seinen Männern im Kampf das Leben – König Ludwig VII. honoriert dieses edle Verhalten in einem seiner Briefe. Nachdem Eberhard von Barres dem König sicheres Schutzgeleit garantiert, kehrt er 1152 ein zweites Mal in den Nahen Osten zurück. Nach seiner Rückkehr aus dem Morgenland wird er Zisterziensermönch in Clairvaux, wo er 1176 stirbt. Die Kathedrale von Meaux wird ein Jahr später begonnen.

Die Stephanus-Kathedrale von Meaux wäre ein Teil des Sternbilds der Jungfrau. Aber auch des Drachen. Auf die Erde projiziert, treffen sich genau hier die Sterne Gamma Virginis und Beta Draconis. Beta Draconis heißt auf Arabisch *Alwaid*. Ein anderer Name für Alwaid ist *Rastaban*: der Kopf des Drachen. Das wiederum kann kein Zufall sein, denn Gamma Draconis – die Kathedrale von Laon – heißt ebenso Rastaban oder auch Etamin. Die Konstrukteure dieses erstaunlichen Kathedralen-Schlüssels bestätigen hiermit durch die Kathedrale von Meaux, dass sich in Laon irgendetwas äußerst Bedeutungsvolles befinden muss. So entdecke ich in Meaux am Westportal die Darstellung eines bärtigen Ritters mit Mönchsgewand über dem Kettenhemd, der einen Schild mit einem Templerkreuz hält: der heilige Georg. Doch in seiner Umgebung ist kein Drache zu sehen.

Nach zwei Stunden fahre ich weiter über die Nationalstraße 2 über die Dörfer der ebenen, doch landschaftlich reizvollen Picardie nach Laon. Während die Kornfelder an mir vorbeiziehen, fügen sich bislang unbekannte Aspekte und unbeantwortete Fragen in ein großes Mosaikbild der Erkenntnis.

Die Schlüsselrolle spielt der tiefgläubige Pilger und Graf Hugo I. von Champagne. Von ihm ging die Initiative aus, zusammen mit Abt Stephan Harding und Tora-Gelehrten von Troyes alte Talmudtexte zu studieren. Sein Vasall Hugo von Payns, der Onkel des heiligen Bernhard von Clairvaux, Andreas von Montbard und sechs weitere Gefolgsleute schließen sich an. Nach mindestens neunjähriger Suche finden sie vielleicht, wonach sie gesucht haben. Spätestens 1128 könnte dieser Fund gelungen sein. Die Aufzeichnungen belegen, dass Clairvaux die größte Sammlung von Herrenreliquien aufbewahrte. So liegt der Schluss nahe, dass die Heilige Bundeslade das größte biblische Artefakt, die Krönung all dessen wäre.

Der goldene Kasten mit der Aufschrift »ARCA« aus dem Zisterzienserinnenkloster Lichtenthal bestätigt, welche Bedeutung der Reformorden der Bundeslade beimaß. Sehr wahrscheinlich ist dies eine Huldigung der echten Bundeslade, die von den Templern um Hugo von Payns unter dem Tempelberg gefunden wurde. Gibt es Hinweise, die darauf schließen lassen, dass der Zisterzienserorden durch die Templer in den Besitz der Bundeslade kam?

Papst Eugen III. wird am 15. Februar 1145 zum Papst gewählt. Nur wenige Monate später gestattet er den Templern mit seiner Bulle *Militia dei,* eigene Kirchen zu bauen. Eugen III. hieß mit bürgerlichem Namen Bernardo Paganelli di Montemagno und stammte aus Pisa.[358] Er war ein Schüler Bernhards von Clairvaux und wurde von ihm als Abt im Kloster Tre Fontane bei Rom eingesetzt. Eugen III. war weder Bischof noch Kardinal, seine Wahl zum Papst verdankt Paganelli dem kirchenpolitischen Schwergewicht Bernhard von Clairvaux. In seiner Schrift *De consecratione ad Eugenium Papam* – Über die Besinnung an Papst Eugen – schreibt Bernhard von Clairvaux einen regelrechten Verhaltenskatalog an seinen Schützling.[359] Bernhard hebt hervor, dass das Papsttum von Dekadenz, Bestechlichkeit, Ungehorsam und Unkeuschheit geprägt sei. Rom sei ein

Seuchenherd, sein Protegé Eugen III. müsse sich in Acht nehmen vor den Auswüchsen jener Dekadenz, die schon so viele Päpste vor ihm in den vorzeitigen Tod getrieben hätten. Für Bernhard war Eugen III. wie ein Sohn. Dementsprechend fordernd ist auch sein Tonfall gegenüber dem Papst. Eugen III. ist Bernhards Papst. Bernhard, der selbst als der mächtigste Mann des Mittelalters gilt, beabsichtigt, den zisterziensischen Reformgedanken nach Rom zu bringen. Doch daraus wird nichts, denn der Augustinermönch Arnold von Brescia (1100–1155) – ein Todfeind Bernhards von Clairvaux – fordert die Abschaffung der weltlichen Macht des Papsttums.[360] Der Papst ist in den Augen Arnolds und seiner Mitstreiter nun überflüssig. Eugen III. muss fliehen angesichts der angespannten Lage in der römischen Gemeinde. So erledigt der Papst die Amtsgeschäfte aus der Kutsche. Eugen III. ist ein milder, sanfter Papst, ein Zisterziensermönch, der sich die Papstkrone nur widerwillig aufsetzen lässt.

Umso erstaunlicher ist es, dass Papst Eugens enger Vertrauter, der Zisterziensermönch Nikolaus Maniacutius, um 1145 in seiner Schrift *Historia Imaginis Salvatoris* erwähnt, dass sich die Schätze aus dem Tempel zu Jerusalem wie auch die Bundeslade in der Kapelle St. Laurentius des Vatikans befänden.[361] Die päpstliche Privatkapelle St. Laurentius wird noch heute *Sancta Sanctorum* genannt – das »Allerheiligste«. Nikolaus Maniacutius erwähnte diese Bezeichnung erstmals in seiner Schrift.[362] Maniacutius ist ein besonderer Zeitgenosse: Nikolaus war vor dem Jahr 1140 Diakon von St. Damasus in Rom. Dann trat er der zisterziensischen Gemeinde von St. Anastasius von Tre Fontane bei, wo er unter Abt Bernard Paganelli, dem späteren Papst Eugen III., als Mönch lebte. Ebenso wie der spätere Papst Eugen III. war Nikolaus Maniacutius ein enger Vertrauter Bernhards von Clairvaux, dem geistigen Vater des Templerordens. In *De sacra imagine* betont Nikolaus Maniacutius ausdrücklich die Ähnlichkeiten zwischen dem *Sancta Sanctorum* im Vatikan und dem Allerheiligsten des Salomonischen Tempels zu Jerusalem. Nikolaus Maniacutius setzt Papst Eugen III. einem Hohepriester gleich, der sich in der Einsamkeit des Allerheiligsten des Salomonischen Tempels der Bundeslade gegenübersieht.[363]

Die Umbenennung der Kapelle St. Laurentius in *Sancta Sanctorum* geschah auf Anweisung von Papst Eugen III. Diese Tatsache reflektiert die plötzliche Hinwendung der Kirche unter Papst Eugen III. zum Judentum – etwa fünfundvierzig Jahre zuvor waren die Juden während des ersten Kreuzzugs in Deutschland und Ungarn massakriert worden. Unter dem Zisterzienserpapst Eugen III. jedoch wurde ein anderer Kurs gegenüber dem auserwählten Volk eingeschlagen.

Diese Wandlung deckt sich mit dem Glauben des jüdischen Volkes in Rom, der Vatikan sei im Besitz des Tempelschatzes und vor allem der Bundeslade. Der jüdische Reisende Benjamin von Tudela bestätigt, dass er während seines Aufenthaltes in Rom von jüdischen Rabbis vernommen habe, der Papst besäße den Tempelschatz und die Bundeslade.[364]

Noch interessanter wird es angesichts der Tatsache, dass ein Templerhaus dem Lateran zugewiesen war.[365] Während der päpstlichen Untersuchung gegen die italienischen Templer sagten verschiedene Ordensbrüder dieses Hauses gegenüber dem päpstlichen Kaplan Pandulf von Sabello aus, dass einige Schätze des Tempels von Jerusalem in der Kapelle *Sancta Sanctorum* lagern würden.[366] Die Bundeslade wurde jedoch mit keinem Wort mehr erwähnt.

Der bescheidene, auf Harmonie bedachte Papst Eugen III. hätte keinen Anlass gehabt, eine solch gewaltige Tatsache durch Nikolaus Maniacutius protokollieren zu lassen, wenn es nicht der Wahrheit entsprochen hätte. Tatsächlich wird die Bundeslade nur beiläufig erwähnt. Maniacutius konzentrierte sich darauf, das Judentum als Ursprung des Christentums hervorzuheben – für den Papst wäre eine solche Propaganda-Aktion geradezu tödlich gewesen, denn nach wie vor waren die Juden in der Christenheit verhasst. Vielmehr belegt diese Quelle, dass die Bundeslade im Besitz der katholischen Kirche und des Zisterzienserordens war. Aufgrund dieses nachweislich authentischen Dokuments aus der Feder Nikolaus Maniacutius' um 1145 zur Bundeslade im Lateran und aufgrund der bisherigen Erkenntnisse, sähe die historische Reise der Lade in etwa so aus:

Papst Eugen III. könnte durch seinen Lehrer Bernhard von Clairvaux sowie die Templer um Hugo von Payns und Graf Hugo I. von Champagne an die Bundeslade gelangt sein. Die Geschichte vom Heiligen Gral, die Christian von Troyes durch Marie von Champagne, der Nachfahrin des Templergründers Graf Hugo I., überliefert bekam und die er in seiner Erzählung *Le Conte del Graal* dokumentierte, bezeugt die Templer als Hüter eines Schatzes, der eindeutige jüdische Attribute aufwies. Es war also ein Handel zwischen den Zisterziensern, dem Grafenhaus von Champagne und Papst Eugen III.

Wolfram von Eschenbach verfeinerte diese Informationen in seinem Werk *Parzival*, der den Gral als dünnen Stein – lapsit exillîs – beschrieb, der aber auch aus Holz – Wurzel und Reisig – bestand: Die mosaischen Gesetzestafeln in der hölzernen Bundeslade. Die Lade spendet der auserwählten Schar der Templeise unbegrenzt Nahrung, wie einst das Manna den Israeliten: ein jüdisches Motiv der *schekhinah*. Perceval/Parzival deutet auf Bernhard von Clairvaux hin. Der Gralskönig Anfortas ist Andreas von Montbard, Hugo von Payns ist Kyot von Katelangen. Bernhard von Clairvaux hätte es nicht erlaubt, dass die echte Bundeslade nach Rom gebracht werden würde. Der Hinweis von Nikolaus Maniacutius zur Lade im Lateranpalast deutet an, dass es wahrscheinlich eine Kopie war. Sie wäre vielmehr nach Frankreich gebracht worden.

Daher wird sie kurzerhand nach St. Denis gebracht, wo Abt Suger, der Freund Bernhards von Clairvaux und Papst Eugens III. einen neuen Salomonischen Tempel errichten lässt. Die Ikonografie der Abteikirche zollt diesem Ereignis noch immer Tribut: In der Krypta sind die neun Templer um Hugo von Payns zusammen mit der Bundeslade abgebildet. Abt Suger sieht sich von nun an als Hüter der Lade und in der Tradition von König Salomo, der den Tempel in Jerusalem errichten ließ. Doch was geschieht dann mit der göttlichen Truhe?

Zu jener Zeit ist es gefährlich, die Bundeslade öffentlich zu präsentieren, denn sie wäre der Beweis, dass die Israeliten das auserwählte Volk Gottes sind. Es würde ebenso beweisen, dass die katholische Kirche unter Papst Eugen III. mit JHWH *fremdging*. Eine öffentliche Prozession mit der Lade würde die Glaubwürdigkeit des christlichen Glaubens sabotieren – war doch im Mittelalter seit dem Kirchenvater Augustinus im Denken der Menschen der Glaube verwurzelt, dass das jüdische Volk für den Tod Christi verantwortlich sei. Dennoch ist die Bundeslade auf interner machtpolitischer Ebene unter dem Klerus und unter dem französischen Adel das größtmögliche vorstellbare Symbol der Macht. Wer die Bundeslade besitzt, ist von Gott auserwählt, er ist scheinbar unbesiegbar. Das erklärt, warum Bernhard von Clairvaux Papst Eugen III. dazu drängt, einen zweiten Kreuzzug auszurufen, den König Ludwig VII. zusammen mit dem Präzeptor des Templerordens Eberhard von Barres plant. Die Bundeslade macht Bernhard von Clairvaux, den König und die Templer übermütig.

Da nun das französische Königshaus der Kapetinger einen ausgesprochenen Trumpf in der Hand hält – den Besitz der Bundeslade und die Abteikirche von St. Denis als der dazugehörige Tempel –, betrachten sie sich zusammen mit den Templern als die wahren Israeliten. Ihre kapetingischen Insignien sind in St. Denis, Laon, Chartres und anderen Kathedralen Nordfrankreichs zu finden. Wie Abt Suger schreibt, betrachtet er König Ludwig VII. nun als König David. Die Kapetinger sind eine heilige Familie, denn sie wissen die Bundeslade in ihrer Nähe. Die Abteikirche von St. Denis als gotische Wiedergeburt des Salomonischen Tempels ist der Prototyp für weitere, größere Kathedralen als Sitz für die Bundeslade. Jene Kathedralen werden zuerst errichtet, deren Bischöfe auf dem Konzil von Troyes anwesend waren: Sens, Laon, Chartres, Reims etc. So fördern die Templer und König Ludwig VII. den Bau neuer Kathedralen wie etwa Laon, Notre-Dame de Paris oder Chartres. Seine Nachfolger Ludwig VIII. und Ludwig IX., der Heilige, verfahren ebenso mit Chartres.

Die Templer hinterlassen in der Ikonografie ihre Spuren über ihre Beteiligung an der Finanzierung und am Bau der Kathedralen. Es werden Städte ausgewählt, die in das Konzept der Sternbilder Jungfrau und Drache passen. Das erklärt, warum in einem Dorf wie Sées in der Normandie oder Toul im Burgund gewaltige Kathedralen stehen. Da es gefährlich ist, die jüdische Bundeslade öffentlich zu zeigen, hinterlassen die Templer ihre verschlüsselten Hinweise in und an den Kathedralen. Längst hat eine Transformation innerhalb des Ordens vom Christentum zum Judentum begonnen. Die Templer glauben, dass JHWH der wahre Gott ist – die Erklärung, warum eine Großzahl der befragten Templer aussagte, dass sie auf das Kreuz Christi spucken oder urinieren mussten. Jesus Christus war abgemeldet.

Als die Templer am 13. Oktober 1307 verhaftet werden, ist die Bundeslade nicht im Pariser *Temple,* sondern seit über hundert Jahren an irgendeinem anderen Ort verborgen. Die Lade ist somit zum Zeitpunkt der Verhaftung innerhalb des Templerordens ein ferner Mythos, dessen Ursprung nur wenige Eingeweihte kennen. Die uneingeweihten, die dienenden Templer, hören Gerüchte, die von einem »Baphomet« oder »Bahumet« erzählen.

Während des Prozesses gegen die Templer werden unzählige Templer nach einem bärtigen Kopf, einem Götzenbild, befragt. Die Templer haben dutzende Beschreibungen über das Aussehen des vermeintlichen Götzenbildes zu Protokoll gegeben. Das legt die Schlussfolgerung nahe, dass keiner der befragten Templer überhaupt jemals dieses Götzenbild zu Gesicht bekommen hat. Dieser vermeintliche Kopf existierte überhaupt nicht, sondern wurde vor der Verhaftung durch die Inquisition erfunden, um die Templer der Ketzerei anzuklagen. Doch das Wort *Bahumet* kursierte tatsächlich innerhalb des Templerordens. Wie wir anfänglich gesehen haben, erwähnen südfranzösische Verhörprotokolle den Terminus »Baphomet« oder besser »Bahumet«.[367] Das Wort beschreibt nicht etwa eine Verballhornung für den Namen des islamischen Propheten Mohammed, denn der Islam verbietet jegliche Darstellungen von Propheten oder Heiligen.[368]

Eine einfache etymologische Untersuchung bringt Erstaunliches zutage: So ist das Wort Bahumet aus den altfranzösischen Wörtern »Bahut« und »Mets« zusammengesetzt. »Bahut« bedeutet Truhe, »Mets« hingegen »Speise« oder »Gericht«.

Die Templer waren also im Besitz einer *Speisetruhe*: die Bundeslade mit den göttlichen Gesetzestafeln, dem Aaronstab und dem himmlischen Manna, der Speise Gottes. Die Mönchskrieger haben es während des Prozesses mit eigenen Worten ausgesagt. Über all die Jahrhunderte könnte die Antwort auf die Frage nach der Natur des Templerschatzes in Form des Terminus »Baphomet« oder »Bahumet« offen zutage gelegen haben. Doch erst jetzt setzen sich die Mosaiksteine zu einem großen Gesamtbild zusammen.

Der letzte Templergroßmeister Jakob von Molay hinterließ 1314 in seinem Gefängnis in der Burg von Gisors die Graffiti von einem Drachen und einer Jungfrau – sein Hinweis auf das Versteck der Bundeslade, denn er hatte nichts mehr zu verlieren.

Der Kopf des Drachen ist der Stern Gamma Draconis: Die Kathedrale von Laon, die der Jungfrau Maria geweiht ist.

Ist das alles nur Zufall?

2. Ankunft in *Munsalvaesche*

Nach etwa drei Stunden ragen die fünf Türme der Kathedrale von Laon majestätisch in den Himmel empor – ein atemberaubender und ehrfurchtgebietender Anblick. Das Bauwerk wurde auf einem zweihundert Meter hohen Berg aus Ton, Sand und Kalkstein errichtet, der von Höhlen durchzogen ist.[369]

Ich biege auf die D967 ab und passiere einen See bei Neuville-sur-Ailette. Es ist bemerkenswert, dass die Kleinstadt Laon – ähnlich wie die Dörfer Sées und Toul – eine solch gigantische Kathedrale beherbergt. Bereits im 2. Jahrhundert wird eine Kirche erwähnt, die der heiligen Mutter Gottes geweiht ist und sich in einer Grotte befindet.[370] Auguste Bouxin wies nach, dass diese Grotte identisch ist mit einem Hohlraum unterhalb der Apsis der heutigen Kathedrale von Laon.[371]

Im 5. Jahrhundert befindet sich eine Kirche – als *Ecclesia Laudunensis* bekannt – mit angeschlossener Schule in Laon. Der heilige Remigius (436–533 n. Chr.) ist nun Bischof und tauft im Jahr 499 den merowingischen König Chlodwig I. Nach Noyon wird Laon zum Ort der Krönung der Könige Frankreichs. Zu dieser Zeit genießt die

Bild 32: Die Kathedrale von Laon

211

romanische Kathedrale von Laon bereits hohes Ansehen.[372] Die Pilgerströme setzen ein und nehmen über die Jahrhunderte weiter zu. Bischof Adalbero, der von 977 bis 1032 Bischof von Laon ist, lässt neben dem rechten Glockenturm ein Schatzhaus bauen. Laon prosperiert, die Stadt, die hauptsächlich von der Herstellung und vom Handel mit Wein und Weizen lebt, kann sich keinen Bischof erlauben, der hohe Zölle und Steuern auf ihre Produkte erhebt. So ist die Bevölkerung gegen eine Ausweitung der bischöflichen Macht in Laon. Den Bau einer größeren Kathedrale lehnt man ohnehin ab.

Doch Bischof Gaudry, der ehemalige Kanzler des englischen Königs, erhebt zum großen Unmut der Bevölkerung schmerzlich hohe Steuern in der Stadt.[373] Die Jagd nach Hirschen und Wildschweinen und die finanzielle Auspressung der Einwohner Laons bereiten ihm mehr Vergnügen als die geistliche Fürsorge seiner Gemeinde. Das lassen sich die Laoner im Jahr 1112 nicht bieten und zünden kurzerhand einige Häuser des Bischofs an. Das Feuer greift auf die romanische Basilika über, die über eine Krypta unterhalb des Chorumgangs verfügt.[374] Der Mob rast. Gaudry verliert seinen Kopf. Bischof Bartholomäus von Jur zeichnet anschließend für den Wiederaufbau bis 1114 verantwortlich. Zu diesem Zeitpunkt wird Laon zum bevorzugten Residenzort der karolingischen Könige, der Kapetinger.[375] Ludwig VI., der Dicke, erlässt ein Dekret, das die Begnadigung für die Aufrührer von 1112 gewährt. Gleichzeitig verzichtet er darauf, dreimal im Jahr in Laon von der Bevölkerung gastlich bewirtet zu werden, und ebenso auf die Erstattung von hohen Summen, die direkt in seine Schatulle fließen. Faktisch wird die neue Kathedrale gegen den Willen der Bevölkerung von Laon errichtet. Doch der Regent von Laon ist der König von Frankreich, nämlich zu diesem Zeitpunkt Ludwig VI., der bereits zuvor den Bau von St. Denis durch Abt Suger gefördert hat. Sein Sohn Ludwig VII. fördert nun auch den Bau der Kathedrale von Laon – wie zuvor in St. Denis.

Im 12. Jahrhundert, um 1160, veranlasst Bischof Gautier von Mortagne den Bau der heutigen Kathedrale. Er selbst spendet jedes Jahr 20 Pfund, einmal sogar 100 Pfund, auf die heutige Währung umgerechnet, mehrere zehntausend Euro. Die Arbeiten beginnen an der Fassade des südöstlichen Querhauses. Die neue Kathedrale unterscheidet sich in ihrer Größe und Höhe maßgeblich von der alten

Anlage. Inspirationsquelle war für die Baumeister in erster Linie die alte Basilika. Kunsthistoriker vermuten jedoch eine Verwandtschaft zur Kathedrale von Tournai, die damals zum Bistum Noyon gehörte und ebenfalls fünf Türme aufweist.[376]

Aus der Bauzeit erhaltene Dokumente besagen, dass zwischen den Jahren 1172 bis 1179 eine Stockung in den Schenkungen durch den Adel und den Klerus einsetzt.[377] Trotzdem geht der Bau der Kathedrale unvermindert weiter. Das lässt sich nur damit erklären, dass der Templerorden erhebliche Summen in den Bau pumpt, denn die Mönchsritter sind zu diesem Zeitpunkt die einzige Instanz, die durch ihren immensen Reichtum Kredite vergeben können. Darüber hinaus reichen die Schenkungen des Klerus und der Adeligen, die größtenteils ebenso Kredite bei den Templern nahmen, bei Weitem nicht aus, um die nötigen Finanzmittel für den Bau aufzubringen.

1174 fällt der Bischofsbesitz nach dem Tod von Gautier von Mortagne an König Ludwig VII.[378] In anderen Worten, der König führt nun Regie über den Bau der Kathedrale von Laon. Als 1177 Roger von Rozoy zum Bischof gewählt wird und sich mittels einer Armee gegen den König stemmt, schlägt König Ludwig VII. diesen Aufstand nieder und reißt den Bischofsbesitz erneut an sich.[379] Dem König scheint die Kathedrale von Laon äußerst wichtig zu sein.

Unterdessen geht der Bau weiter. Die Türme und die Portale der Westfassade, das Langhaus sowie der Vierungsturm werden zwischen 1195 und 1205 fertiggestellt.[380] Für das Jahr 1205 ist ein gewisser Jean von Chermizy dokumentiert, der einen Steinbruch spendet.[381] Die Bauarbeiten schreiten ab diesem Zeitpunkt noch rascher voran. 1205 werden die Türme des westlichen Querhauses sowie der Kreuzgang und die Taufkapelle begonnen – zu einem Zeitpunkt, als das Nordportal von Chartres ebenfalls im Bau ist. 1220 entstehen die Türme der Querschiffe. Um 1235 wird die gewaltige Kathedrale der Jungfrau Maria geweiht.

Als ich in die Stadt hineinfahre, folge ich den Schildern zur Kathedrale und krieche mit 30 Kilometern pro Stunde die engen Kurven hinauf. Ich passiere die Stadtmauer und fahre anschließend über Kopfsteinpflaster durch die Altstadt, vorbei an Geschäften, belebten Cafés und Bars, aus denen der Lärm einer Fußballübertragung,

Musik und Gelächter dringen. Dann biege ich in die Rue du Cloître. Nach einer nervigen Parkplatzsuche kann ich endlich den Wagen gegenüber dem Gebäude der Polizeipräfektur an der Kathedrale abstellen, schnappe meine Tasche und die Fotoausrüstung und steige aus. Das ferne Brummen des Stadtverkehrs am Fuße des Berges hängt in der warmen Frühlingsluft. Weit und breit sind keine Touristen zu sehen, als ich den Platz der Kathedrale erreiche.

Ich trete zurück und sehe mir das Westportal der Kathedrale an. Wie das Nordportal von Chartres sind auch in Laon die Skulpturen durch Laibungen geschützt. Das ist einzigartig in der Gotik Frankreichs. Ich beschließe jedoch, später einen Blick auf das Portalprogramm zu werfen, und betrete die Kathedrale.

Innen empfangen mich Licht und eine angenehme Kühle. Laon ist die hellste Kathedrale, die ich jemals gesehen habe. Die Joche sind in klare Linien, in spitzbogige Arkaden, die auf Rundpfeilern fußen, rundbogige Emporen und ein begehbares Triforium gegliedert. Dann folgen die Obergaden, durch die das Licht der Frühlingssonne flutet.

Meiner Beobachtung zufolge wird die Kathedrale von einer mächtigen Dreiteilung regiert: Die Gliederung in Vorhalle, Langhaus und Chor ist noch einmal verstärkt durch ein jeweils dreiteiliges Langhaus und Querschiff sowie einen dreiteiligen Chor. Eine offensichtlichere Anspielung auf den Salomonischen Tempel ist nicht möglich. Der rechteckige Chor im Osten ist durch drei Hauptapsiden und zwei Nebenapsiden geprägt. Der Salomonische Tempel war ebenso eckig, es gab keine Rundungen. Laon weicht hier von allen anderen Kathedralen Nordfrankreichs ab, die mit durchweg halbkreisförmigen Chorabschlüssen ausgestattet sind. Das Gewölbe der Vierung, wo sich Langhaus und Querhaus treffen, besteht aus achtgliedrigen Kreuzrippen. Die Vierung wird von einem enormen Turm gekrönt. Die Dimensionen der Kathedrale von Laon entsprechen mit ihrem Verhältnis von 4:3 exakt denen des Salomonischen Tempels.

Die rechte, südliche Fassade zählt sechs Kapellen, die linke, nördliche Fassade hingegen acht. Als ich in eine der Kapellen des nördlichen Querhauses eintrete, erblicke ich einen Sarkophag aus schwarzem Granit für den Vorsteher der Abtei von Foigny. Das erinnert mich daran, dass Bernhard von Clairvaux zweimal in Laon war. Er besuchte am 30. Januar 1124 die dritte Tochterabtei von Clairvaux,

Foigny, und am Tag darauf die Kathedrale von Laon.[382] Erst am 30. und 31. Januar 1147 taucht Bernhard wieder in Laon während seiner Reise zum Aufruf des zweiten Kreuzzugs auf.[383]

In dieser Zeit muss sich in Laon etwas Bemerkenswertes ereignen, denn die Vorbereitungen für die heutige Kathedrale fallen in die Zeit, als Abt Suger in St. Denis bereits die Ostfassade und den Chor seiner Abteikirche einweiht. Dokumente belegen, dass der Bau der heutigen Kathedrale von Laon ab 1145 beginnt, die Planung also noch weiter zurückliegt und sehr wahrscheinlich mit Abt Sugers Bau von St. Denis und der Kathedrale von Sens einherging.[384] Das jedenfalls scheint nicht spurlos an dem frisch gekrönten König Ludwig VII. vorüberzugehen. Kathedralen waren zu jener Zeit eine wichtige Einnahmequelle durch Pilger, die hier Reliquien kauften oder während der Messe ihren Obulus entrichteten. Damit einher gingen sekundäre Geschäfte von Händlern, die ihre handwerklichen und landwirtschaftlichen Erzeugnisse an Pilger verkauften. Kein Wunder also, dass Ludwig VII. den Bischofssitz gewaltsam an sich reißt und Schirmherr der Kathedrale wird. Weitere Kathedralen mussten erbaut werden. St. Denis reichte nicht aus. Die Folge war eine unvergleichliche Bauaktivität und je mehr Kathedralen der König verwalten konnte, umso größere Geldeinnahmen ermöglichten ein schnelleres Voranschreiten in Laon oder Chartres.

Doch falls die Bundeslade in Laon untergebracht war, wo hinterließen die Steinmetze des Mittelalters im Auftrag der Templer ihre Spuren an der Kathedrale? Viele Skulpturen wurden während der Französischen Revolution zerstört, jedoch im 19. Jahrhundert von Restauratoren rekonstruiert. Zumindest innerhalb der Kathedrale kann ich keine Spuren entdecken, die Hinweise auf die Bundeslade geben könnten. Zu meinem Erstaunen erblicke ich keinen Eingang zu einer Krypta. Ich vermerke das in meinem Notizbuch. Eine Krypta existiert in Laon offiziell nicht. Merkwürdig.

Draußen blendet mich das Sonnenlicht. Als ich mich an die Helligkeit gewöhnt habe, sehe ich mir die Vorhallen der Portale der Westfassade an. Zunächst bemerke ich die auffallende Ähnlichkeit zum Portalprogramm von St. Denis, das sich ebenso mit der heiligen Jungfrau Maria befasst. Als ich den Trumeau-Pfeiler des Mittelportals zwischen den Eingangstüren begutachte, schlägt mein Herz plötzlich schneller. Hier sehe ich eine Skulptur der heiligen Jungfrau Maria. Sie hält das Jesuskind in den Armen. Unter ihren Füßen windet sich ein Drache. Ich notiere eifrig.

Weiter. Ich gehe zum linken Portal. Dutzende von kleinen Figuren aus dem Alten Testament zieren die Archivolten. Am Scheitel der rechten Archivolte erblicke ich zwei Engel, die einen Deckel anheben. Darunter erscheint eine Art Leuchter. Ich identifiziere ihn als die siebenarmige Menora aus dem Salomonischen Tempel. Die Menora steht in einem Kasten. Ich sehe durch mein Teleobjektiv. Auf dem Kasten stehen die Worte *Archa Dei*. Es handelt sich um die Bundeslade. Doch warum ist die Menora in der Lade untergebracht? Sie war Teil des Tempelschatzes. Wollten Eingeweihte dem Betrachter mitteilen, dass nicht nur die Lade, sondern auch der Tempelschatz hier beachtet werden soll? Eine Anspielung auf Papst Eugen III. und seinen Vertrauten Nikolaus Maniacutius, der in seiner Schrift *Historia Imaginis Salvatoris* beschrieb, dass nicht nur die Lade in der Kapelle *Sancta Sanctorum* lagerte, sondern auch der Tempelschatz sich im Lateran befunden habe? Unweit davon identi-

Bild 33: Die Jungfrau steht auf dem Drachen. *Bild 34: Bundeslade, das Manna u. die Menora*

fiziere ich die gekrönte Jungfrau Maria mit den beiden mosaischen Gesetzestafeln.

Das mittlere Jungfrauenportal weist meines Erachtens keine Hinweise auf, abgesehen von den Drachen unter den Heiligenfiguren und der Darstellung des Moses im linken Gewände der Vorhalle, der – wie in Chartres – auf den Kopf des Drachen zeigt. Also wende ich mich dem rechten Portal zu.

Am rechten Gewände starrt der heilige Georg mit entschlossenem Blick in die Ferne. Er trägt einen Bart, eine Ritterrüstung, ein Kettenhemd mit einem Mönchsmantel darüber, sein Helm zeigt eine Bourbonen-Lilie, Symbol der Kapetinger. Georgs Schild ziert ein Templerkreuz, ähnlich wie in Chartres, nur dass es zu einem Templerkreuz der Kapetinger stilisiert ist. Ich rufe mir ins Gedächtnis, dass die gleichen Planer des Nordportals von Chartres auch an der Westfassade von Laon ikonografische Zeichen hinterließen. In Chartres und Meaux befand sich zu Georgs Füßen kein Drache. In Laon schließlich finde ich den Drachen zu den Füßen des heiligen Georg – das Symbol für die Templer. Er sticht mit seiner Lanze durch den Kopf des Drachen.

Bild 35: Moses weist auf den Drachen *Bild 36: Der heilige Georg als Templer*

Ich kratze mich erstaunt am Kopf. Die Kathedrale von Laon entspräche dem Stern Gamma Draconis, auf Arabisch *Etamin* oder auch *Rastaban*: Beide Namen bedeuten »Kopf des Drachen«. Meine Finger zittern so sehr, dass ich nicht in der Lage bin, irgendwelche Notizen anzufertigen. »Grundgütiger«, flüstere ich und trete zurück, um mir die komplette Westfassade anzusehen.

Als Erstes fallen mir die ungewöhnlichen Wasserspeier auf. Dann blinzele ich in den sonnigen Himmel und sehe mir die Türme an. An den Ecken der Türme blicken jeweils vier Ochsen auf die Picardie hinab. Der Anblick erinnert mich an das eherne Meer für die Waschungen der Hohepriester, das aus einem Bronzebecken bestand und im Vorhof des Salomonischen Tempels von zwölf Ochsen getragen wurde.[385] Die Kathedrale von Laon ist daher mehr noch als St. Denis das gotische Abbild des Salomonischen Tempels. Ich beginne zu schwitzen. Tausend Gedanken rasen durch mein Hirn.

Während ich die Ochsen auf den Türmen der Kathedrale von Laon betrachte, denke ich an Parzival, die alte Gralsgeschichte von Wolfram von Eschenbach, zurück.

Und dann erstarre ich. Die Gralsburg in Wolfram von Eschenbachs Epos Parzival heißt *Munsalvaesche*. Wolfram von Eschenbach

Bild 37: Die Ochsen von Laon sind eine Huldigung des »ehernen Meeres«

218

wollte vielleicht der Nachwelt mitteilen, dass der Gral in Munsalvaesche verborgen ist: auf dem »Berg der heiligen Kühe«, *Mont des saintes vaches.* Die Kathedrale von Laon mit ihren Ochsen steht auf einem Berg – jenem Berg, den Parzival während seiner Suche nach dem Gral erblickte, nachdem er an einem See vorbeikam. Auf der Hinfahrt nach Laon fuhr ich ebenfalls an einem See vorüber.

Bild 38: Es wimmelt von Drachen an der Kathedrale von Laon.

Zwischen den Türmen erblicke ich die Jungfrau Maria mit dem Jesuskind, die von zwei Engeln flankiert wird. Ich sehe wieder durch das Teleobjektiv der Kamera. Die Jungfrau Maria steht auf einem Kasten. Die Engel entsprechen Cherubim – jenen Cherubim auf der Bundeslade der Israeliten. Und unter den Füßen der Jungfrau windet sich kaum erkennbar – der Drache. Unterhalb der Westrose entdecke ich weitere Drachen. Es wimmelt von Drachen. Keine Kathedrale Frankreichs weist eine vergleichbare Ikonografie auf.

Wenn Munsalvaesche der Kathedrale von Laon entspricht, dann muss der Gralsraum, wo der Gral von der auserwählten Schar der Templeise untergebracht ist, unmittelbar in der Nähe sein. Wolfram von Eschenbach beschreibt ihn als einen Raum ohne Fenster, also eine Krypta.[386] Nachdem ich Hunderte Fotografien anfertige, gehe ich an der Südfassade der Kathedrale entlang über die Rue du Cloître.

Bild 39: Die Jungfrau thront auf der Bundeslade.

Nach einigen hundert Metern entdecke ich ein Hinweisschild: *Chapelle des Templiers.*

Ich folge dem Schild. Zwei Straßen weiter erblicke ich zu meiner Überraschung eine kleine achteckige Kapelle mit einem Glockenturm. Wie die Kathedrale von Laon weist auch die Kapelle eine Dreiteilung in Vorhalle, Hauptraum und Apsis auf. Wieder eine Anspielung auf den Salomonischen Tempel. Die Kapelle wurde um 1134 während des Episkopats von Bischof Bartholomäus von Jur errichtet, der zusammen mit Bernhard von Clairvaux das Kloster Foigny gründete, rege Beziehungen zu den Templern pflegte und 1151 starb.[387] In sein Bischofsamt fallen der Neubau der romanischen Basilika nach dem Brand von 1112 und die Planung und der Baubeginn der heutigen Kathedrale von Laon. Seine Nähe zu den Templern belegt, dass sie maßgeblich an der Finanzierung und Konstruktion der Kathedrale beteiligt gewesen sein müssen. Sehr wahrscheinlich auch Bernhard von Clairvaux.

Als ich eintrete, fällt mir die Spärlichkeit der Räume auf. Ornamente fehlen beinahe völlig. Ich erblicke in der Apsis zwei Skulpturen, die offensichtlich Propheten darstellen. Als ich die eine Figur näher untersuche, erkenne ich Mose.[388] Er hält die Torah. Die beiden Skulpturen stammen offensichtlich vom Marienkrönungsportal der Kathedrale. Wer die Skulpturen hier hinbrachte, ist bis heute ungewiss. Ich stehe an einem heiligen Ort. Ob die Bundeslade in Laon war oder ist, kann jedoch nur eine eingehende archäologische Untersuchung des Untergrunds der Stadt, auf der sie steht, erbringen.

Doch dazu bedarf es der Fähigkeit der Geschichtsforschung, sich auf ein Gedankenexperiment einzulassen, dass die Templer um Hugo von Payns die Lade in Jerusalem fanden und nach Frankreich brachten, als plausibelste Erklärung für ihren Verbleib.

Bild 40: Die Templerkapelle von Laon, unweit der Kathedrale.

Mir wird nun schmerzlich bewusst, dass die Suche nach der Bundeslade gerade erst beginnt. Am Ende meiner Suche lautet die zugegeben streitbare Arbeitshypothese folgendermaßen:

- Die Templer fanden die Bundeslade der Israeliten unter dem Tempelberg von Jerusalem und überführten sie nach Frankreich.
- Die Lade war in Rom, Clairvaux, St. Denis, Chartres und schließlich Laon.
- Der Besitz der Bundeslade versprach den Templern die größtmögliche Nähe zu Gott wie auch die größtmögliche Macht.
- Eine öffentliche Zurschaustellung der Lade wäre unmöglich gewesen aufgrund der weit verbreiteten Judenfeindlichkeit in der Bevölkerung.
- Das Verhalten Papst Eugen III. lässt darauf schließen, dass sich die Zisterzienser und die Templer dem Judentum öffneten.
- *Baphomet* oder *Bahumet* – übersetzt *Speisetruhe* – ist nichts anderes als die Bundeslade mit dem Krug der göttlichen Manna-Speise der Israeliten.

- Christian von Troyes und Wolfram von Eschenbach verschlüsselten in ihren Gralserzählungen *Perceval* und *Parzival* die Bundeslade. Die Templeise sind identisch mit den Templern. Parzival ist Bernhard von Claraval (Clairvaux). Anfortas, Parzivals Onkel, entspricht Andreas von Montbard, Bernhards Onkel.
- Marie von Champagne, die erste Arbeitgeberin von Christian von Troyes, war die Tochter von König Ludwig VII., dem Förderer des Kathedralenbaus und engen Freund Abt Sugers von St. Denis sowie Bernhards von Clairvaux.
- Die Gralsburg *Munsalvaesche* ist die Kathedrale von Laon mit ihren heiligen Kühen: *Mont des saintes vaches*.
- Die gotischen Kathedralen Frankreichs stellen nicht das Himmlische Jerusalem dar, sondern den Salomonischen Tempel. Einige wenige von ihnen – darunter St. Denis, Chartres und Laon – dienten den Mönchsrittern als neues Allerheiligstes für die Aufbewahrung der Bundeslade.
- Die Marienkathedralen Frankreichs stellen das Sternbild des Drachen dar.
- Die Stephanus-Kathedralen bilden das Sternbild Jungfrau.
- Laon, Gamma Draconis, ist der Kopf des Drachen.
- Nach den ikonografischen Spuren zu urteilen, könnte die Bundeslade noch heute in Laon verborgen sein.

3. Die Nationalsozialisten und die Bundeslade

Oder kamen mir die Nazis zuvor? Die Frage ist berechtigt, denn Reichsführer SS Heinrich Himmler ließ mit Hochdruck Wissenschaftler der Forschungsgemeinschaft Deutsches Ahnenerbe in Berlin weltweit nach archäologischen Relikten suchen. Ziel war es, die vermeintliche Überlegenheit der arischen Rasse zu beweisen. Finanziell üppig ausgestattete Pseudowissenschaftler der Nazis brachen zu Expeditionen auf, um unter anderem in den Bergen Tibets, in Palästina oder den französischen Pyrenäen nach Relikten und Beweisen für den Ursprung der Arier zu suchen. Dazu gehörte auch der Heilige

Gral, nach dem der Schriftsteller und SS Obersturmführer Otto Rahn des Rasse- und Siedlungshauptamtes unter der Schirmherrschaft Heinrich Himmlers suchte. Rahn forschte in den südfranzösischen Regionen des Languedoc und der Provence nach dem Heiligen Gral. Er glaubte, dass vier Angehörige der Katharersekte während der Belagerung der Burg Montségur einen Schatz davonschmuggeln konnten, bevor die mysteriöse Gnostikerbewegung am 16. März 1244 endgültig vernichtet wurde. Dieser Katharerschatz entsprang zwar nur der Fantasie Rahns, dessen vermeintliche einstige Existenz er in seinem verklärten ariosophischen Erguss »Kreuzzug gegen den Gral« zusammensponn.[389] Doch Heinrich Himmler war besessen vom Heiligen Gral, vom Okkulten, Mystischen. Er ließ die Wewelsburg unweit der westfälischen Stadt Paderborn zu einer monströsen Gralsburg ausbauen. Noch heute existiert ein Saal mit einem schwarzen Sonnensymbol aus zwölf Siegesrunen auf dem Boden, in dem sich Himmler und elf andere Schergen der SS trafen, um sich an ihren wahnwitzigen Fantasien zu erquicken.

So ist es möglich, dass die Deutschen während der Besatzung Frankreichs die Bundeslade gefunden haben könnten. Heinrich Himmler interessierte sich nachweislich für die Tempelritter und ihre Geheimlehren.[390] Ebenso wie Himmler die Geschichte der Templer studierte, entwickelte Adolf Hitler ein erstaunliches Interesse für die Kathedrale von Laon. Hitler besuchte Laon zusammen mit seinen beiden Kameraden aus Tagen des Ersten Weltkriegs, Max Amann und Ernst Schmidt. Fotografien von Heinrich Hoffmann zeigen den »Führer« am 21. und 25. Juni 1940 vor und in der Kathedrale. Hitler sagte am 18. Oktober 1941: »Wir haben beim Luftangriff auf Paris uns auf die umliegenden Flugplätze beschränkt, um die alte Kulturstadt zu schonen … und es hätte mir wehgetan, eine Stadt wie Laon mit ihrer Kathedrale angreifen zu müssen.«[391] Wie durch ein Wunder blieb die Kathedrale von Laon von der Zerstörungswut der Nazis verschont. Auf den Bildern ist zu sehen, dass aufgestapelte Sandsäcke vor dem Westportal die Kathedrale vor Granateneinschlägen schützen. Haben die Schergen Hitlers also die Bundeslade gefunden? Oder war Hitlers Faszination für die Kathedrale von Laon nur auf seine Architekturbegeisterung zurückzuführen?

Wir wissen es nicht. Vielleicht fanden die Nazis die Bundeslade. Hitler war zeitweilig im Besitz der vermeintlichen Heiligen Lanze, mit der Longinus Jesus Christus in die Seite stieß, um den Tod des Heilandes sicherzustellen. Die Nazis waren besessen von biblischen Reliquien. Der Besitz der Bundeslade durch die Nazis wäre durch das Reichspropagandaministerium gnadenlos ausgeschlachtet worden: Joseph Goebbels hätte die Lade als göttlichen Beweis für die Überlegenheit der arischen über die jüdische Rasse hingestellt. Doch nichts dergleichen geschah. Zum derzeitigen Stand der historischen Forschung wird die Bundeslade in den Aufzeichnungen der Nazis mit keinem Wort erwähnt.

So können wir gelassen annehmen, dass die Truhe Gottes vielleicht noch immer in Laon ist. Der Gedanke, dass die Lade, das biblische Symbol für die Anwesenheit Gottes auf Erden, unter Hitlers Füßen schlummerte, während er eine der schönsten Kathedralen des Abendlandes inspirierte, ist belustigend und unheimlich zugleich.

Aber nun stellt sich auch die weniger belustigende Frage, was geschähe, wenn die Lade in unmittelbarer Zukunft zufällig in Laon gefunden würde. Vielleicht würde es bei Restaurierungsarbeiten unterhalb der Apsis geschehen, denn es existiert, wie wir gesehen haben, unter dem Chorumgang der Kathedrale von Laon ein Hohlraum – die alte Mariengrotte. Auch ist der Berg von Laon von Höhlen durchzogen. Vielleicht würde sie durch geologische Untersuchungen der Grotten unter der Kathedrale entdeckt. Vielleicht in einem unterirdischen Gang oder Hohlraum unter der Templerkapelle, einen Steinwurf von der Kathedrale entfernt.

So ist es nicht unwahrscheinlich, dass die Entdeckung der Bundeslade weitreichende politische wie auch religiöse Konsequenzen nach sich ziehen könnte. Ultraorthodoxe Juden könnten die Bundeslade als Zeichen für die bevorstehende Ankunft des Messias betrachten und sich aufgrund dieses Ereignisses ermutigt fühlen, einen neuen Salomonischen Tempel zu errichten – anstelle des drittheiligsten Monuments des Islam: des Felsendoms. Ein Konflikt im Nahen Osten wäre vorprogrammiert.

Die Neugierde des Menschen ist unersättlich. So ist es gewiss nur eine Frage der Zeit, bis die Bundeslade gefunden wird. Die Zukunft wird zeigen, ob die Menschheit reif ist für eine solch fundamentale Entdeckung. Der Mensch wäre jedoch nicht Mensch, wenn er nicht forschen kann. Wir suchen nach der Bundeslade, weil wir das a) können und b) ein unstillbares Verlangen nach Antworten auf die Rätsel der Geschichte haben. Für manche ist c), Ruhm, der wichtigste Antrieb, nicht die Suche nach Fakten.

Es könnte also sein, dass wir am Tag X die Antworten, die wir möglicherweise finden, überhaupt nicht mögen.

So könnte es sich herausstellen, dass die Bundeslade überhaupt keine Gesetzestafeln enthielt. Vielleicht könnte sie Einblicke freigeben auf die Natur Gottes und würde uns verraten, dass JHWHs Erscheinen auf dem Berg Horeb im Sinai überhaupt nicht stattfand, sondern alles nur Propaganda von unterdrückten Menschen war, die der Knute des ägyptischen Pharaos entkommen wollten. Vielleicht lernen wir, dass die Bundeslade nie existierte, sondern nur ihr inbrünstiger Glaube an sie. Auch wenn JHWH Mose niemals erschienen sein sollte, weil er vielleicht nie gelebt hat und somit die Bundeslade nie baute, wäre es doch erstaunlich, wie das zusammenpasst mit der Entstehung des Juden- und Christentums – und den vielen Hinweisen, die wir gefunden haben.

Die vielen Leerstellen in der Gleichung konnten wir durch den Fakt füllen, dass genug Menschen im Mittelalter an die Existenz der Bundeslade glaubten und Zeichen auf Pergament oder in Stein hinterließen. Die Kunstgeschichte spricht sprichwörtliche Bände über die Lade. Genau genommen haben wir mehr Hinweise für die Existenz und die mögliche Überführung der Lade nach Frankreich durch die Templer gefunden, als irgendeine andere Theorie zum Verbleib der Lade aufbringen kann.

Auch wenn die Antwort unangenehm sein könnte, gilt es hier lediglich, eine Arbeitshypothese zu falsifizieren. Doch dazu muss man erst einmal den Mut aufbringen, herkömmliche orthodoxe Dogmen zu überwinden. »Wir haben noch Arbeit vor uns!«, sagt Henry Jones Senior zu seinem Sohn Indiana in *Der letzte Kreuzzug*. Packen wir es an – aber nicht um des Ruhmes Willen.

»...Gibt es wirklich eine Verbindung zwischen den Templern und dem Kult um den Heiligen Gral?«, fragte Umberto Eco. »Es ist eine Theorie, die man nicht abtun kann angesichts der Tatsache, dass Wolfram von Eschenbach darüber fabulierte.«[392] Man müsse Dichtern aber Freiheiten einräumen, schränkte Eco ein. Ein Gelehrter des nächsten Jahrtausends, der sehe, wie Indiana Jones nach der Bundeslade suche, könne schwer zwischen Fakt und Fiktion unterscheiden.

Eco verkannte jedoch, dass israelische Archäologen die Bundeslade noch immer unter dem Tempelberg vermuten. Darüber hinaus beharren die Äthiopier noch immer auf ihrer aberwitzigen Behauptung, dass ein auserwählter Priester die Lade in der Kirche Maria Zion in Aksum bewacht, obwohl sie aus dem 14. Jahrhundert stammt. Der Vatikan kauft ihnen diese abenteuerliche Geschichte ab.

Doch ist nicht die Lade überhaupt nur eine Fiktion der Bibel?

Wir haben gesehen, dass der Gral – der »dünne Stein« *Lapsit exillis* – in Wolframs *Parzival* nichts anderes ist als die Lade mit den mosaischen Gesetzestafeln. Das trifft auch auf Robert de Borons Manuskript *Geschichte des Heiligen Gral* zu, das er zur gleichen Zeit verfasste, wie Christian von Troyes den *Perceval*. Robert de Boron lässt den Schwager von Joseph von Arimathäa, Hebron, den Gral hüten. Mediävisten weisen darauf hin, dass de Boron eine Vorliebe für das Alte Testament hatte. So ist Hebron natürlich eine Anlehnung an die Stadt Hebron, wo die Leviten-Familie der Kehat gemäß dem 4. Buch Mose, 3,17–39 die Bundeslade der Israeliten bewachte.[393]

Es scheint, dass zur Zeit Wolframs noch immer ein Ereignis tief beeindruckte, das Jahrzehnte zurücklag: die Templer um Hugo von Payns hatten etwas Außergewöhnliches unter dem Tempelberg gefunden. Die Dichter sollten diese Geschichte von auserwählten Adeligen, die ein biblisches Artefakt besaßen, dokumentieren.

So weist das Bildprogramm der Obergadenfenster des Hochchores der Kathedrale von Chartres mit Gestalten wie Hesekiel, Jesaja, Daniel, Jeremias, Moses, Aaron und König David auf die Bundeslade hin. Stifter der Fenster waren u. a. der französische König Ludwig VIII. und das Grafenhaus Champagne.[394] Ludwigs Vater,

König Phillip II. von Frankreich, gab regelmäßig Spenden für den Bau des Nordportals von Chartres, jenes Portals, an dem wir den Hinweis auf die Lade, HIC AMICITUR ARCHA CEDERIS, finden. Philipp II. besuchte Chartres regelmäßig.[395]

Ludwig IX., der Heilige, war so versessen auf Reliquien, dass er dafür die Sainte Chappelle in Paris errichten ließ. Von den Templern kaufte er nach akribischer Recherche die Dornenkrone Christi, den Essigschwamm, auch die Lanze des Longinus. Den Schrein für die Aufbewahrung, Grande Châsse, ließ sich Ludwig IX. 100.000, die Dornenkrone gar 250.000 Tourneser Pfund kosten, viele Millionen Euro heutiger Währung.[396] Das Königshaus war ferner im Besitz der angeblichen mosaischen Gesetzestafeln, die Ludwig IX. aus St. Omer erhalten hatte – jener Stadt, aus der Hugo von Payns Stellvertreter Gottfried kam.[397]

In Chartres wurde 1978 bei Restaurationsarbeiten ein rötliches Tatzenkreuz im Kreuzrippengewölbe WVI (West 6) entdeckt, das aber entfernt wurde.[398] Misst man das Langhaus ab der Vorhalle bis zu jenem Kreuz im Gewölbe, ist der Raum 1,5 Joche lang. Zieht man von den Westtürmen aus zwei diagonale Linien, die sich exakt hinter dem Labyrinth kreuzen, dann ist der Raum zwischen dem Ostrand des Labyrinths und dem Kreuz 2,5 Joche lang.

Die Bundeslade war 1,5 Ellen breit und hoch und 2,5 Ellen lang.

Noch einmal: Ist die Bundeslade eine Fiktion der Bibel?

Wir müssen jetzt postulieren, dass das *nicht* der Fall war. Ja, wir können postulieren, dass die Templer die Bundeslade fanden.

Ob sie echt war, ist ein guter Ausgangspunkt für weitere unvoreingenommene Forschungen.

Register

228

Bildnachweis

Bild 1

Die Ortschaft Payns befindet sich etwa fünfzehn Kilometer nordwestlich von Troyes, inmitten von scheinbar endlosen, kreidehaltigen Feldern. © Tobias D. Wabbel

Bild 2

Die Synagoge von Troyes in der Champagne. Sie wurde von Rabbi Salomo bar Isaac, genannt Raschi, gegründet, der die Talmudschule leitete. Dessen Söhne wurden vom Zisterzienserabt Stephan Harding konsultiert, um biblische Passagen des Alten Testaments korrekt ins Lateinische zu übersetzen. Auch kam der Dichter Christian von Troyes mit den Talmudgelehrten der Stadt in Kontakt. Die jüdischen Einflüsse in seinem Gralsepos *Le Conte del Graal* zeugen davon. © Tobias D. Wabbel

Bild 3

Hugo von Payns, Herr von Montigny-Lagesse in der Champagne, diente zunächst unter Graf Hugo I. von Champagne als Vasall. Später schwor Graf Hugo I. von Champagne den Treueeid auf seinen Untergebenen, nachdem Hugo von Payns zum ersten Großmeister ernannt worden war. © Tobias D. Wabbel

Bild 4

Heute dient die Abtei von Clairvaux als Gefängnis. Nur wenige Gebäude überdauerten die Zerstörung der französischen Revolution. © Tobias D. Wabbel

Bild 5

Dass Bernhard von Clairvaux die Templer als die *wahren Israeliten* betrachtete und diese Botschaft in die mittelalterliche Kunst einfloss, wird bei dieser Skulptur des Westportals der Kathedrale von Reims deutlich. Der jüdische Patriarch Abraham empfängt die Weihe durch den Priester Melchidesek. Abraham ist als Templer dargestellt, erkennbar an seinem Pilgerstab und dem Mönchsgewand über der Ritterrüstung. © Tobias D. Wabbel

Bild 6

Eine Grabplatte in der Kirche der im Jahre 1119 gegründeten Zisterzienserabtei Fontenay – einer Tochterabtei von Clairvaux –, auf der ein Tempelritter zu sehen ist, erkennbar an seiner Ritterrüstung unter dem Mönchshabit und der Gebetshaltung. © Tobias D. Wabbel

Bild 7

Die Motte des Wehrturms von Gisors in der Normandie wurde vom Kastellan der Burg, Roger Lhomoy, nach dem Schatz der Templer umgegraben. Das französische Militär ließ die Burg schließlich auf Anweisung von Charles de Gaulle absperren. Die offizielle Erklärung war, zu verhindern, dass der Turm durch die vielen unterirdischen Stollen einstürzen könnte. Im Verlies des Wehrturms befinden sich Darstellungen von einer Jungfrau und einem Drachen, die der letzte Templergroßmeister, Jakob von Molay, vor seinem Tod hinterließ. © Tobias D. Wabbel

Bild 8

Die unterirdischen Gewölbe der Burg Gisors hüten noch immer ihre Geheimnisse. © Tobias D. Wabbel

Bild 9

Dieser Stollen, den Roger Lhomoy unter dem Donjon der Burg Gisors gegraben hat, wurde wieder zugeschüttet und mit Gitterstäben gesichert. © Tobias D. Wabbel

Bild 10

Die Kapelle von Rosslyn ist ein einzigartiges architektonisches Kleinod. Sie wurde um 1440 von William St. Clair geplant und befindet sich in den Pentland Hills am Ufer des Flusses Esk, etwa zwanzig Kilometer südöstlich von Edinburgh in der Region Lothian. © Tobias D. Wabbel

Bild 11

Trotz der Berühmtheit, die Rosslyn Chapel durch Dan Browns Roman *The Da Vinci Code* erlangte, hat dieser merkwürdige Sakralbau mit den Templern nichts gemein. Dennoch ist die Ornamentik beeindruckend und zeugt von der Meisterschaft der besten europäischen Steinmetze des 15. Jahrhunderts. © Tobias D. Wabbel

Bild 12

Der britische Anthropologe Keith Laidler behauptet, dass das so genannte Haupt Gottes, der mumifizierte Schädel Jesu Christi, unter der *Lehrlingssäule* der Kapelle von Rosslyn versteckt worden sei, nachdem die Templer nach der Verhaftung vom 13. Oktober 1307 nach Schottland flohen. Für eine Flucht der Templer nach Schottland fehlen jedoch jegliche Beweise. Auch gibt es nachweislich keine Verbindung der Familie St. Clair zu den Templern. © Tobias D. Wabbel

Bild 13

Leider ist diese Bundeslade nur ein Modell, das aus dem Film »Indiana Jones – Jäger des verlorenen Schatzes« stammt. Doch Steven Spielberg und George Lucas hielten sich erstaunlich exakt an die biblischen Beschreibungen der Lade im Buch Exodus. So ähnlich muss die Lade demnach ausgesehen haben. © Tobias D. Wabbel

Bild 14

Der Tempelberg in Jerusalem mit seinem Wahrzeichen, der goldenen Kuppel des Felsendoms. Die Templer bezeichneten den Felsendom als *Templum Salomonis*. Der israelische Archäologe Meir Ben-Dov entdeckte unter dem Tempelberg Tunnelsysteme, deren Ursprung er auf Grabungsaktivitäten der Templer zurückführte. Offensichtlich suchten sie systematisch nach einem unbekannten Objekt. © Public Domain

Bild 15

In der Abteikirche von St. Denis wurde um das Jahr 1136 das erste Kreuzrippengewölbe gebaut. Von 1137–1140 entstand die Westfassade nach dem Plan von Abt Suger. St. Denis ist dem Märtyrer und Schutzpatron von Paris, dem heiligen Dionysius, geweiht und gilt als der Prototyp aller gotischen Kathedralen. © Tobias D. Wabbel

Bild 16

Die Stadt Vézelay im Burgund. In der um 1120 errichteten Basilika St. Madeleine predigte Bernhard von Clairvaux im Jahr 1146 den zweiten Kreuzzug. © Tobias D. Wabbel

Bild 17

Am linken, nördlichen Portal der Westfassade von St. Denis ist die Bundeslade unterhalb Jesu Christi zu sehen, der eine Gesetzestafel durch einen Engel empfängt. Die Lade als Zeichen des Bundes Gottes mit den Israeliten bezieht sich in typologischer Betrachtung auf die Jungfrau Maria, die durch das Jesuskind den neuen Bund mit Gott schließt. Die Bundeslade entspricht demnach der Jungfrau. © Tobias D. Wabbel

Bild 18
Das Langhaus der Abteikirche von St. Denis weist zwölf Bündelpfeiler auf, die den Raum in sechs Joche unterteilen. Die zwölf Pfeiler stehen für die zwölf Stämme Israels, aber auch für die zwölf Apostel. Die Vierung – der Raum, wo sich das Hauptschiff und die Querschiffe treffen – ist eine Anspielung auf das Allerheiligste des Salomonischen Tempels, in dem einst die Bundeslade aufbewahrt wurde. © Tobias D. Wabbel

Bild 19
Die Abteikirche von St. Denis mit ihrer Vorhalle, dem Langhaus und der Apsis ist ebenso wie der Tempel zu Jerusalem in drei Bereiche eingeteilt: Vorhalle, Heiliges, Allerheiligstes. Dort wo der Märtyreraltar in der Apsis steht, befindet sich den Kunsthistorikern William Clark und Jacqueline Frank zufolge der Sockel, auf dem einst die Bundeslade im Allerheiligsten des Salomonischen Tempels ruhte. Abt Suger spielte mit seiner Architektur exakt auf diesen Raum im Salomonischen Tempel an. © Tobias D. Wabbel

Bild 20
Das so genannte »anagogische Fenster« in der Kapelle des heiligen Peregrinus in der Abteikirche von St. Denis besteht aus fünf runden Medaillons. Eines von ihnen zeigt Jesus Christus über der Bundeslade mit vier Rädern, die so genannte *Quadriga Aminadab*. Der Schriftzug *Quadrigae Aminadab* bezieht sich auf das Haus des Aminadab in Kirjat-Jearim. In Aminadabs Haus wurde die Bundeslade zwanzig Jahre von ihm und seinem Sohn Eleasar gehütet. Die *Quadriga* ist der Karren Aminadabs, auf dem die Lade von König David nach Jerusalem gebracht wurde. Abt Suger sah sich also als Wächter der Bundeslade an. © Tobias D. Wabbel

Bild 21
Mönche tragen ein ladeartiges Objekt mit einem Weihrauchbehälter darunter, diese Szene ist eingearbeitet in ein Kapitell in der Krypta von St. Denis. Zu sehen ist das Kreuz der Templer an der Spitze der Prozession. Vielleicht ist es der Schrein des heiligen Dionysius – er weist jedoch große Ähnlichkeiten mit der Bundeslade auf, wie sie im Mittelalter dargestellt wurde. Da sich Abt Suger als Hüter der Bundeslade sah, ist es eher anzunehmen, dass Suger die Abteikirche im Geiste der Bundeslade weihen ließ. © Tobias D. Wabbel

Bild 22
In der Krypta von St. Denis findet sich auch die angebliche Darstellung der Überführung des St. Edmund, König von East Anglia. Bei genauerem Hinsehen jedoch erweist sich diese Steinmetzarbeit als erstaunlich, denn sie deutet die Bundeslade auf einem Karren und neun Ritterköpfe an – die neun Gründungstempler? © Tobias D. Wabbel

Bild 23
Die Westfassade der Kathedrale von Chartres. Die unterschiedliche Höhe der Glockentürme zeugt von der Tatsache, dass im Jahr 1194 auf den Resten der abgebrannten romanischen Fulbertus-Kathedrale das Gebäude in gotischem Stil neu aufgebaut wurde. Der Baumeister von Chartres ist unbekannt. © Tobias D. Wabbel

Bild 24
Im südöstlichen Teil des südlichen Querhauses findet sich die Darstellung des heiligen Dionysius, der die *Oriflamme* an den Ritter Jean III. Clément du Mez übergibt, der das Fenster gestiftet hat. Auf der Brust des Ritters Clément ist ein weißes Tatzenkreuz zu sehen, das Zeichen der Templer. Jean III. Clément du Mez war ab dem Jahr 1225 Marschall von Frankreich, der Stellvertreter des Befehlshabers der königlichen Armee Philipps II., des

Sohnes von König Ludwig VII. Die Königsfamilie stand den Templern sehr nahe. © Tobias D. Wabbel

Bild 25
Ein Fenster der Apsis zeigt zwei Priester, die einen goldenen Kasten tragen. Die offizielle kunsthistorische Deutung ist, dass darin die Tunika Mariens aufbewahrt wird. Das Fenster ist jedoch dem Heiligen Stephanus geweiht – ein eindeutiger Verweis zur Bundeslade. © Tobias D. Wabbel

Bild 26
Am linken Gewände der mittleren Vorhalle des Nordportals von Chartres zeigt Mose mit dem (abgebrochenen) Zeigefinger auf den Kopf der ehernen Schlange, die als drachenartiger Basilisk dargestellt ist. Die Kathedrale von Laon in der Picardie bildet den Kopf des Sternbilds Drache. Mose mit der Gesetzestafel weist somit auf die Kathedrale von Laon. © Tobias D. Wabbel

Bild 27
Am linken Gewände der rechten Vorhalle des Nordportals von Chartres wurde die Figur des Morolf unterhalb der Gewändeskulptur des Königs Salomo in Stein gehauen. In der französischen Schrift *Salman und Morolf,* die um 1175 entstand, ist der listige Morolf ein Vasall des Königs Salomo. Morolf ist Salomos Berater, doch der König misstraut seinen Ratschlägen. Er hat ausgezeichnete Beziehungen zu den Templern. Morolf wird kunsthistorisch gleichgesetzt mit Hiram-Abiff, dem Erbauer des Salomonischen Tempels. Die Templer sind daher gleichbedeutend mit Hiram-Abiff – sie sind als Erbauer des neuen Salomonischen Tempels von Chartres anzusehen. © Tobias D. Wabbel

Bild 28
Reliefzylinder am Nordportal der Kathedrale von Chartres. Gezeigt werden der Raub der Bundeslade durch die Philister in der Schlacht von Aphek sowie der Sturz des Götzenbildes der Philister, Dagon, in der Stadt Ashdod. © Tobias D. Wabbel

Bild 29a
Unterhalb der Skulpturen erscheint der Spruch HIC AMITITUR ARCHA CEDERIS in Stein gemeißelt: *Die Lade, die hier verloren geht.* Liest man das »T« der Unzial-Schrift jedoch als »C«, bedeutet der Spruch: *Die Lade, die hier verborgen werden wird.* Er bezieht sich auf die Kathedrale von Chartres als Versteck für die Bundeslade. Auffallend ist, dass sowohl die Unzial-Schrift als auch Antiqua-Buchstaben verwendet wurden – dies war im Mittelalter nicht üblich. © Tobias D. Wabbel

Bild 29b
Im benachbarten Reliefzylinder wird die Bundeslade auf einem Ochsenkarren nach Bet-Shemesh rückgeführt. Darunter ist vermerkt: ARCHA CEDERIS. Die Bundeslade wurde jedoch in der lateinischen Vulgata-Bibel stets als »Arca Foederis« bezeichnet. Da CEDERIS hier und im benachbarten Zylinder auftaucht, kann es sich um keinen Steinmetzfehler handeln. Die gesamte Anordnung der Sprüche ist daher sorgsam geplant worden und das Werk hochgebildeter Kleriker. © Tobias D. Wabbel

Bild 30
Detail aus dem Reliefzylinder am Nordportal von Chartres, das die Bundeslade zeigt, die den Sturz des Götzenbildes Dagon im Tempel von Ashdod hervorruft. Auffallend ist hier, dass die Steinmetze offensichtlich jedes biblische Detail beachteten: den Mannakrug, den Stab Aarons und die Gesetzestafeln, die sich in der Bundeslade befanden. © Tobias D. Wabbel

Bild 31

Die Bundeslade wird auf dem vierrädrigen Karren des Aminadab abtransportiert. Gemeint sein könnte jedoch auch mit dem Spruch ARCHA CEDERIS, dass die Lade im wahrsten Sinne des Wortes nach Chartres »fahren gelassen« oder »übergeben« wird. © Tobias D. Wabbel

Bild 32

Die Kathedrale von Laon wurde um 1140 geplant und um 1160 begonnen. Die hier sichtbare Westfassade entstand zur gleichen Zeit wie das Süd- und Nordportal von Chartres. Nachweislich waren die gleichen Planer und Steinmetze am Werk. © Tobias D. Wabbel

Bild 33

Auf dem Trumeaupfeiler des mittleren Portals der Westfassade der Kathedrale von Laon steht die Jungfrau Maria auf dem Drachen, der sich unter ihren Füßen windet. Erneut eine Anspielung auf das Sternbild des Drachen, dessen Kopf die Kathedrale von Laon bildet. © Tobias D. Wabbel

Bild 34

In der rechten Archivolte des linken Portals der Westfassade der Kathedrale von Laon heben zwei Engel den Deckel der Bundeslade an. In ihr erscheint der siebenarmige Leuchter, die Menora, und der Krug mit dem himmlischen Manna als Teil des Tempelschatzes. © Tobias D. Wabbel

Bild 35

Wie in Chartres zeigt auch in Laon die Skulptur des Moses auf den Kopf des Drachen. © Tobias D. Wabbel

Bild 36

Der Drachentöter Georg, dargestellt als Tempelritter mit einem Templerkreuz auf seinem Schild, dessen Enden zu Bourbonenlilien stilisiert sind – Symbol der Nähe der Kapetinger zu den Templern. Georg durchstößt hier den Kopf des Drachen – ein Hinweis auf das Versteck der Bundeslade in Laon? © Tobias D. Wabbel

Bild 37

Sechzehn Ochsen zieren die Glockentürme der Kathedrale von Laon. Sie sind eine Anspielung auf das »eherne Meer«, ein Bronzebecken für rituelle Waschungen der Hohepriester, das vor dem Salomonischen Tempel stand und von zwölf Rindern getragen wurde. Mehr noch als St. Denis oder Chartres ist die Kathedrale von Laon daher *das* Abbild des Salomonischen Tempels. Der deutsche Dichter Wolfram von Eschenbach bezeichnete die Burg, wo der Gral durch eine auserwählte Schar von Rittern, die Templeise, bewacht wurde, als *Munsalvaesche*. Die Kathedrale von Laon steht ebenso auf einem Berg. Eingedenk der Rinder auf den Türmen steht Laon für einen Berg der heiligen Kühe: *Mont des saintes vaches*. © Tobias D. Wabbel

Bild 38

Drachen winden sich unterhalb der Westrose der Kathedrale von Laon. © Tobias D. Wabbel

Bild 39

Auffällig ist die Darstellung der Jungfrau Maria, die auf einem Kasten thront, der von zwei Engeln oder Cherubim flankiert wird. Beinahe unerkennbar windet sich ein Drache unter den Füßen der Jungfrau Maria. Die Jungfrau zertritt den Kopf des Drachen. Der Kasten, auf dem sie steht, ist die Bundeslade. © Tobias D. Wabbel

Bild 40
Die Templerkapelle von Laon, unweit der Kathedrale, wurde um 1134 errichtet. Der Bischof, die Kathedralenbauer und die Templer arbeiteten in Laon Hand in Hand. © Tobias D. Wabbel

Quellennachweis

1. Demurger, Alain, Der letzte Templer, München: C. H. Beck, 2004, S. 207
2. Barber, Malcolm, Der Templerprozess, Düsseldorf: Patmos Verlag, 2008, S. 232f.
3. Finke, Heinrich, Papsttum und Templerorden, Vol. I, Münster i.W.: Verlag Aschendorff, 1907, S. 151
4. Frale, Barbara, La storia dei Templari e l'apporto delle nuove scoperte, Il Papato e il processo ai Templari. L'inedita assoluzione di Chinon alla luce della diplomatica pontificia, Roma, 2003, S. 9–48
5. Finke, Heinrich, Papsttum und Templerorden, Vol. II, Münster i. W.: Verlag Aschendorff, 1907, S. 339
6. Ebd., S. 74
7. Schottmüller, Konrad, Untergang des Templerordens, Vol. I, Berlin: Ernst S. Mittler & Sohn, 1887, S. 128; vgl. auch Michelet, Michel, Procès des templiers, Imprimerie Royale, Paris, 1841, Vol. II, S. 373
8. Finke, Heinrich, Papsttum und Templerorden, Vol. II, Münster i. W.: Verlag Aschendorff, 1907, S. 143
9. Finke, Heinrich, Papsttum und Templerorden, Vol. I, Münster i. W.: Verlag Aschendorff, 1907, S. 164
10. Charpentier, John, Die Templer, Frankfurt am Main: Klett-Cotta, 1981, S. 159
11. Krüger, Anke, Das Baphomet-Idol, in: Historisches Jahrbuch 119, 1999, S. 132
12. Die maßgeblichen – jedoch nicht fehlerfreien – Experten auf dem Gebiet der Tempelritter sind Alain Demurger von der Universität Sorbonne in Paris sowie Malcolm Barber von der Universität Reading in England.
13. Leroy, Thierry, Hugues de Payns, Chevalier Champenois, Fondateur de l'Ordre des Templiers, Troyes: Maison Boulanger, 2001, S. 12 ff.
14. Demurger, Alain, Die Templer, München: C. H. Beck, 2000, S. 22
15. Demurger irrt hier: Das Kloster St. Colombe lag am Rande der Stadt Sens und nicht in Troyes. Ein Irrtum, der von anderen Autoren häufig übernommen wurde. Vgl. Wilcke, Ferdinand, Die Geschichte des Ordens der Tempelherren, Wiesbaden: Marix Verlag, 2005, S. 51
16. Leroy, Thierry, Hugues de Payns, Chevalier Champenois, Troyes: Maison Boulanger, 2001, S. 194., Cartulaire de Molesme, No. 230, S. 214
17. Ebd., S. 22
18. Dinzelbacher, Peter, Bernhard von Clairvaux, Darmstadt: Wissenschaftliche Buchgesellschaft, 1998, S. 22; vgl. Auberger, Jean-Baptiste, L'Unanimité Cistercienne Primitive – Mythe Ou Réalité, Achel, Belgium, 1986, S. 327; Zaluska, Yolanta, L'Enluminure et le Scriptorium De Cîteaux au XIIe Siècle, Cîteaux, 1989, S. 274f.
19. Stephen Harding, The Admonition of Stephen Harding, in: The Cistercian World: Monastic Writings of the Twelfth Century, übersetzt und herausgegeben von Pauline Matarasso, London: Penguin Books, 1993, S. 11f.
20. Vacandard, Elphège, Das Leben des Heiligen Bernard von Clairvaux, Mainz: Verlag Franz Kirchheim, 1897–1898, Band 1, S. 110–112
21. David Kaufman, Les Juifs et la bible de l'abbé Etienne Harding de Citeaux, Revue des études juives XVIII, 1889, S. 131–133; vgl. Smalley, Beryl, The Study of the Bible in the Middle Ages, University of Notre Dame, New York, 1964, S. 79; vgl. Auberger, Jean-Baptiste, L'Unanimité Cistercienne Primitive – Mythe Ou Réalité, Achel, Belgium, 1986, S. 21–22
22. In Troyes befand sich im Mittelalter und zur Zeit der Templergründung die bedeutendste Tora- und Talmudschule des Abendlandes.

23. Clayton-Emmerson, Sandra, Key Figures in Medieval Europe, CRC Press, 2006, S. 557–558. Die Vermutung mancher Autoren, dass Raschi und Harding kooperierten, ist reine Spekulation, wie der französische Historiker Gilbert Dahan zu bedenken gibt. Dahan hält es für sehr wahrscheinlich, dass seine Söhne, ebenfalls Bibelgelehrte, mit Abt Stephan Harding kooperierten, da Raschi bereits 1105 starb. Vgl. Persönliche Korrespondenz des Autors mit Gilbert Dahan vom 26. Oktober 2008. Noch heute existiert das Institut Raschi in der Rue Brunneval 2 gegenüber der Synagoge von Troyes.
24. Oliel-Grausz, Évelyne, Raschi von Troyes, in: Raschi 1105–2005, Worms: Worms-Verlag, 2005, S. 13
25. Barber, Malcom, Die Templer, Düsseldorf: Patmos Verlag, 2005, S. 18
26. Hiestand, Rudolf, Kardinalbischof Matthäus von Albano, das Konzil von Troyes und die Entstehung des Templerordens, in: Zeitschrift für Kirchengeschichte 99, 1988, S. 295ff. Zwar glaubt Hiestand nachgewiesen zu haben, dass der Templerorden sich den historischen Aufzeichnungen zufolge im Jahr 1120 formiert haben soll, doch viel wahrscheinlicher ist, dass er bereits um 1114 herum entstand, als Hugo von Payns und Graf Hugo I. von Champagne nach Jerusalem gingen. Ein Dokument erwähnt bereits im Jahr 1114 die »Militia Christi«.
27. Die Schreibweise der Namen der Templergründer wird von Historikern oft verschiedenartig wiedergegeben. So bezeichnet John Charpentier Archambaud von St. Amand in seinem Werk »Die Templer« als Archambaud von St. Agnan. Der Publizist Manfred Barthel bezeichnete Gottfried Bisol in seinem Werk »Die Templer« als Gottfried Bisot. In der Templerregel von 1128 werden jedoch die Namen Gottfried Bisol und Archambaud von St. Amand genannt. Daran halte ich mich.
28. Bulst-Thiele, Marie-Louise, The Influence of St. Bernard of Clairvaux on the Formation of the Order of the Knights Templar, in: The Second Crusade and the Cistercians, New York: St. Martin's Press, 1992, S. 57
29. Die lateinische Bezeichnung lautet: Pauperes commilitones Christi templique Salomonici Hierosalemitanis
30. Wilcke, Ferdinand, Die Geschichte des Ordens der Tempelherren, Wiesbaden: Marix Verlag, 2005, S. 44
31. Ebd., S. 43
32. Barber, Malcom, Die Templer, Düsseldorf: Patmos Verlag, 2005, S. 18
33. Wilcke, Ferdinand, Die Geschichte des Ordens der Tempelherren, Wiesbaden: Marix Verlag, 2005, S. 44
34. Bernhard von Clairvaux, Sämtliche Werke, Band II, Innsbruck: Tyrolia-Verlag, 1995, Brief 31
35. Allein die Tatsache, dass sowohl die Templerregeln, die auf dem Konzil von Troyes 1129 festgelegt wurden, als auch die Propagandaschrift De laude novae militiae von Bernhard von Clairvaux aus dem gleichen Jahr die Sicherung der Pilgerwege mit keinem Wort erwähnen, spricht u. a. dagegen.
36. Neander, August, Der Heilige Bernhard und sein Zeitalter, Gotha: Verlag Friedrich Andreas von Perthes, 1865, S. 26
37. Dokument CG, Nr. 141, S. 99, genannt in Barber, Malcom, Die Templer, Düsseldorf: Patmos Verlag, 2005
38. Fulcher von Chartres, Historia, 1. 26, S. 291
39. Ben-Dov, Meir, In the Shadow of the Temple, New York: Harpercollins, 1985, S. 346f. Vgl. auch: Gibson, Shimon und Jacobsen, David M., Below the Temple Mount in Jerusalem, Oxford: Tempus Reparatum, 1996 (BAR International Series 637); Palestine Exploration Fund, London bzw. Wilson, Charles, Ordnance Survey of Jerusalem, Authority of the Lord's Commissioners of her Majesties Treasurers, London, 1886
40. Albert von Aachen, Buch 12, Kapitel 33, S. 712–713

41. Bernhard von Clairvaux, Sämtliche Werke, Band II, Innsbruck: Tyrolia-Verlag, 1995, Brief 175
42. Wilcke, Ferdinand, Die Geschichte des Ordens der Tempelherren, Wiesbaden: Marix Verlag, S. 44
43. Ebd., S. 23
44. Zum Konzil von Troyes, vergl. Hiestand, R., Kardinalbischof Matthäus von Albano, das Konzil von Troyes und die Entstehung des Templerordens, in: Zeitschrift für Kirchengeschichte, Nr. 99, 1988, S. 295–323
45. Ursprünglich hatte Bernhard dem Konzil aus Krankheitsgründen abgesagt, wurde jedoch vom päpstlichen Legaten umgestimmt.
46. Schnürer, Gustav, Die ursprüngliche Templerregel, Freiburg i.Br.: Herder, 1903, S. 27 ff. Vergl. auch Laurent Dailliez, Règle et Status de l'Ordre du Temple, 2. Ausgabe, Paris: Éditions Dervy, 1972
47. Die meisten Biografen, wie etwa Elphège Vacandard, gehen davon aus, dass Bernhard im Jahr 1090 geboren wurde, aber die Quellen geben darüber nicht genauer Auskunft.
48. Manitius, Geschichte III, 531ff., zitiert nach Dinzelbacher, Peter, Bernhard von Clairvaux, Darmstadt: Wissenschaftliche Buchgesellschaft, 1998
49. Exordium, S. 63; zitiert nach Vacandard, Elphége, Das Leben des Heiligen Bernhard von Clairvaux, Mainz: Verlag Franz Kirchheim, 1897, Band I., S. 91
50. Neander, August, Der Heilige Bernhard und sein Zeitalter, Gotha: Verlag Friedrich Andreas von Perthes, 1865, S. 30
51. Ordericus Vitalis, Historia Ecclesiastica 8, 26, 61, ed. Cîteaux, document 208
52. Dinzelbacher, Peter, Bernhard von Clairvaux, Darmstadt: Wissenschaftliche Buchgesellschaft, 1998, S. 21
53. Ebd., S. 26
54. Fossier, Robert, L'installation et les Premières Années de Clairvaux, S. 79; Bouchard, Constance Brittain, Sword, Miter, and Cloister: Nobility and the Church in Burgundy, 980–1198, Cornell University Press, Ithaca, New York, 1987, S. 237f., zitiert in: Dinzelbacher, Peter, Bernhard von Clairvaux, Darmstadt: Wissenschaftliche Buchgesellschaft, 1998, S. 31
55. Regula 58,24, zitiert in: Dinzelbacher, Peter, Bernhard von Clairvaux, Darmstadt: Wissenschaftliche Buchgesellschaft, 1998, S. 31
56. Bernhard von Clairvaux, Liber ad milites templi. De laude novae militiae, veröffentlicht in: Bernhard von Clairvaux, Sämtliche Werke, Band I, Innsbruck: Tyrolia-Verlag, 1990, S. 269
57. Ebd., S. 301
58. Runciman, Steven, Die Geschichte der Kreuzzüge, München: DTV, 1995, S. 280
59. Sède, Gérard de, Die Templer sind unter uns, Berlin: Ullstein Verlag, 1963, S. 11ff.
60. Wilcke, Wilhelm Ferdinand, Die Geschichte des Tempelherrenordens, Leipzig: Verlag Hartmann, S. 49
61. Offizielles Dokument des Kultusministeriums, 19. Oktober 1971, Nr. 651/71/C.A.H., Circonscription des Antiquités Historiques, Ministère d'État Chargé des Affaires Culturelles, Centre des Recherches Archéologiques, Université de Caen, abgezeichnet von Michel de Boüard
62. Slezer, J., Theatrum Scotiae, 1693, zitiert in: Laidler, Keith, Das Haupt Gottes, München: Scherz Verlag, 1999, S. 347
63. Hay, Richard Augustin, Genealogie of Rosslyn, Edinburgh: Thomas G. Stevenson, 1835, S. 2ff.
64. Laidler, Keith, Das Haupt Gottes, München: Scherz Verlag, 1999, S. 349ff.
65. 1. Könige 7
66. Barbour, John, The Bruce, Edinburgh: Canongate Books, 1997, S. 78f.

67. Shalem, Avinoam, Reliquien der Kreuzfahrerzeit – Verehrung, Raub und Handel, in: Die Kreuzzüge, kein Krieg ist heilig, Mainz: Verlag Philipp von Zabern, 2003, S. 216

68. Barbour, John, The Bruce, Edinburgh: Canongate Books, 1997, S. 440ff.

69. Hay, Richard Augustin, Genealogie of Rosslyn, Edinburgh: Thomas G. Stevenson, 1835f.

70. Die Autoren Peter und Johannes Fiebag behaupteten ferner, dass Hugo von Payns mit einer Catherine St. Clair verheiratet war. Doch leider ist diese ominöse Catherine St. Clair nur in den gefälschten Dokumenten der fiktiven Prieuré de Sion des Pierre Plantard nachweisbar. Wie wir bereits gesehen haben, war Hugo von Payns mit Elisabeth de Chappes liiert.

71. Herbst, Karl, Kriminalfall Golgatha. Der Vatikan, das Turiner Grabtuch und der wirkliche Jesus, Düsseldorf: Econ Verlag, 1992, S. 83

72. Damon, P. E., Donahue, D. J., Gore, B. H., Hatheway, A. L., Jull, A. J. T. et al., Radiocarbon Dating of the Shroud of Turin, in: Nature 337, Nr. 6208, 16th February 1989, S. 611ff.

73. Picknett, Lynn und Prince, Clive, Die Jesus-Fälschung, Leonardo da Vinci und das Turiner Grabtuch, Bergisch Gladbach: Lübbe-Verlag, 1994, S. 124ff.

74. Fanti, G. und Maggiolo, R., The Double Superficiality of the Frontal Image of the Turin Shroud, in: Journal of Optics A Pure and Applied Optics 6, 2004, S. 491ff.

75. Roger, Raymond N. und Ardoli, Anna, Melanoidins, The Shroud of Turin: An Aminocarbonyl Reaction (Maillard reaction) May Explain the Image Formation, Volume 4, Ames J. M. ed., Office for Official Publications of the European Communities, Luxembourg, 2003, S. 106ff.

76. Frale, Barbara, The Knights Templar and the Shroud of of Christ, Dublin: Maverick House, 2011, S. 142ff.

77. Hofer, Stefan, Chrétien de Troyes, Leben und Werk, Graz-Köln: Verlag Hermann Böhlau, 1954, S. 41

78. Benton, John F., The Court of Champagne as a Literary Center, in: Speculum 36/4 (October 1961:551–591), S. 13

79. Vigneras, L. A., Chrétien de Troyes Rediscovered, in: Modern Philology, 32, 1935, S. 341ff.

80. Holmes, U. T., A New Interpretation of Chrétien's Conte del Graal, Studies in Philology, XLIV, North Carolina, 1947, S. 475

81. Chrétien de Troyes, Perceval oder die Geschichte vom Gral, Stuttgart: Ogham Verlag, 1991, S. 8

82. Ebd., S. 8

83. Sandkühler, Konrad, Nachwort zu Chrétien des Troyes' Perceval oder die Geschichte vom Gral, Stuttgart: Ogham Verlag, 1991, S. 224

84. Chrétien de Troyes, Perceval oder die Geschichte vom Gral, Stuttgart: Ogham Verlag, 1991, S. 65

85. Ebd., S. 65

86. Ebd., S. 133f.

87. Holmes, U. T., A New Interpretation of Chrétien's Conte del Graal, Studies in Philology, XLIV, North Carolina, 1947, S. 473f.

88. Barber, Richard, Der Heilige Gral, Geschichte und Mythos, Düsseldorf: Verlag Artemis&Winkler, 2004, S. 102

89. Mutius, Hans-Georg von (Hrsg.): Rechtsentscheide Raschis aus Troyes (1040–1105). Quellen über die sozialen und wirtschaftlichen Beziehungen zwischen Juden und Christen, Frankfurt am Main, 1986 (Judentum und Umwelt 15); vgl. Elon, M., Ha-Mischpat ha-libri, 3. Auflage, 1988, S. 1213ff.

90. Kern-Ulmer, Brigitte, Rabbinische Responsen zum Synagogenbau: Die Responsentexte, Hildesheim: Georg Olms Verlag, 1990, S. 2f.

91. Wolfram von Eschenbach, Parzival, München: Langen Müller, 2001, S. 420
92. Barber, Richard, Der Heilige Gral, Geschichte und Mythos, Düsseldorf: Verlag Artemis&Winkler, 2004, S. 203f.
93. Barber, Malcolm, Die Templer, Düsseldorf: Patmos Verlag, 2005, S. 203f.
94. Barber, Richard, Der Heilige Gral, Geschichte und Mythos, Düsseldorf: Verlag Artemis&Winkler, 2004, S. 112
95. 2. Mose (Exodus) 32,1–4
96. Kolb, Herbert, Munsalvaesche, Studien zum Kyotproblem, München: Wilhelm Fink Verlag, 1963, S. 129
97. Ebd., S. 150
98. »Herzeloyde« ist Wolframs von Eschenbach Namenskodierung für »Herzeleid«.
99. Parzival, 226,18
100. Kolb, Herbert, Munsalvaesche, Studien zum Kyotproblem, München: Wilhelm Fink Verlag, 1963, S. 104
101. Kordt, Christa-Maria, Parzival in Munsalvaesche, Herne: Verlag für Wissenschaft und Kunst, 1997, S. 210f.
102. Parzival, 468, 24–25
103. Snelleman, Willem, Das Haus Anjou und der Orient in Wolframs »Parzival«, Nijkerk: Callenbach, 1941, S. 138
104. Ebd., S. 131
105. Kolb, Herbert, Munsalvaesche, Studien zum Kyotproblem, München: Wilhelm Fink Verlag, 1963, S. 129
106. Wolfram von Eschenbach, Parzival, München: Langen Müller, 2001, S. 121
107. Ebd., S. 121
108. Der Germanist Hans-Wilhelm Schäfer glaubte, den Abendmahlskelch Jesu Christi in der Kathedrale von Valencia gesichtet zu haben. Der Gralskönig Anfortas sei identisch mit König Alfonso I. von Aragon. Auf dem Kelch, der in dem Burgkloster San Juan de la Peña aufbewahrt wurde und seit 1437 in der Kathedrale von Valencia zu sehen ist, stehe eine Inschrift, die Schäfer als AL-LABSIT AS-SILIS interpretierte – angeblich Wolframs *lapsit exillis*. Dies ist jedoch im Arabischen nicht schlüssig, weder als lateinische Terminologie in arabischen Schriftzeichen noch als arabische Terminologie in *lateinischen* Schriftzeichen (denn viele Araber jener Zeit schrieben auch in lateinischen Schriftzeichen). Auch fehlen wichtige semiotische Merkmale, die den Schriftzug eindeutig als Arabisch ausweisen. Der spanische Archäologe Antonio Beltrán Martínez wies nach, dass die Inschrift, wenn überhaupt, *li-Izahirati* bedeutet: »Für den, der blüht«. Vgl. Beltrán Martínez, Antonio, Estudio sobre el santo Cáliz de la Catedral de Valencia, Valencia 1969, 2. Auflage 1984. U. a. deswegen ist der Santo Cáliz aus der Kathedrale von Valencia mit Sicherheit nicht der Heilige Gral aus Chrétiens »Perceval« und Wolframs »Parzival«. Ohnehin hätte Jesus Christus beim letzten Abendmal auf allen Prunk verzichtet und nur den Holzbecher eines Zimmermannes verwendet.
109. Barber, Richard, Der Heilige Gral, Geschichte und Mythos, Düsseldorf: Verlag Artemis & Winkler, 2004, S. 209
110. Eine andere Übersetzung leitet »Gral« vom lateinischen Wort »Gradale« für »Schale« her. Diese Übersetzung ist etymologisch jedoch kaum haltbar. Vgl. Kolb, Herbert, Munsalvaesche, Studien zum Kyotproblem, München: Wilhelm Fink Verlag, 1963, S. 144f.
111. Mergell, Bodo, Der Gral in Wolframs Parzival, Halle: Max Niemeyer Verlag, 1952, S. 41
112. Kolb, Herbert, Munsalvaesche, Studien zum Kyotproblem, München: Wilhelm Fink Verlag, 1963, S. 168
113. Im Alten Testament werden der Aaronstab und der Mannakrug vor die Lade gestellt. Im Neuen Testament wird jedoch geschildert, dass sie *in* die Lade gelegt werden.

244

114. Wolfram von Eschenbach, Parzival, München: Langen Müller, 2001, S. 412
115. Gemäß der Einschätzung von Dr. Frank Paulikat vom Institut der romanischen Sprachwissenschaften der Universität Augsburg. Persönliche Korrespondenz vom 16. Juni 2009.
116. Doch »Percer« bedeutet auch »durchstoßen«. »Val« könnte eine Abwandlung von »épaule« für »Schulterblatt« sein, leitet sich aber von dem lateinischen Wort »Scapula« ab. Ein Skapulier ist ein Schulterüberwurf über der Ordenstracht eines Mönchs. Die Zisterzienser tragen es unter dem Gürtel. »Perceval« wäre demnach ein Mönch, dem mit einer Lanze durch das Schulterblatt gestoßen wurde. Die Folge wäre ein roter Blutfleck auf dem weißen Gewand des Zisterziensermönchs – die Tempelritter trugen ein rotes Tatzenkreuz auf der linken Schulter ihres weißen Mantels. Hiermit hätten wir auch wieder eine bemerkenswerte Nähe zum Zisterzienserorden.
117. Snelleman, Willem, Das Haus Anjou und der Orient in Wolframs »Parzival«, Nijkerk: Callenbach, 1941, S. 198
118. Lahore, Chr. (Ed.), Le trésor de Clairvaux du XIIe au XVIIIe siècle, Troyes, 1875, S. 114f.
119. Inventar von 1504, Nr. 10, Jubainville (Hrsg.), S. 500; vgl. Frolow, Anatole, La rélique de la vraie Croix. Recherches sur le développement d'un culte, Paris, 1961 (Archives de l'Orient chrétien 7), S. 389f.
120. Bernhard von Clairvaux, Sämtliche Werke, Band II, Innsbruck: Tyrolia-Verlag, 1995, Brief 175
121. Inventar von 1504, Nr. 2, Jubainville (Hrsg.), S. 497; vgl. Frolow, Anatole, La rélique de la vraie Croix. Recherches sur le développement d'un culte, Paris, 1961 (Archives de l'Orient chrétien 7), S. 418f.
122. Inventar von 1504, Nr. 1, Jubainville (Hrsg.), S. 496; Inventar von 1405, Nr. 1; vgl. Frolow, Anatole, La rélique de la vraie Croix. Recherches sur le développement d'un culte, Paris, 1961 (Archives de l'Orient chrétien 7), S. 409f.
123. Adolf, Helen, A Historical Background for Chrétiens Perceval, PMLA, Vol. 58, No. 3, Sep., 1943, S. 601
124. Mergell, Bodo, Der Gral in Wolframs Parzival, Halle: Max Niemeyer Verlag, 1952, S. 99
125. 2. Mose (Exodus) 3,1–15
126. 2. Mose (Exodus) 12,40, vgl. Flavius Josephus, Jüdische Altertümer, Buch 2, Kapitel 13
127. Vgl. Finkelstein, Israel und Silberman, Neil, Keine Posaunen vor Jericho, München: DTV, 2001, S. 61
128. Silling, Walter, Ursprünge des antiken Israel, Münster: Lit Verlag, 2012, S. 24 ff.
129. 2. Mose (Exodus) 12,11–50
130. 2. Mose (Exodus) 16,31–33
131. 2. Mose (Exodus) 13,21
132. 2. Mose (Exodus) 12,37
133. 2. Mose (Exodus) 24,4
134. 2. Mose (Exodus) 3,8
135. 2. Mose (Exodus) 19,3–6
136. 2. Mose (Exodus) 20,1–18
137. 2. Mose (Exodus) 24,12
138. 2. Mose (Exodus) 25,10–22
139. Hamblin, William J. und Seely, David R., Salomos Tempel, Mythos und Geschichte des Tempelberges in Jerusalem, Stuttgart: Belser Verlag, 2007, S. 19f.
140. 2. Mose (Exodus) 28,1–43
141. 2. Mose (Exodus) 32,19–20
142. 2. Mose (Exodus) 34,1–35

143. 2. Mose (Exodus) 37,1–9
144. Jánosi, Peter, Die Pyramiden, Mythos und Archäologie, München: C. H. Beck, 2004, S. 123
145. Zwickel, Wolfgang, Der Salomonische Tempel, Mainz: Verlag Philipp von Zabern, 1999, S. 106
146. Flavius Josephus, Jüdische Altertümer, Buch 3, Kapitel 6,5
147. Graffe, Georg, Terra-X: Die Jagd nach der Bundeslade, Jerusalems verlorener Schatz, Augsburg: Weltbild Verlag, 1999, S. 75
148. Wiese, André und Bordbeck, Andreas, Tutanchamun, Das goldene Jenseits, Ausstellungsstück N. 87: Kasten mit Tragestangen, Katalog der Kunst- und Ausstellungshalle der Bundesrepublik Deutschland, Bonn, 2005, S. 342
149. Haran, M., The Ark and the Cherubim, Their Symbolic Significance, in: Biblical Ritual, Israel Exploration Journal IX, 1959, S. 30–38; S. 89–94
150. Yaniv, Bracha, The Cherubim on Torah Ark Valances, in: Assaph, Studies in Art History, Volume 4, 1999, S. 163
151. 2. Mose (Exodus) 29,4–35
152. Die Namen der zwölf Stämme Israels lauten: Ruben, Simeon, Levi, Juda, Dan, Naftali, Gad, Ascher, Issachar, Sebulon, Josef, Benjamin
153. Hebräer 9,4–5
154. 5. Mose (Deuteronomium) 10,5
155. Grierson, Roderick und Munro-Hay, Stuart, Der Pakt mit Gott, Auf der Suche nach der verschollenen Bundeslade, Bergisch-Gladbach: Lübbe-Verlag, 2001, S. 40
156. Hoffmeier, James K., Israel in Egypt, The Evidence for Authenticity of the Exodus Tradition, Oxford: Oxford University Press, 1997, S. 28
157. Veen, Peter van der, Die el-Amarna-Habiru und die frühe Dynastie in Israel, in: Veen, Peter van der und Zerbst, Uwe (Hrsg.), Biblische Archäologie am Scheideweg?, Holzgerlingen: Hänssler Verlag, 2002, S. 359
158. Vaux, Roland de, Histoire ancienne d'Israël, Volume I, Paris: Lecoffre, 1971, S. 106ff.
159. 5. Mose (Deuteronomium) 10,8
160. 5. Mose (Deuteronomium) 31,7
161. Clauss, Manfred, Das alte Israel, München: C.H. Beck, 1999, S. 14ff.
162. Josua 11,10
163. Ben-Sasson, H.H., Geschichte des jüdischen Volkes, von den Anfängen bis zur Gegenwart, München: C.H. Beck, 2004, S. 67ff.
164. Josua 3,14–17
165. Josua 6,6–20
166. Richter 4,1–24
167. Ben-Sasson, H.H., Geschichte des jüdischen Volkes, von den Anfängen bis zur Gegenwart, München: C.H. Beck, 2004, S. 88f.
168. 1. Samuel 4,1–11
169. 1. Samuel 5,8
170. 1. Samuel 5,1–12
171. 1. Samuel 6,1–17
172. 1. Samuel 7,1–2
173. 1. Samuel 16,13
174. 1. Samuel 10,1
175. 1. Samuel 16,21–23
176. 1. Samuel 17,12; 18,27
177. 1. Samuel 19,2–3
178. 2. Samuel 5,5
179. 2. Samuel 6,1–23
180. 1. Könige 1,33–39

181. Zwickel, Wolfgang, Der Salomonische Tempel, Mainz: Verlag Philipp von Zabern, 1999, S. 23ff.
182. 1. Könige 1,46
183. 1. Könige 5,4
184. Finkelstein, Israel und Neil A. Silberman, David und Salomo, Archäologen entschlüsseln einen Mythos, München: C.H. Beck, S. 157f
185. 2. Chronik 2,11–12
186. 1. Könige 7,13–14
187. 1. Könige 6,38
188. 2. Chronik 3,1–17
189. 1. Könige 7,44; vgl. Bieberstein, Klaus, Im Zentrum das Leben – den Tod in der Peripherie, Jerusalem kultursemiotisch gelesen, in:»uni.vers«, Ausgabe 6/2004, Universität Bamberg, S. 28
190. 1. Könige 6,4
191. 1. Chronik 26,20
192. Zwickel, Wolfgang, Der Salomonische Tempel, Mainz: Verlag Philipp von Zabern, 1999, S. 49ff.
193. 1. Könige 6,5–10
194. Ebd., S. 29
195. Finkelstein, Israel und Neal A. Silberman, David und Salomo, Archäologen entschlüsseln einen Mythos, München: C.H. Beck, S. 157f.
196. 1. Könige 14,24f.
197. Finkelstein, Israel und Neal A. Silberman, David und Salomo, Archäologen entschlüsseln einen Mythos, München: C.H. Beck, S. 67
198. 2. Chronik 12,9
199. Flavius Josephus, Jüdische Altertümer, Buch 8, Kapitel 10,3
200. Finkelstein, Israel und Neal A. Silberman, David und Salomo, Archäologen entschlüsseln einen Mythos, München: C.H. Beck, S. 72f.
201. Keller, Werner, Und die Bibel hat doch recht, Forscher beweisen die Wahrheit des alten Testaments, Düsseldorf: Econ-Verlag, 1955, S. 267
202. 2. Könige 25,1–21; Jeremia 39,1–18
203. Flavius Josephus, Jüdische Altertümer, Buch 10, Kapitel 8,1–7
204. Andrews, Richard, Tempel der Verheißung, Das Geheimnis des heiligen Berges von Jerusalem, Bergisch-Gladbach: Lübbe-Verlag, 1999, S. 42
205. 2. Chronik 35,3
206. Jeremia 52,24–27
207. Talmud Yerushalmi, Shekalim, Pereq, 6,1–2
208. Babylonischer Talmud, Yoma V, 53b
209. Babylonischer Talmud, Yoma V, 54a
210. Mishneh Torah, Moses Maimonides, 8. Buch, 4,1
211. Das 2. Buch der Makkabäer, das im 2. Jahrhundert v.Chr. entstand, erwähnt, dass der Prophet Jeremia, der die Zerstörung des Tempels und Jerusalems durch die Babylonier voraussah, die Bundeslade zusammen mit dem Stiftszelt und dem Räucheraltar in einer Höhle am Berg Nebo versteckte (vgl. 2. Makkabäer 2,4–7). Nebo ist jener Berg im heutigen Jordanien, von dem aus Mose das gelobte Land sah, bevor er starb und dort begraben wurde. Es ist jedoch äußerst unwahrscheinlich, dass Jeremia die Lade durch die babylonischen Belagerungslinien schmuggeln konnte. Dabei wäre der Kasten von den Babyloniern erbeutet worden. Dass dem nicht so war, belegen die babylonischen Bestandslisten.
212. Kebra Negest, München: Verlag der K.B. Akademie, 1909 (Abhandlungen der philosophisch-philologischen Klasse der königlich-bayerischen Akademie der Wissenschaften 23), Kapitel 32

213. Ebd., Kapitel 33
214. Ebd., Kapitel 45
215. Ebd., Kapitel 45
216. Ebd., Kapitel 48
217. Ebd., Kapitel 60
218. Ebd., Kapitel 117
219. 1. Chronik 33,1–18
220. 2. Könige 21,1–18
221. Hancock, Graham, Die Wächter des heiligen Siegels, Bergisch-Gladbach: Lübbe-Verlag, 1999, S. 391
222. Parfitt, Tudor, Die Jagd nach der verschollenen Bundeslade, München: DTV, 2009, S. 165f.
223. Hancock, Graham, Die Wächter des heiligen Siegels, Bergisch-Gladbach: Lübbe-Verlag, 1999, S. 209ff.
224. Buxton, David, The Abyssinians, New York: Praeger, 1970, S. 103f.
225. Dabei ist Tudor Parfitts eigene Hypothese über den Verbleib der Bundeslade noch abenteuerlicher. Parfitt glaubt, die »Trommel der Ahnen« – die Ngoma Lugundu – des afrikanischen Stammes Lemba in Zimbabwe sei die Lade. Die Lemba stammen laut genetischen DNS-Analysen direkt von den Kohanim, einer Untergruppe des Stammes Levi, ab. Mose habe die Trommel als Behältnis für die Zehn Gebote angefertigt. Diese bizarre Lade sei nach Simbabwe gelangt. Parfitt vergisst in seinem Enthusiasmus für den Stamm der Lemba, dass die Bibel kein einziges Wort über die Bundeslade als Trommel verliert. Es war schon immer ein Kasten.
226. Parfitt, Tudor, Die Jagd nach der verschollenen Bundeslade, München: DTV, 2009, S. 174f.
227. Badde, Paul, Hat die äthiopische Kirche die heilige Bundeslade, in: Die Welt, 22. Juni 2009, http://www.welt.de/kultur/article3974007/Hat-die-aethiopische-Kirche-die-heilige-Bundeslade.html
228. Ziegert, Helmut, Pressemitteilung, Archäologisches Institut, Universität Hamburg, 07.05.2008
229. Schüle, Christian, Die Hüter der Bundeslade, in: Die Bundeslade, Artikel im National Geographic, November 2008, S. 90
230. Sapritchian Dimotheos, Deux Ans de Séjours en Abyssinie, Jerusalem, 1871, S. 135ff.; vgl. auch Grierson, Roderick und Munro-Hay, Stuart, Der Pakt mit Gott, Auf der Suche nach der verschollenen Bundeslade, Bergisch-Gladbach: Lübbe-Verlag, 2001, S. 400ff.
231. Der armenische Schriftsteller Abu Salih berichtet im 13. Jahrhundert von einer vermeintlichen äthiopischen Lade, die jedoch christliche Kreuze aufweist. Vgl. Grierson, Roderick und Munro-Hay, Stuart, Der Pakt mit Gott, Auf der Suche nach der verschollenen Bundeslade, Bergisch-Gladbach: Lübbe-Verlag, 2001, S. 467
232. Jeremia 3,16–17
233. Hamblin, William J. und Seely, David R., Salomos Tempel, Mythos und Geschichte des Tempelberges in Jerusalem, Stuttgart: Belser Verlag, 2007, S. 41ff.
234. Pressemitteilung des Israelischen Außenministeriums vom 21.10.2007: https://mfa.gov.il/mfa/israelexperience/history/pages/archaeological%20remains%20dated%20to%20the%20first%20temple%20period%20discovered%20on%20the%20temple%20mount%2021-oct-2007.aspx
235. Shragai, Nagav, First Temple Artifacts Found in Dirt Removed from Temple Mount, Haaretz, 19.10.2006, vgl. Hendel, Fillel, Finds on Temple Mount from First Temple, Israel National News, 21.10.2007
236. Ritmeyer, Leen and Kathleen, The Secrets of Jerusalem's Temple Mount, Biblical Archeology Society, Washington D.C., 1998, S. 91ff.
237. Albert von Aachen, Buch 6, Kapitel 24

238. Anonymus, Qualiter sita est civitas Hierosolymitana, 1103, veröffentlicht in: Tobler, T. und Molinier, A., Itinera Hierosolymitana, Genf, Volume I, 1879, S. 347ff.
239. Fulcher von Chartres, Buch I, Kapitel XXVI,7
240. Syrische Baruchapokalypse, 6,4–8
241. Eupolemos' Textfragmente sind erhalten geblieben in den Schriften des Kirchenvaters Eusebius von Caesarea.
242. Grierson, Roderick und Munro-Hay, Stuart, Der Pakt mit Gott, Auf der Suche nach der verschollenen Bundeslade, Bergisch-Gladbach: Lübbe-Verlag, 2001, S. 167ff.
243. New York Times, 07.05.1911
244. Vgl. Gibson, Shimon und Jacobsen, David M., Below the Temple Mount in Jerusalem, Oxford: Tempus Reparatum, 1996 (BAR International Series 637)
245. Silberman, Neil, In Search of Solomon's Treasures, London, 1980, BAR International Series 07/08, S. 33
246. Vester, Bertha Spafford, Our Jerusalem, London: Evans Brothers, 1951, S. 227f.
247. New York Times, 04.05.1911
248. Dt.: Die Geheimnisse der Kathedrale von Chartres, Köln: Gaia Verlag, 1996 bzw. Macht und Geheimnis der Templer, Olten: Walter Verlag, 1986
249. Charpentier, Louis, Die Geheimnisse der Kathedrale von Chartres, Köln: Gaia Verlag, 1996, S. 34
250. Annas, Gabriele, Abt Suger von St. Denis, eine historisch-biographische Skizze, in: Speer, Andreas und Binding, Günther, Abt Suger von St. Denis, Ausgewählte Schriften, Darmstadt: Wissenschaftliche Buchgesellschaft, 2005, S. 80
251. Abt Suger von St. Denis, Vita Ludovici Grossi Regis, c. XXVIII, S. 218
252. Grosse, Rolf, St. Denis zwischen Adel und König, Stuttgart: Thorbecke Verlag, 2002, S. 32ff.
253. Ebd., S. 222ff.
254. Kimpel, D. und Suckale, R., Die gotische Architektur in Frankreich 1130–1270, München: Hirmer Verlag, 1985, S. 83 mit Anmerkung 42 (S. 480)
255. Abt Suger von St. Denis, De consecratione, 14,104sq
256. Abt Suger von St. Denis, De consecratione, 10,81sq, in: Binding, Günther, Abt Suger von St. Denis, Ausgewählte Schriften, Darmstadt: Wissenschaftliche Buchgesellschaft, 2005, S. 207
257. Crosby, Sumner McKnight, The Royal Abbey of St. Denis from its Beginnings to the Death of Suger, New Haven: Yale University Press, 1987 (Yale Publications in the History of Art, 37), S. 32
258. Abt Suger von St. Denis, De consecratione, 57,345s
259. Ebd., 63,391s
260. Abt Suger von St. Denis, De administratione, 33,155ss
261. Ebd., 81,371s
262. Abt Suger von St. Denis, De consecratione, 82,509ss
263. Ebd., 82,510ss
264. Ebd., 85,530ss
265. Simson, Otto von, Die gotische Kathedrale, Darmstadt: Wissenschaftliche Buchgesellschaft, 1968, S. 142
266. Porter, Arthur Kingsley, Romanesque Sculptures of the Pilgrimage Roads, Boston: Marshall Jones Company, 1923, S. 222f.
267. Simson, Otto von, Die gotische Kathedrale, Darmstadt: Wissenschaftliche Buchgesellschaft, 1968, S. 159
268. Runciman, Steven, Die Geschichte der Kreuzzüge, München: DTV, 1995, S. 556
269. Ebd., S. 556
270. Bernhard von Clairvaux, Sämtliche Werke, Band II, Innsbruck: Tyrolia Verlag, 1995, Brief 309

271. Annas, Gabriele, Abt Suger von St. Denis, eine historisch-biographische Skizze, in: Speer, Andreas und Binding, Günther, Abt Suger von St. Denis, Ausgewählte Schriften, Darmstadt: Wissenschaftliche Buchgesellschaft, 2005, S. 107

272. Runciman, Steven, Die Geschichte der Kreuzzüge, München: DTV, 1995, S. 565

273. Cartellieri, Otto, Abt Suger von Saint Denis, 1081–1151, Berlin: Ebering, 1898 (Historische Studien 11), S. 52

274. Ebd., S. 53

275. Ebd., S. 55

276. Runciman, Steven, Die Geschichte der Kreuzzüge, München: DTV, 1995, S. 561

277. Wilcke, Ferdinand, Die Geschichte des Ordens der Tempelherren, Wiesbaden: Marix Verlag, 2005, S. 65ff.

278. Cartellieri, Otto, Abt Suger von Saint Denis, 1081–1151, Berlin: Ebering, 1898 (Historische Studien 11), S. 55

279. Bernhard von Clairvaux, Sämtliche Werke, Band III, Innsbruck: Tyrolia Verlag, 1992, Brief 266

280. 1. Könige 6,1–37; 2. Chronik 3,1–17

281. Abt Suger von St. Denis, De consecratione 18,133; vgl. auch Graboïs, A., L'Abbaye de S.Denis et les juifs sous l'abbatiat de Suger, in: Annales, économies, societés, civilisations, XXIV (1969).

282. DelPlato, Joan, On Jews and the Old Testament Precedent for Sacred Art Production: The Views of some Twelfth-Century Abbots, in: Comitatus: A Journal of Medieval and Renaissance Studies, Volume 18, Article 3, S. 35f.

283. Panofsky, Erwin, Abbot Suger on the Abbey Church of St. Denis and its Art Treasures, Princeton: Princeton University Press, 1979, S. 123

284. Büchsel, Martin, Die Entstehung der Gotik, Freiburg i.Br.: Rombach Verlag, 1997, S. 79

285. Schlink, Wilhelm, The Gothic Cathedral as Heavenly Jerusalem: A Fiction in German Art History, in: Kühnel, Bianca (Hrsg.), The Real and Ideal Jerusalem in Jewish, Christian and Islamic Art, Jerusalem: Hebrew University, 1998 (Jewish Art 23/24.1997/1998), S. 275

286. Offenbarung, 21,11–15

287. Die Maße ergeben sich aus dem 2. Makkabäer 11,15, wo die Entfernung zwischen der judäischen Festung Bet-Zur nach Jerusalem mit 150 Stadien angegeben wird – umgerechnet also etwa 185 Meter pro Stadion.

288. Haussherr, Reiner, Templum Salomonis und Ecclesia Christi, in: Zeitschrift für Kunstgeschichte 31 1968, S. 101–121

289. Scheja, Georg, Hagia Sophia und Templum Salomonis, in: Istanbuler Mitteilungen 12, 1962, S. 47f.

290. Simson, Otto von, Die gotische Kathedrale, Darmstadt: Wissenschaftliche Buchgesellschaft, 1968, S. 60

291. 2 Paral 7,1–16; 7,12–16

292. Richard von St. Viktor, Liber exceptionum, Texte critique avec introduction, notes et tables, Châtillon, Jean (Hrsg.), Paris: Vrin, 1958, (Textes philosophiques du moyen âge 5), S. II, lib. 7, Cap. 1f.: ›De Salomone et templo‹, S. 313ff.

293. Ohly, Friedrich, Die Säulen des Salomonischen Tempels und die Doppelturmfassade, in: Frühmittelalterliche Studien 32, 1998, S. 7ff.

294. I. Henoch 89:73; vgl. auch die Darstellung des Salomonischen Tempels in: Grabar, A., Early Christian Art AD 200–395, New York, 1968, S. 74, Abb. 66

295. Flavius Josephus, Der Jüdische Krieg, Buch V., S. 212ff.

296. Frank, Jacqueline und Clark, William, Abbot Suger and the Temple in Jerusalem: A New Interpretation of the Sacred Environment in the Royal Abbey of St. Denis, in: Anderson, Christy (Hrsg.), The Built Surface, Aldershot: Ashgate, Publishing Company, Burlington, 2002, S. 116

297. Hesekiel (Ezechiel) 41,8
298. Frank, Jacqueline und Clark, William, Abbot Suger and the Temple in Jerusalem: A New Interpretation of the Sacred Environment in the Royal Abbey of St. Denis, in: Anderson, Christy (Hrsg.), The Built Surface, Aldershot: Ashgate, Publishing Company, Burlington, 2002, S. 117
299. Simson, Otto von, Die gotische Kathedrale, Darmstadt: Wissenschaftliche Buchgesellschaft, 1968, S. 139
300. St. Denis besitzt seit dem Jahr 1966 den Status einer Kathedrale. Ich werde jedoch weiterhin den Terminus Abteikirche verwenden.
301. Warren, John, Creswell's Use of the Theory of Dating by the Acuteness of the Pointed Arches in Early Muslim Architecture, in: Muqarnas 8, 1991, S. 59ff.
302. Ben-Dov, Meir, In the Shadow of the Temple, New York: Harpercollins, 1985, S. 280
303. Simson, Otto von, Die gotische Kathedrale, Darmstadt: Wissenschaftliche Buchgesellschaft, 1968, S. 13
304. Jantzen, Hans, Über den gotischen Innenraum und andere Aufsätze, Berlin: Gebr. Mann Verlag, 1951, S. 7–20
305. Blum, Pamela Z., The Laterial Portals of the West Facade of the Abbey Church of Saint-Denis, in: Abbot Suger and Saint-Denis: A Symposium, Gerson, Paula Lieber (Hrsg.), New York: Abrams, 1987, S. 200
306. Büchsel, Martin, Die Geburt der Gotik, Freiburg i.Br.: Rombach Druck und Verlagshaus, 1997, S. 109
307. Blum, Pamela Z., The Laterial Portals of the West Facade of the Abbey Church of Saint-Denis, in: Abbot Suger and Saint-Denis: A Symposium, Gerson, Paula Lieber (Hrsg.), New York: Abrams, 1987, S. 212
308. Ebd., S. 111
309. Blum, Pamela Z., The Saint Benedict Cycle on the Capitals of the Crypt at Saint-Denis, in: Gesta, Vol. 20, No. 1, 1981, S. 82
310. Gimpel, Jean, Die Kathedralenbauer, Hamburg: Deukalion Verlag, 1996, S. 11
311. Blum, Pamela Z., The Laterial Portals of the West Facade of the Abbey Church of Saint-Denis, in: Abbot Suger and Saint-Denis: A Symposium, Gerson, Paula Lieber (Hrsg.), New York: Abrams, 1987, S. 213
312. Ebd., S. 217f.
313. Ebd., S. 213
314. Crosby, Sumner McKnight, Excavations in the Abbey Church of St.-Denis 1948 the Façade of Fulrad's Church, in: Proceedings of the American Philosophical Society Vol. 93, No. 5 (30. November 1949), S. 347ff.
315. Das gebundene System tauchte erstmals in St. Michael 1010–1033 in Hildesheim auf.
316. Abt Suger von St. Denis, De consecratione, 49,300ss
317. Westermann-Angerhausen, Hiltrud: Glasmalerei und Himmelslicht – Metapher, Farbe, Stoff, in: Westermann-Angerhausen, Hiltrud (Hrsg.): Himmelslicht – Europäische Glasmalerei im Jahrhundert des Kölner Dombaus (1248–1349), Ausstellungskatalog, Köln: Schnütgen-Museum, 1998, S. 95ff.
318. Abt Suger von St. Denis, De administratione, 188,849ff.
319. Ebd., 263,1172f.
320. Brepohl, Erhard, Theophilus Presbyter und das mittelalterliche Kunsthandwerk, Gesamtausgabe der Schrift De diversis artibus in zwei Bänden, Band 1: Malerei und Glas, Köln [u.a.]: Böhlau-Verlag, 1999, S. 196
321. Abt Suger von St. Denis, De administratione, 267,1186f.
322. Büchsel, Martin, Die Geburt der Gotik, Freiburg i.Br.: Rombach Verlag, 1997, S. 81
323. Hoffmann, Konrad, Sugers »Anagogisches Fenster« in St. Denis, in: Wallraff-Richartz-Jahrbuch 30, 1968, S. 55ff.

324. Abt Suger von St. Denis, De ordinatio, 2–3
325. Büchsel, Martin, Die Geburt der Gotik, Freiburg i.Br.: Rombach Verlag, 1997, S. 73
326. Crosby, Sumner McKnight, Crypt and Choir Plans at St. Denis, in: Gesta, Vol. 5, Januar 1966, S. 6
327. Ebd., S. 8
328. Blum, Pamela Z., The Saint Benedict Cycle on the Capitals of the Crypt at Saint-Denis, in: Gesta, Vol. 20, No. 1, 1981, S. 73ff.
329. Charpentier, Louis, Die Geheimnisse der Kathedrale von Chartres, Köln: Gaia Verlag, 1996, S. 13f.
330. Die Legenda aurea des Jacobus de Voragine, übersetzt von Richard Benz, Gütersloh: Gütersloher Verlagshaus, 2004, S. 47
331. Ladwein, Michael, Chartres, Stuttgart: Verlag Urachhaus, 1998, S. 19
332. Ebd., S. 19ff.
333. Simson, Otto von, Die gotische Kathedrale, Darmstadt: Wissenschaftliche Buchgesellschaft, 1965, S. 259. Von Simson irrte hier, der Brand ereignete sich 1020.
334. Ebd., S. 258
335. Ebd., S. 261
336. Ebd., S. 263
337. Matter, E. Ann, The Virgin Mary – A Goddess?, in: Olson, Carl, The Book of the Goddess – Past and Present, New York: Crossroad, 1983, S. 86; vgl. auch Green, Arthur, Shekhinah, the Virgin Mary and the Song of Songs: Reflections of a Kabbalistic Symbol in its Historical Context, in: AJS Review, Vol. 26, No. 1 (April 2002), S. 27
338. Kirchner, Gottfried, Terra-X: Schatzsucher, Ritter und Vampire, München: Wilhelm Heyne Verlag, 1995, S. 35f.
339. Offenbarung 11,19
340. Offenbarung 12,1–4
341. Schäfke, Werner, Frankreichs gotische Kathedralen, Köln: DuMont Verlag, 1979, S. 145
342. Kurmann-Schwarz, Brigitte und Kurmann, Peter, Chartres – Die Kathedrale, Regensburg: Verlag Schnell & Steiner, 2001, S. 160
343. Ladwein, Michael, Chartres, Stuttgart: Verlag Urachhaus, 1998, S. 108
344. Theologische Realenzyklopädie, Teil 1, Band 12, Berlin: Verlag Walter de Gruyter, 1993, S. 383
345. Ebd., S. 381
346. Ebd., S. 383
347. Die Legenda aurea des Jacobus de Voragine, übersetzt von Richard Benz, Gütersloh: Gütersloher Verlagshaus, 2004, S. 232ff.
348. Jerusalemkarte, Königliche Bibliothek Den Haag, Manuskript Nr. 76F5, folio 1 recto.
349. Toman, Rolf (Hrsg.), Die Kunst der Gotik, Köln: Verlag Könemann, 1998, S. 54; vgl. auch Adenauer, Hanna, Die Kathedrale von Laon, Düsseldorf: L. Schwann Druckerei und Verlag, 1934, S. 27
350. 4. Mose (Numeri) 21,4–9
351. Halfen, Roland, Chartres, Schöpfungsbau und Ideenwelt im Herzen Europas, Band 2: Die Querhausportale, Stuttgart: Mayer Verlag, 2003, S. 188
352. Ebd., S. 190
353. Ebd., S. 193
354. Charpentier, Louis, Die Geheimnisse der Kathedrale von Chartres, Köln: Gaia Verlag, 1996, S. 66
355. Hancock, Graham, Die Wächter des heiligen Siegels, Bergisch-Gladbach: Lübbe-Verlag, 1998, S. 64
356. Halfen, Roland, Chartres, Schöpfungsbau und Ideenwelt im Herzen Europas, Band 2: Die Querhausportale, Stuttgart: Mayer Verlag, 2003, S. 97

357. Bulst-Thiele, Marie-Luise, Sacrae domus militiae Templi Hierosolymitani magistri: Untersuchungen zur Geschichte des Templerordens 1118/19–1317, Göttingen: Vandenhoeck & Ruprecht, 1974, S. 41ff.

358. Merton, Thomas und Hart, Patrick, Blessed Eugenius III, Abbot of Tre Fontane, Pope, in: Cistercian Studies Quaterly 44, 2009, S. 173ff.

359. Farkasfalvy, D., Einleitung zu De consecratione ad Eugenium Papam, in: Bernhard von Clairvaux, Sämtliche Werke, Band I, Innsbruck: Tyrolia-Verlag, 1990, S. 612

360. Vacandard, Elphège, Das Leben des Heiligen Bernard von Clairvaux, Mainz: Verlag Franz von Kirchheim, 1897–1898, Band 2, S. 506

361. Maniacutius, Nikolaus, Historia Imaginis Salvatoris, BAV Fondo S. Maria Maggiore 2, fols 233–244; vgl. auch Wolf, Gerhard, Salus Populi Romani, Die Geschichte römischer Kultbilder im Mittelalter, Weinheim: VCH Verlagsgesellschaft, 1990, S. 64; vgl. auch De Sacra imagine SS. Salvatoris in Palatio Lateranensi, Ex Codice MS Tabularii Sacrosanctae Basilicae Liberaniae, Roma, Camera Apostolica, 1709

362. Champagne, Marie Thérèse, Treasures of the Temple and Claims to Authority in Twelfth-century Rome, in: Bolton, Brenda und Meek, Christine, Aspects of Power and Authority in the Middle Ages, Turnhout: Brepols, 2007, S. 112

363. Wolf, Gerhard, Laetare filia Sion, in: Kühnel, Bianca (Hrsg.), The Real and Ideal Jerusalem in Jewish, Christian and Islamic Art, Jerusalem: Hebrew University, 1998 (Jewish Art 23/24.1997/1998), S. 425

364. Tudela, Benjamin von, The Itinerary of Benjamin of Tudela, Los Angeles: Joseph Simon, 1993, S. 63f.

365. Barber, Malcolm und Bate, Keith, The Templars, Selected Sources, Manchester: Manchester University Press, 2002, S. 306–307

366. Ebd., S. 306–307

367. Charpentier, John, Die Templer, Frankfurt am Main: Klett-Cotta, 1981, S. 159

368. Prutz, Hans, Geheimlehre und Geheimstatuten des Tempelherrenordens: eine kritische Untersuchung, Arbeitsgemeinschaft für Religions- und Weltanschauungsfragen, München, 1979, S. 87f.

369. Clark, William W. und King, Richard, Laon Cathedral, London: Harvey Miller Publishers, 1983, S. 9

370. Abbé Charpentier, Saint Béat, Semaine Religieuse de Diocèse du Soisson et Laon, 1880, Nr. 49ff., S. 926

371. Bouxin, Auguste, La cathédrale Notre-Dame de Laon, 2. Auflage, Laon: Journal de l'Aisne, 1902, S. 8

372. Adenauer, Hanna, Die Kathedrale von Laon, Düsseldorf: L. Schwann Druckerei und Verlag, 1934, S. 12

373. Ebd., S. 14

374. Clark, William W. und King, Richard, Laon Cathedral, London: Harvey Miller Publishers, 1983, S. 9

375. Ebd., S. 9

376. Adenauer, Hanna, Die Kathedrale von Laon, Düsseldorf: L. Schwann Druckerei und Verlag, 1934, S. 34f.

377. Ebd., S. 23

378. Clark, William W. und King, Richard, Laon Cathedral, London: Harvey Miller Publishers, 1983, S. 16

379. Ebd., S. 16

380. Ebd., S. 30

381. Schäfke, Werner, Frankreichs gotische Kathedralen, Köln: DuMont Verlag, 1979, S. 100

382. Vacandard, Elphège, Das Leben des Heiligen Bernard von Clairvaux, Mainz: Verlag Franz von Kirchheim, 1897–1898, Band 1, S. 263

383. Ebd., Band 2, S. 320
384. Clark, William W. und King, Richard, Laon Cathedral, London: Harvey Miller Publishers, 1983, S. 25
385. Ohly, Friedrich, Die Säulen des Salomonischen Tempels und die Doppelturmfassade, in: Frühmittelalterliche Studien 32, 1998, S. 7ff.; vgl. auch Sauerländer, Willibald, Funkkolleg Kunst, Kollegstunde 4: Die Kathedralfassade, Studienbegleitbrief 1, Weinheim [u. a.]: Beltz Verlag, 1984, S. 134; vgl. auch Schäfke, Werner, Frankreichs gotische Kathedralen, Köln: DuMont Verlag, 1979, S. 101
386. Kordt, Christa-Maria, Parzival in Munsalvaesche, Herne: Verlag für Wissenschaft und Kunst, 1997, S. 220
387. Frizot, Julien, Le grand sites templiers en France, Rennes: Édition Ouest-France, 2005, S. 20; vgl. auch Frizot, Julien, Sur le pas de Templiers en Terre de France, Rennes: Édition Ouest-France, 2005, S. 32f.
388. Sauerländer, Willibald, Beiträge zur Geschichte der »frühgotischen« Skulptur, in: Zeitschrift für Kunstgeschichte 19, Heft 1, 1956, S. 33
389. Rahn, Otto, Kreuzzug gegen den Gral, Stuttgart: Verlag für ganzheitliche Forschung und Kultur, 1985, S. 183ff.
390. Wegener, Franz, Heinrich Himmler: deutscher Spiritismus, französischer Okkultismus und der Reichsführer SS, Gladbeck: Kulturförderverein Ruhrgebiet, 2004 (Politische Religion des Nationalsozialismus 4), S. 68
391. Jochmann, Werner, Monologe im Führerhauptquartier 1941–1944, München: Wilhelm Heyne Verlag, S. 93
392. Eco, Umberto, Vorwort, in Frale, Barbara: The Templars: The Secret History Revealed, New York: Simon and Schuster, 2011, S. 13–14
393. Sandkühler, K., in: Boron, Robert de, Geschichte des Heiligen Gral, Stuttgart: Ogham Verlag, 1998, S. 87; vergl. auch: Evolution of Arthurian Romance, Robert de Boron, in J. D. Bruce, Genf: Slatkine, 1974, S. 114–135
394. Rauch, Ivo, Die Bundeslade und die wahren Israeliten, in: Scholz, Hartmut (Hrsg.): Glas – Malerei – Forschung, Berlin: Verlag für Kunstwissenschaft, 2004, S. 62–71
395. Bulteau, Marcel J., Monographie de la Cathédrale de Chartres, Band I., Chartres: R. Selleret, 1901, S. 119. Zu den königlichen Schenkungen für Chartres: Chartres et ses campagnes, Chartres: Garnier, 1991, S. 518–519
396. LeGoff, Jacques, Ludwig der Heilige, Stuttgart: Klett-Cotta, 2000, S. 126
397. Inventarliste der Chapelle du Marché, 1346, in Coulton, G.G., Life in the Middle Ages, Vol. II, Cambridge: Cambridge University Press, 1968, S. 168ff.. Vergl. Durant, Will, The Age of Faith, The Story of Civilization, Vol. IV, New York: Simon & Schuster, 1950, S. 743–744
398. Fresson, Gilles, A Propos du Labyrinthe, Notre-Dame de Chartres, Nr. 82, April 1990, S. 16ff.
399. Stegemann, Charles, Les Crpytes de la Cathédrale de Chartres et les Cathédrales Antérieures depuis l'epoque paléochrétienne, Chartres: Société Archeologique d'Eure-et-Loire, 2007, S. 185ff.

Postskriptum

Nimmt man die vorhin erwähnten 1,5 und 2,5 Joche, die erstaunlicherweise an die Maße der Bundeslade erinnern, dann stellt sich die Frage, warum die Erbauer von Chartres diese Dimensionen wählten. Warum stellen sie, projiziert auf das Langhaus der Kathedrale, eine unsichtbare Bundeslade dar? Man kann auch das natürlich alles als Zufall abtun, ebenso wie die Anordnung der Stephanus-Kathedralen im Sternbild der Jungfrau oder die Marienkathedralen im Sternbild des Drachen. Zugegeben: Es ist nicht weiter schwierig, Kirchen in Frankreich zu finden, die zufällig in das Muster der Sternbilder Jungfrau und Drache passen. Jedes französische Dorf hat eine Kirche. Schwierig wird es jedoch mit den Marien- und Stephanus-Kathedralen, da sie Bischofssitze sind. Der Zufall wird hier doch zu arg strapaziert.

Wie erwähnt, misst das Labyrinth von Chartres 12,885 Meter im Durchmesser. Diese Dimension entspricht dem Durchmesser der Rose des Westportals. Labyrinth und Rose sind untrennbar. In einem der Fenster dieser Westrose finden wir einen Hinweis auf die Bundeslade. Wir sehen hier einen Cheruben, der ein rotes Tatzenkreuz, und Petrus, der gemäß Offenbarung des Johannes den Schlüssel zum Himmelreich hält. Mit dem Schlüssel schließt er die Bundeslade auf, die in der Offenbarung ein letztes Mal Erwähnung findet. Alles Zufall?

1994 und 1995 führten Archäologen unter der Schirmherrschaft der Électricité de France umfangreiche Messungen mittels Bodenradar, seismischer Tomografie und Mikrogravimetrie in der Kathedrale von Chartres durch. Dabei entdeckten sie einen Hohlraum unterhalb des Labyrinths. Genau genommen führt eine Treppe unterhalb des Labyrinths hinab Richtung Vorhalle, wo bereits im 19. Jahrhundert Jean-Baptiste Lassus Bauereste fand.[399] Ähnlich verhält es sich mit der Kathedrale von Laon. Was immer in Chartres und Laon verborgen ist, harrt noch heute seiner Entdeckung.

Unter Barbaren

256 Seiten
ISBN 978-3-8094-4169-4

Als Haudegen aus der Tiefe Nordeuropas erschreckten
die Germanenstämme die antike Welt. Gemeinsam gehen SPIEGEL-Autoren und Historiker den wissenschaftlich
umstrittenen Ursprüngen der Germanen nach, schildern
die ersten Zusammenstöße mit dem Römischen Reich
und zeigen, wie sie in den folgenden Jahrhunderten zum
Mythos verklärt wurden.

Besuchen Sie uns
auch auf

www.bassermann-verlag.de